Sorabh Kumar Agrawal
Vinay Kumar Yanmandru
Ashish Suresh Jain

Tendências e aplicações da inteligência artificial nos cuidados de saúde

Sorabh Kumar Agrawal
Vinay Kumar Yanmandru
Ashish Suresh Jain

Tendências e aplicações da inteligência artificial nos cuidados de saúde

e direção futura

ScienciaScripts

Imprint

Any brand names and product names mentioned in this book are subject to trademark, brand or patent protection and are trademarks or registered trademarks of their respective holders. The use of brand names, product names, common names, trade names, product descriptions etc. even without a particular marking in this work is in no way to be construed to mean that such names may be regarded as unrestricted in respect of trademark and brand protection legislation and could thus be used by anyone.

Cover image: www.ingimage.com

This book is a translation from the original published under ISBN 978-620-7-46867-6.

Publisher:
Sciencia Scripts
is a trademark of
Dodo Books Indian Ocean Ltd. and OmniScriptum S.R.L publishing group

120 High Road, East Finchley, London, N2 9ED, United Kingdom
Str. Armeneasca 28/1, office 1, Chisinau MD-2012, Republic of Moldova, Europe
Printed at: see last page
ISBN: 978-620-7-94231-2

Conteúdo

Chefe de redação

O Dr. Sorabh Kumar Agrawal é um dos melhores cérebros no domínio da investigação e gestão farmacêuticas. Atualmente, trabalha como professor e diretor do Departamento de Farmacologia na Faculdade de Farmácia Anwarul Uloom, Hyderabad. Tem mais de 15 anos de experiência a nível de UG e PG. O Dr. Agrawal é membro do Congresso Internacional de Química e Farmácia. Tem seis patentes a seu crédito e orientou mais de 48 estudantes de M. Pharm e três estudantes de doutoramento. É também membro de muitos organismos profissionais nacionais e internacionais. Publicou mais de 40 artigos de investigação e de revisão em várias revistas nacionais e internacionais. É autor de 3 livros a nível nacional e de 2 livros a nível internacional.

Editor

Vinaya Kumar Yanmandru, trabalha como Professor Associado no Departamento de Farmácia, Vikas Group of Instituions, Vijayawada, Andhra Pradesh, Índia. Tem 15 anos de experiência de ensino e investigação. Licenciou-se na Faculdade de Farmácia Dr. HL Thimmegowda, Chennapatna, Bangalore, em 2005, e obteve o grau de Mestre em Farmácia na Faculdade Nacional de Farmácia, Shimoga, com a primeira classe em 2008. Atualmente, está a tirar o doutoramento na Sunrise University, Alwar. Publicou 5 revistas internacionais e obteve 3 patentes indianas, 1 patente alemã e 3 patentes britânicas. É membro vitalício da Associação de Professores de Farmácia da Índia, Bangalore, da Associação de Profissionais de Farmácia, Bhopal e do Congresso Indiano de Ciências, Calcutá. Orientou 18 estudantes de pós-graduação. Recebeu também a medalha de ouro Bharat Ratna Dr. Abdul Kalam por "Realizações Individuais Notáveis na Educação" em 2018 e o Prémio de Melhor Professor no ano de 2019.

Participou em várias conferências, workshops, programas de desenvolvimento de professores e seminários.

O Dr. Ashish S. Jain é uma das melhores mentes no domínio da gestão e administração da investigação farmacêutica. Atualmente, trabalha como diretor na Faculdade de Farmácia e Centro de Investigação Shri D. D. Vispute, em New Panvel. Tem mais de 18 anos de experiência a nível de UG e PG. Ele é uma das pessoas-chave para a criação de um laboratório de testes de alimentos, água e produtos farmacêuticos aprovado pela FDA e NABL em nome de "Adarsh Scientific Research center & Testing Lab Pvt. Ltd. Também trabalha como consultor para indústrias farmacêuticas e laboratórios de testes alimentares. Publicou mais de 90 artigos de investigação e revisão em várias revistas nacionais e internacionais. É coautor de 5 livros a nível nacional e de 10 capítulos de livros a nível internacional. Recebeu várias bolsas de investigação da AICTE e da Universidade de Mumbai. A sua nota biográfica foi publicada no Asian American Who's Who, Vol-VIII. Recebeu o doutoramento honorário da Universidade da América do Sul.

Madhusmruti Khandai, M. Pharm., Ph.D., FIC. trabalha atualmente como Professora, Coordenadora do IQAC e Responsável pela Célula de T&P no Royal College of Pharmacy and Health Sciences (Instituto acreditado pelo NAAC), Berhampur, Odisha. Tem mais de 16 anos de experiência de ensino e investigação. A sua experiência é reconhecida através de 1 projeto de investigação financiado pelo DST-SERB, 36 publicações de investigação e revisão, 3 livros didácticos e 11 patentes. Ela também proferiu cerca de 04 palestras convidadas em diferentes ocasiões e recebeu 6 prêmios de várias organizações como Institute of Scholars-2019, APP- 2019, VDGOOD Professional Association-2021, PRISAL- junho de 2022, PRISAL- dezembro de 2022, Prêmio de liderança dinâmica emergente - 2023.

CAPÍTULO N.º 1

Dr. Mohammad Rashid Departamento de Farmacognosia e Química Farmacêutica, Faculdade de Medicina Dentária e Farmácia, Faculdades Privadas de Buraydah, Buraydah-51418, Arábia Saudita

Introdução à IA nos cuidados de saúde e na farmácia.

Introdução à IA nos cuidados de saúde e na farmácia:

A Inteligência Artificial (IA) está a revolucionar os sectores dos cuidados de saúde e da farmácia, oferecendo soluções inovadoras para melhorar os cuidados prestados aos doentes, simplificar os processos e aumentar a eficiência global. A integração de tecnologias de IA nos cuidados de saúde tem o potencial de transformar a forma como os profissionais médicos diagnosticam, tratam e gerem várias doenças. No sector farmacêutico, a IA está a otimizar a descoberta de medicamentos, a melhorar a gestão da medicação e a melhorar os resultados para os doentes.

DIAGNÓSTICO DE DOENÇAS

ROBÔS MÉDICOS

Arepresentação de várias aplicações da AI nos cuidados de saúde.

Principais aplicações da IA nos cuidados de saúde e na farmácia:

Diagnóstico e imagiologia:

Os algoritmos alimentados por IA analisam imagens médicas, como radiografias, ressonâncias magnéticas e tomografias computorizadas, para ajudar na deteção precoce e no diagnóstico exato de doenças.

Os modelos de aprendizagem automática podem identificar padrões e anomalias em imagens médicas, fornecendo aos radiologistas informações valiosas e reduzindo o tempo necessário para o diagnóstico.

Descoberta e desenvolvimento de medicamentos:
A IA acelera a descoberta de medicamentos através da previsão de potenciais candidatos a medicamentos, da otimização de estruturas moleculares e da identificação de proteínas-alvo. Os modelos de aprendizagem automática analisam vastos conjuntos de dados para identificar padrões e correlações, ajudando os investigadores a identificar candidatos a medicamentos promissores de forma mais eficiente.

Medicina personalizada:
Os algoritmos de IA analisam os dados individuais dos doentes, incluindo a genética, o estilo de vida e o historial médico, para adaptar os planos de tratamento e os medicamentos às características únicas de cada doente.
A medicina personalizada tem como objetivo aumentar a eficácia do tratamento e minimizar os efeitos adversos, tendo em conta os atributos específicos de cada doente.

Apoio à decisão clínica:
Os sistemas de IA prestam apoio em tempo real aos profissionais de saúde, analisando os dados dos doentes, a literatura médica e as directrizes clínicas.
Estes sistemas ajudam a tomar decisões informadas, a melhorar a exatidão do diagnóstico e a sugerir planos de tratamento adequados.

Monitorização remota de doentes:
Os dispositivos e os wearables com IA recolhem e analisam os dados dos doentes, permitindo aos prestadores de cuidados de saúde monitorizar remotamente o estado de saúde dos doentes. Esta tecnologia permite a deteção precoce de potenciais problemas e proporciona intervenções atempadas, reduzindo a necessidade de visitas frequentes ao hospital.

Automatização de farmácias:
A IA é utilizada em sistemas de gestão de farmácias para otimizar o inventário, automatizar o preenchimento de receitas e melhorar a eficiência global das operações farmacêuticas.
Os sistemas robóticos inteligentes podem ajudar os farmacêuticos a dispensar medicamentos de forma exacta e eficiente.

Processamento de linguagem natural (PNL) nos cuidados de saúde:
As tecnologias de PNL permitem aos computadores compreender e processar a linguagem humana, facilitando tarefas como a transcrição, o reconhecimento de voz e a extração de informações valiosas de notas clínicas.

Deteção de fraudes e segurança:
A IA ajuda a detetar actividades fraudulentas, a proteger os dados dos pacientes e a garantir a conformidade com os regulamentos de privacidade, como a HIPAA (Health Insurance Portability and Accountability Act).
IA nos cuidados de saúde e na farmácia: Uma força poderosa para a mudança
A inteligência artificial (IA) está a transformar rapidamente os cenários dos cuidados de saúde e das farmácias, trazendo possibilidades interessantes para melhores diagnósticos, tratamentos personalizados e operações eficientes.

Segue-se uma breve introdução ao seu impacto:
Nos cuidados de saúde:
Diagnóstico: Os algoritmos de IA podem analisar imagens médicas (raios X, ressonâncias magnéticas) com uma precisão notável, ajudando na deteção precoce de doenças como o cancro, a pneumonia e as perturbações neurológicas.
Planeamento do tratamento: A IA ajuda a personalizar os planos de tratamento através da análise de grandes quantidades de dados dos doentes, tendo em conta factores como o

historial médico, a genética e o estilo de vida. Isto pode levar a terapias mais eficazes e direccionadas.

Apoio à decisão clínica: Os sistemas alimentados por IA podem ajudar os médicos, fornecendo informações e recomendações em tempo real com base em directrizes médicas e na investigação mais recente. Isto pode melhorar a tomada de decisões e reduzir os erros médicos.

Monitorização dos doentes: Os wearables e sensores alimentados por IA podem monitorizar continuamente os sinais vitais, permitindo uma intervenção proactiva e cuidados personalizados, especialmente para doenças crónicas.

Descoberta e desenvolvimento de medicamentos: A IA pode acelerar a descoberta de medicamentos através da análise de vastos conjuntos de dados de estruturas moleculares e da previsão de potenciais candidatos a medicamentos. Isto pode acelerar o desenvolvimento de novos medicamentos que salvam vidas.

Em Farmácia:

Adesão à medicação: As ferramentas alimentadas por IA podem lembrar os pacientes de tomar os seus medicamentos, identificar potenciais interacções medicamentosas e fornecer educação personalizada, conduzindo a melhores resultados de saúde.

Gestão do inventário: A IA pode otimizar o inventário das farmácias, prevendo a procura e evitando rupturas de stock, garantindo que os pacientes têm acesso aos medicamentos de que necessitam.

Deteção de fraudes: A IA pode analisar os dados dos pedidos de reembolso das farmácias para identificar e prevenir actividades fraudulentas, protegendo tanto os doentes como os farmacêuticos.

Medicina personalizada: A IA pode analisar a composição genética de um paciente e outros factores para recomendar os medicamentos mais eficazes para as suas necessidades individuais.

Investigação e desenvolvimento: A IA pode ajudar a desenvolver novas formulações de medicamentos, sistemas de distribuição e abordagens de medicina personalizada.

Benefícios gerais:

Maior precisão e eficiência: A IA pode analisar grandes quantidades de dados muito mais rapidamente e com maior precisão do que os seres humanos, conduzindo a melhores diagnósticos, decisões de tratamento e eficiência operacional.

Cuidados personalizados: A IA pode adaptar as intervenções e os tratamentos às necessidades individuais dos doentes, conduzindo a melhores resultados em termos de saúde.

Deteção e prevenção precoces: A IA pode identificar doenças mais cedo e prever potenciais riscos para a saúde, permitindo a adoção de medidas preventivas.

Melhoria da acessibilidade: As ferramentas alimentadas por IA podem tornar os serviços de saúde e de farmácia mais acessíveis a pessoas em zonas remotas ou com recursos limitados.

Desafios e considerações:

Privacidade e segurança dos dados: A proteção dos dados dos doentes é crucial quando se utiliza a IA nos cuidados de saúde.

Preconceito e equidade: Os algoritmos de IA podem perpetuar preconceitos se não forem treinados em conjuntos de dados diversificados.

Supervisão e colaboração humanas: A IA deve ser utilizada como uma ferramenta para apoiar os profissionais de saúde e não para os substituir.

Transparência e explicabilidade: As decisões da IA devem ser compreensíveis e explicáveis tanto para os doentes como para os prestadores de cuidados de saúde.

O futuro da IA nos cuidados de saúde e na farmácia é brilhante, com o potencial de revolucionar a forma como prestamos e vivemos os cuidados de saúde. No entanto, é crucial enfrentar os desafios e garantir uma implementação responsável e ética desta poderosa tecnologia.

Em conclusão, a integração da IA nos cuidados de saúde e na farmácia tem um enorme potencial para melhorar os cuidados aos doentes, otimizar os processos e contribuir para o desenvolvimento de tratamentos mais eficazes e personalizados. Embora existam desafios e considerações éticas, os actuais avanços nas tecnologias de IA continuam a moldar o futuro dos cuidados de saúde e das práticas farmacêuticas.

INTELIGÊNCIA ARTIFICIAL NOS CUIDADOS DE SAÚDE

IA nos cuidados de saúde: Transformando o cenário

A Inteligência Artificial (IA) está a revolucionar a forma como os profissionais de saúde prestam cuidados e como os doentes os recebem. Eis alguns aspectos fundamentais a considerar:

O que é a IA nos cuidados de saúde?

A IA envolve a utilização de computadores e processos de máquinas para simular a inteligência humana e realizar tarefas automatizadas complexas.

Vai para além da mera automatização; a IA pode analisar grandes quantidades de dados de forma eficiente, identificando padrões, anomalias e tendências.

Tipos de IA nos cuidados de saúde:

Aprendizagem automática (ML): Algoritmos treinados em conjuntos de dados (como registos de saúde) para criar modelos para tarefas como a categorização de informações ou a previsão de resultados.

Aprendizagem profunda: Um subconjunto de ML que envolve mais dados, camadas e complexidade, resultando em redes neurais capazes de tarefas complexas.

Processamento Neural da Linguagem (PNL): ML utilizado para compreender a linguagem humana, interpretando a comunicação verbal ou escrita.

Automatização Robótica de Processos (RPA): IA em programas informáticos que automatizam fluxos de trabalho administrativos e clínicos.

Aplicações da IA nos cuidados de saúde:

Diagnóstico: A IA ajuda no diagnóstico de doenças através da análise de imagens médicas (como raios X ou ressonâncias magnéticas) com elevada precisão.

Planeamento do tratamento: São criados planos de tratamento personalizados com base nos dados do paciente, optimizando os resultados.

Análise preditiva: A IA prevê as taxas de sobrevivência dos pacientes, ajudando os médicos a tomar decisões informadas.

Cirurgia robótica: Os robôs cirúrgicos equipados com IA ajudam os cirurgiões durante os procedimentos, melhorando a precisão e a informação em tempo real.

Benefícios da IA nos cuidados de saúde:

Eficiência: A IA simplifica os processos, reduzindo o esforço manual e o tempo.

Exatidão: A IA pode ultrapassar as capacidades humanas na análise de dados complexos.

Personalização: Os planos de tratamento personalizados melhoram os resultados dos doentes.

Inovação: A IA impulsiona os avanços médicos e a investigação.

À medida que a IA continua a evoluir, podemos esperar ainda mais avanços nos cuidados de saúde. A investigação e a educação contínuas são cruciais para aproveitar o potencial da IA.

Inovação: A IA impulsiona os avanços médicos e a investigação.

O termo "inteligência artificial" (IA) nos cuidados de saúde refere-se à aplicação de algoritmos e software de aprendizagem automática para imitar a cognição humana na análise, apresentação e compreensão de dados médicos e de cuidados de saúde complexos, ou para superar as capacidades humanas, oferecendo novas abordagens ao diagnóstico, tratamento e prevenção de doenças. A Inteligência Artificial (IA) é a capacidade dos algoritmos informáticos de obterem aproximações de conclusões apenas a partir de dados de entrada.

A análise das ligações entre os dados clínicos e os resultados dos doentes é o principal objetivo das aplicações de IA no domínio da saúde. As aplicações de IA são utilizadas em domínios como a investigação de medicamentos, a medicina personalizada, a criação de protocolos de tratamento, o diagnóstico e a monitorização e cuidados dos doentes.

A capacidade da tecnologia de IA para recolher dados mais variados e extensos, processá-los e fornecer um resultado claro ao utilizador distingue-a das soluções de cuidados de saúde mais convencionais.

Para o efeito, a IA utiliza algoritmos de aprendizagem profunda e de aprendizagem automática. Particularmente digno de nota é o potencial da IA para ajudar na triagem e interpretação de radiografias tradicionais (fotografias de raios X), uma vez que as radiografias são o exame imagiológico mais comum efectuado na maioria dos departamentos de radiologia.

Estes sistemas são capazes de gerar o seu próprio raciocínio e identificar padrões de comportamento. Os modelos de aprendizagem automática requerem uma grande quantidade de dados de entrada para serem treinados de modo a produzir previsões perspicazes.

Os sistemas de IA actuam de duas formas distintas do comportamento humano: Os algoritmos são literais; uma vez estabelecido um objetivo, só podem compreender o que foram programados para realizar e só podem aprender com os dados de entrada. e outros algoritmos de aprendizagem profunda são como "caixas negras", capazes de fazer previsões extremamente precisas, mas fornecendo pouco ou nenhum raciocínio compreensível para as suas escolhas fora dos dados e do tipo de algoritmo.

Parte de uma série sobre

Inteligência artificial

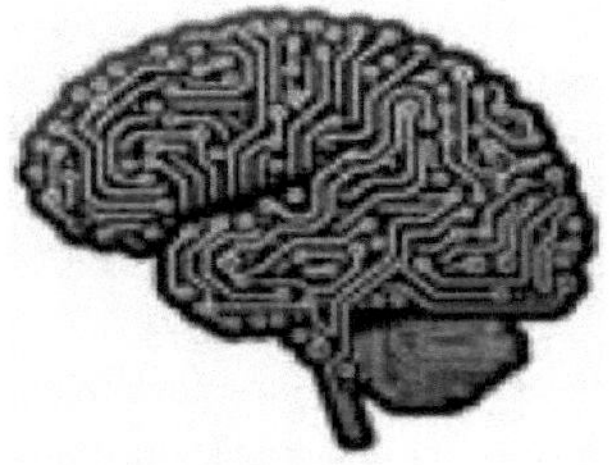

Principais objectivos
> Inteligência geral artificial
> Auto-aperfeiçoamento recursivo
> Planeamento
> Visão por computador
> Jogo geral

> Raciocínio de conhecimento
> Aprendizagem automática
> Processamento de linguagem natural
> Robótica
> Segurança da IA

Abordagens
> Simbólico
> Aprendizagem profunda
> Redes Bayesianas
> Algoritmos evolutivos
> Abordagem situada
> Sistemas inteligentes híbridos
> Integração de sistemas

Aplicações
> Projectos
> Falsificação profunda
> Tradução automática
> Arte
> Cuidados de saúde
Saúde mental
> Governo
> Música
> Indústria
> Ciências da Terra
> Bioinformática
> Física

Filosofia
> Quarto chinês
> IA amigável
> Problema de controlo/Takeover
> Ética
> Risco existencial
> Teste de Turing > Regulamento

História
> Linha de tempo
> Progresso > inverno da IA > Boom da IA > Era da IA

Glossário
Glossário
Uma vez que a utilização generalizada da IA nos cuidados de saúde é ainda relativamente recente, está em curso a investigação sobre as suas aplicações em numerosas indústrias e áreas médicas. Além disso, as questões éticas anteriormente desconhecidas em torno da sua prática - como a privacidade dos dados, a automatização do emprego e os preconceitos de representação - estão a receber mais atenção. Além disso, os executivos do sector da saúde opõem-se frequentemente à nova tecnologia que a IA trouxe, o que faz com que a sua adoção seja desigual e lenta.

Patologia

O exame patológico de células e tecidos é considerado a norma de ouro para o diagnóstico de numerosas doenças. As técnicas de patologia digital permitem a digitalização e a análise digital de lâminas de microscópio. Uma variedade de doenças, como a hepatite B, o cancro gástrico, o cancro colorrectal e o cancro da mama, pode agora ser diagnosticada com a utilização de ferramentas de patologia assistidas por IA. A IA também tem sido utilizada para fazer prognósticos sobre a evolução das doenças e prever alterações genéticas.

A inteligência artificial (IA) é ideal para a análise patológica de baixa complexidade de amostras de rastreio em grande escala, como o rastreio do cancro colorrectal ou da mama, o que alivia os patologistas de parte da sua carga de trabalho e acelera os tempos de execução da análise das amostras.

Um estudo sobre a utilização da ajuda da aprendizagem profunda no diagnóstico do cancro da mama metastático nos gânglios linfáticos revelou que a precisão do diagnóstico humano com a ajuda de um programa de aprendizagem profunda era superior à do diagnóstico humano isolado ou do programa de IA isolado. Vários modelos de aprendizagem profunda e de redes neurais artificiais demonstraram uma exatidão comparável à dos patologistas humanos.

Além disso, prevê-se que um centro universitário poupe mais de 12 milhões de dólares com a implementação da patologia digital ao longo de um período de cinco anos, embora as poupanças diretamente relacionadas com a IA ainda não tenham sido estudadas em profundidade. Dado que podem identificar regiões problemáticas numa amostra de patologia e oferecê-las instantaneamente a um patologista para uma avaliação mais eficaz, as aplicações de realidade aumentada e virtual podem revelar-se um primeiro passo para uma adoção mais generalizada da patologia assistida por IA.

A IA demonstrou também a capacidade de utilizar dados genotípicos e fenotípicos para identificar com maior precisão o tumor de origem do cancro metastático. Pode também reconhecer achados histológicos a níveis que estão para além do alcance do olho humano. A falta de ensaios prospectivos, aleatórios e controlados em vários centros para determinar a verdadeira utilidade clínica da IA para patologistas e doentes é um dos principais obstáculos actuais à implementação generalizada de ferramentas de patologia assistida por IA, salientando uma área de necessidade atual na investigação sobre IA e cuidados de saúde.

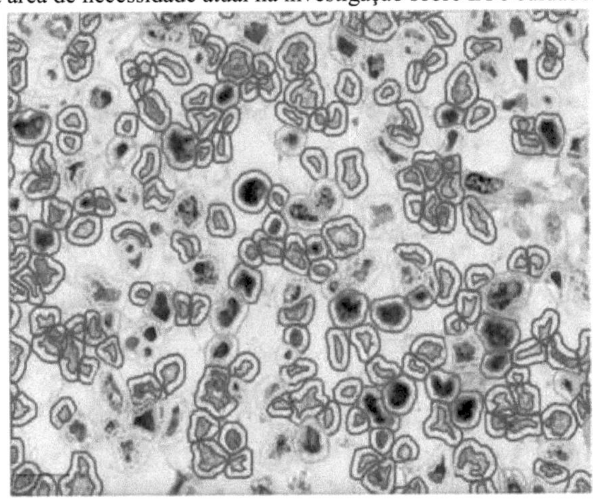

[Cálculo da coloração Ki67 pelo software de código aberto QuPath num seminoma puro, que dá uma medida da taxa de proliferação do tumor. As cores representam a intensidade da expressão: azul - nenhuma expressão, amarelo - baixa, laranja - moderada e vermelho - alta expressão].

Eventos anteriores

O Dendral, o primeiro sistema pericial ou programa de resolução de problemas, foi criado através de investigação nas décadas de 1960 e 1970. Embora destinado a aplicações de química orgânica, serviu de base a um sistema posterior chamado MYCIN, que é considerado uma das primeiras aplicações mais importantes da inteligência artificial na medicina. No entanto, o MYCIN e outros sistemas como o INTERNIST-1 e o CASNET não eram utilizados por rotina pelos profissionais.

Nas décadas de 1980 e 1990, foram introduzidos novos níveis de conetividade de rede e a utilização generalizada de microcomputadores. Por esta altura, os cientistas e engenheiros aperceberam-se de que a inteligência artificial (IA) nos cuidados de saúde precisava de ser construída para trabalhar com dados imperfeitos e aproveitar a experiência dos médicos. Os sistemas informáticos inteligentes no sector dos cuidados de saúde beneficiaram da aplicação da teoria dos conjuntos difusos, das redes neurais artificiais, das redes bayesianas e das técnicas de inteligência artificial.

APLICAÇÕES CLÍNICAS.

Cardiovascular

Os algoritmos de inteligência artificial parecem ser promissores como ferramenta de triagem de primeira linha devido à sua capacidade de diagnosticar e classificar de forma fiável indivíduos que possam ter doença arterial coronária. Os eventos adversos relacionados com o tratamento da síndrome coronária aguda, os efeitos secundários dos medicamentos e a morte dos doentes foram todos previstos utilizando outros métodos. Esta capacidade expande o volume de dados e configurações que os modelos de IA podem utilizar, levando possivelmente ao diagnóstico precoce de eventos cardíacos que ocorrem fora do hospital. A utilização da IA para diagnosticar a doença valvular e categorizar os sons cardíacos é outro campo de estudo em rápida expansão. A falta de dados para treinar modelos de aprendizagem automática - por exemplo, pouca informação sobre os determinantes sociais da saúde relacionados com as doenças cardiovasculares - tem sido um obstáculo para a inteligência artificial na medicina cardiovascular.

A omissão de dados que comparam o desempenho algorítmico com o desempenho humano foi uma falha importante nas primeiras investigações que testaram a IA. Entre os exemplos de investigação que avaliam o desempenho da IA em comparação com o dos médicos, contam-se as conclusões de que a IA pode diagnosticar ataques cardíacos com mais precisão do que os médicos humanos em situações de emergência, minimizando tanto os testes desnecessários como os diagnósticos falhados, e que a IA não é inferior aos humanos na interpretação de ecocardiogramas cardíacos.

A inteligência artificial está a ser cada vez mais utilizada na engenharia de tecidos cardiovasculares e na investigação de organoides para combinar leituras electrofisiológicas e analisar imagens de microscópio.

Dermatologia

A aprendizagem profunda tem estado intimamente ligada ao processamento de imagens, e a dermatologia é uma especialidade com muitas imagens. A aprendizagem profunda e a dermatologia são, portanto, uma combinação natural. As imagens macro, micro e contextuais são as três principais modalidades de imagiologia utilizadas em dermatologia. Han e colegas (2019) demonstraram a capacidade de diagnosticar o cancro da pele queratinocítico utilizando fotografias faciais. O cancro da pele pode ser identificado a partir de fotografias de lesões por dermatologistas, como demonstrado por Esteva et al.43 Utilizando imagens microscópicas de esfregaços de Tzanck, Noyan et al. mostraram que uma rede neural convolucional podia detetar células da pele com 94% de precisão.

Recentemente, tem-se falado da utilização da IA para avaliar e caraterizar os resultados da cirurgia maxilo-facial, bem como para classificar a aparência etária ou a atratividade facial de pacientes submetidos a terapia da fenda palatina.

Um sistema de inteligência artificial baseado numa rede neural convolucional de aprendizagem profunda foi considerado capaz de identificar o cancro da pele com maior precisão do que os dermatologistas num artigo de 2018 publicado na revista Annals of Oncology. A máquina CNN identificou 95% dos tumores malignos da pele a partir das fotografias com uma taxa de precisão de 86,6%, enquanto os dermatologistas humanos detectaram 86,6% em média.

Doenças Digestivas

Nalgumas áreas da gastroenterologia, a inteligência artificial pode ser útil. A EGD e as colonoscopias são dois exemplos de procedimentos endoscópicos que dependem da rápida identificação de tecidos aberrantes. Os médicos podem diagnosticar doenças, avaliar a sua gravidade e detetar pontos cegos mais rapidamente integrando a IA nestes procedimentos endoscópicos. A sensibilidade dos primeiros sistemas de deteção do cancro do estômago com IA é comparável à dos endoscopistas especializados, de acordo com os primeiros testes.

Doenças transmissíveis

Tanto o domínio clínico como o laboratorial dos cuidados de saúde para as doenças infecciosas são promissores para a IA. Estima-se que, até 2025, serão investidos 2 mil milhões de dólares em investigação na área da saúde relacionada com a IA nos Estados Unidos, mais do quádruplo do montante gasto em 2019 (463 milhões de dólares), numa altura em que o novo coronavírus causa estragos em todo o mundo. Apesar de as amostras de espetrometria de massa poderem ser utilizadas para identificar de forma rápida e precisa uma resposta do hospedeiro à COVID-19, foram encontrados poucos exemplos de utilização direta da IA na prática clínica durante a pandemia de COVID-19 num estudo de escopo da literatura.In A melhoria do diagnóstico da doença de Lyme no local de atendimento com base na deteção de antigénios, a análise da aprendizagem automática de esfregaços de sangue para detetar a malária e as máquinas de vectores de apoio para detetar a resistência aos antibióticos são algumas outras utilizações. Além disso, a IA tem sido investigada para antecipar problemas de tratamento em doentes com hepatite B e hepatite C, bem como para melhorar o diagnóstico de meningite, sépsis e tuberculose.

As pessoas de raça negra são desproporcionadamente afectadas por dores no joelho, e a IA músculo-esquelética tem sido utilizada para descobrir as razões desta doença que os profissionais de saúde ignoram. As pessoas de meios desfavorecidos sofrem mais. É possível que a dor dos doentes desfavorecidos tenha origem noutras razões que não os joelhos, como o stress, uma vez que estas discrepâncias se mantêm mesmo após o ajustamento para a gravidade objetiva de doenças como a osteoartrite, tal como classificada por clínicos humanos utilizando imagens médicas. Uma investigação utilizando um algoritmo de aprendizagem automática demonstrou que as medidas convencionais de gravidade radiográfica ignoram aspectos objectivos que passam despercebidos, mas que têm um impacto desproporcionado no diagnóstico e no tratamento de populações desfavorecidas que sofrem de dores no joelho. A sua proposta sugeria que a nova medida algorítmica ALG-P poderia permitir que os doentes desfavorecidos tivessem mais acesso a opções de tratamento.

Sistema nervoso

Foram investigadas as aplicações de diagnóstico e prognóstico da tecnologia de inteligência artificial (IA). Para efeitos de diagnóstico, foram criados algoritmos de aprendizagem automática que se baseiam em dados estruturais de RMN. Bases de dados como a Alzheimer's Disease Neuroimaging Initiative fornecem os conjuntos de dados de entrada para estes modelos. Num esforço para aumentar a precisão do diagnóstico precoce, os investigadores criaram modelos baseados em redes neurais convolucionais. Além disso, as redes adversariais generativas, um tipo de aprendizagem profunda, são igualmente eficazes no diagnóstico da doença de Alzheimer. Numa tentativa de criar ferramentas de previsão que possam prever o prognóstico dos doentes com DA, foram também desenvolvidos modelos de aprendizagem automática. Um método sugerido pelos académicos para combinar conjuntos de treino e validação consiste em prever os resultados dos doentes utilizando modelos generativos. No futuro, os modelos poderão ter acesso a conjuntos de dados de treino maiores do que as bases de dados de acesso livre atualmente disponíveis, graças às projecções de doentes que são desenvolvidas.

A descoberta de medicamentos contra o cancro, a caraterização molecular dos tumores, a avaliação dos riscos e o diagnóstico do cancro têm sido aplicações investigadas da IA em oncologia. Prever com precisão quais os protocolos de tratamento mais adequados para cada doente com base nos seus atributos genéticos, moleculares e tumorais únicos é uma dificuldade específica nos cuidados oncológicos que a inteligência artificial está a ser desenvolvida para resolver. A inteligência artificial (IA) tem sido utilizada no diagnóstico do cancro através da interpretação de lâminas patológicas e de estudos imagiológicos. A IA fá-lo convertendo imagens em sequências matemáticas.

Com base num algoritmo do Google DeepMind, os investigadores apresentaram um sistema de IA em janeiro de 2020 que pode identificar o cancro da mama com mais precisão do que os especialistas humanos. Em julho de 2020, surgiram relatórios que referem que um sistema de IA desenvolvido na Universidade de Pittsburgh atinge uma sensibilidade de 98% e uma especificidade de 97%, a maior precisão até à data na identificação do cancro da próstata.

A IA demonstrou ser 82% exacta em 2023 quando se tratava de classificar a agressividade do sarcoma retroperitoneal, contra 44% no exame laboratorial de biópsias, de acordo com um estudo sobre o assunto.

Ciências Visuais

A prevenção da cegueira e a deteção de doenças oculares são auxiliadas por tecnologias de inteligência artificial aumentada. Na Diabetes, a retinopatia é o tipo de doença ocular que a U.S. Food and Drug Administration aprovou para comercialização em 2018. Esta foi a primeira vez que um algoritmo de inteligência artificial foi utilizado para diagnosticar um dispositivo médico. Além disso, como a tecnologia de IA tem a capacidade de reduzir os tempos de deteção, pode ser utilizada para aumentar ainda mais as "taxas de diagnóstico".

Nos últimos 50 anos, os avanços na tecnologia e na medicina permitiram que a IA fosse utilizada num número crescente de aplicações relacionadas com os cuidados de saúde. Estas aplicações incluem:

> Processamento e recolha de dados mais rápidos devido ao aumento da capacidade dos processadores > As bases de dados para sequenciação genómica estão a crescer.

>	sistemas de registos de saúde electrónicos amplamente utilizados

>	avanços na visão computacional e no processamento de linguagem natural que permitem às máquinas imitar a perceção humana

>	Maior precisão na cirurgia com um robot

>	Mais modelos de aprendizagem automática baseados em árvores que permitem uma maior flexibilidade no estabelecimento das previsões de saúde

>	Avanços nos registos de dados sobre doenças raras e nos métodos de aprendizagem profunda

Os sistemas de IA podem também ser utilizados para diagnosticar e prevenir doenças, analisando grandes volumes de dados dos registos de saúde electrónicos. Os algoritmos de IA foram desenvolvidos por institutos médicos como o Memorial Sloan Kettering Cancer Centre, a Clínica Mayo e o Serviço Nacional de Saúde britânico para os respectivos departamentos. Grandes empresas de tecnologia como a Google e a IBM também criaram algoritmos de IA para o sector médico. Os hospitais também estão a procurar software de IA para ajudar as suas operações operacionais, a fim de reduzir os custos, aumentar a satisfação dos pacientes e satisfazer os seus requisitos de mão de obra e de pessoal. O governo dos EUA está atualmente a gastar milhares de milhões de dólares para fazer avançar a aplicação da IA nos cuidados de saúde. As empresas estão a criar tecnologia para ajudar os gestores das instalações de cuidados de saúde a melhorar as suas operações comerciais, optimizando os níveis de pessoal, diminuindo o embarque de doentes, reduzindo a duração da estadia e aumentando a utilização.

Alargar os cuidados de saúde aos países em desenvolvimento

A inteligência artificial continua a expandir as suas capacidades para diagnosticar mais pessoas com precisão em países onde há menos médicos acessíveis ao público. Muitas empresas de novas tecnologias, como a SpaceX e a Fundação Raspberry Pi, permitiram que mais países em desenvolvimento tivessem acesso a computadores e à Internet do que nunca. Com as capacidades crescentes da IA através da Internet, os algoritmos avançados de aprendizagem automática podem permitir que os pacientes sejam diagnosticados com exatidão quando anteriormente não tinham forma de saber se tinham ou não uma doença potencialmente fatal.

A utilização da IA nos países em desenvolvimento que não dispõem de recursos diminuirá a necessidade de externalização e poderá melhorar os cuidados prestados aos doentes. A IA pode permitir não só o diagnóstico de doentes em áreas onde os cuidados de saúde são escassos, mas também uma boa experiência para o doente, recorrendo a ficheiros para encontrar o melhor tratamento para um doente. A capacidade da IA para ajustar o curso à medida que avança também permite que o tratamento do doente seja modificado com base no que funciona para ele; um nível de cuidados individualizados que é quase inexistente nos países em desenvolvimento.

AI EM FARMÁCIA.

Panorama geral da IA

O termo IA (também conhecido como inteligência artificial) é muito comummente confundido e utilizado indistintamente com robótica e automação. Enquanto a robótica é simplesmente a criação de máquinas que podem efetuar tarefas repetitivas difíceis, a IA refere-se à exibição de comportamentos semelhantes aos humanos ou de inteligência por qualquer computador ou máquina. Tradicionalmente, os robôs não eram construídos para possuírem estas "capacidades inteligentes", embora possam ser capazes de mover ou transportar objectos de forma independente utilizando um programa concebido e sensores de superfície, num processo conhecido como automatização. A IA, na sua essência, é o domínio da ciência da computação especializado na criação de máquinas inteligentes, desenvolvidas com a capacidade de executar tarefas que normalmente estão associadas a um ser humano.

A IA é frequentemente aplicada ao desenvolvimento de computadores digitais ou de robôs controlados por computador com capacidade para executar autonomamente processos intelectuais e cognitivos semelhantes aos humanos. Esses processos intelectuais e cognitivos incluem a aprendizagem, o raciocínio, a resolução de problemas, a perceção e a linguagem. A forma de IA atualmente utilizada é designada por IA estreita ou IA fraca, porque foi concebida apenas para executar tarefas limitadas, como a pesquisa na Internet, o reconhecimento facial e vocal, o controlo e a condução de automóveis, etc. No entanto, o objetivo a longo prazo da comunidade da IA é ter máquinas que possam, de forma autónoma, superar os humanos em todas as tarefas cognitivas. A IA que envolve a criação de máquinas capazes de realizar todas as tarefas cognitivas humanas será a IA geral ou IA forte (ADI).

Em termos simples, a IA refere-se à capacidade das máquinas e dos computadores para pensar, atuar, comportar-se e funcionar como seres humanos. Exemplos conhecidos de sistemas controlados por IA incluem o SIRI da Apple (no iPhone), a Alexa da Amazon e os carros autónomos da Google, Mercedes, BMW e Tesla, para citar alguns. O núcleo da IA pode ser a Engenharia do Conhecimento, em que as máquinas são montadas com acesso a dados e informações abundantes relacionados com o mundo humano, o que lhes permite imitar o comportamento humano. A Aprendizagem Automática é outro tipo de IA, que envolve a utilização de algoritmos e modelos estatísticos para melhorar a precisão das aplicações de software na previsão de resultados sem serem nitidamente programadas. Foi criada com base na ideia de que as máquinas podem aprender com os dados, identificar problemas e tomar decisões com o mínimo de ajuda ou intervenção humana. As aplicações da aprendizagem automática incluem os automóveis autónomos da Google, a deteção de fraudes e as ofertas de recomendações em linha, como as da Amazon e da Netflix. A perceção automática é outro aspeto da IA e envolve a conceção e construção de máquinas com a capacidade de utilizar dados sensoriais para deduzir informações sobre os diferentes aspectos do mundo. A visão por computador é a capacidade das máquinas para processar dados visuais, como informações faciais, objectos e gestos.

Tem havido vários cepticismos, críticas e mitos em relação à IA, sobretudo no que diz respeito à segurança e aos perigos que podem ser potenciados pela criação de máquinas que podem igualar as capacidades cognitivas humanas. Uma das cinco previsões feitas pela Forbes para a IA em 2019 é que esta pode tornar-se uma questão de política nacional. Para além das preocupações de que as IA possam ser utilizadas como armas de guerra e de destruição maciça, algumas pessoas manifestaram a preocupação de que a criação de sistemas de IA mais inteligentes do que os seres humanos, através da IA geral, possa ser mais fatal e constituir o fim da própria raça humana. Acreditam que podemos não ser capazes de prever o comportamento dos sistemas de IA mais inteligentes do que nós e que os seres humanos podem acabar por ser controlados por estas máquinas superinteligentes. Os cientistas acreditam que a maior parte das preocupações de segurança sobre os futuros sistemas de IA superinteligentes podem ser resolvidas se os "objectivos" destas máquinas puderem ser alinhados com os nossos próprios objectivos.

Classificação da IA

A IA pode ser classificada de duas formas diferentes

a)   de acordo com o calibre

b)   de acordo com a presença

Classificação da IA

Com base no calibre Inteligência fraca

Inteligência artificial estreita

Inteligência geral artificial

Super inteligência artificial

Baseado na presença Máquina reactiva de tipo 1

Sistema de memória limitada de tipo 2

O tipo 3 baseia-se na teoria da mente

Auto-consciência do tipo 4

Com base no seu calibre, o sistema de IA é classificado da seguinte forma:

Inteligência fraca ou inteligência artificial restrita (IAN): Este sistema é concebido e treinado para realizar uma tarefa restrita, como o reconhecimento facial, a condução de um automóvel, o jogo de xadrez e a sinalização de trânsito. Por exemplo: Assistência pessoal virtual SIRI da Apple, marcação nas redes sociais.

Inteligência Artificial Geral (AGI) ou IA forte: É também designada por IA de nível humano. Pode simplificar as capacidades intelectuais humanas. Por isso, quando é exposta a uma tarefa desconhecida, consegue encontrar a solução. A AGI pode fazer tudo o que o ser humano faz.

Super Inteligência Artificial (ASI): Trata-se de um poder cerebral que é mais ativo do que os humanos inteligentes no desenho, na matemática, no espaço, etc.; em todos os domínios, desde a ciência à arte. Vai desde o computador apenas um pouco mais pequeno que o ser humano até um trilião de vezes mais inteligente que o ser humano.

Arend Hintze, um cientista de IA, classificou a tecnologia de IA com base na sua presença e ainda não presente. São as seguintes:

Tipo 1 : Este tipo de sistema de IA é designado por máquina reactiva. Por exemplo, o Deep Blue, o programa de xadrez da IBM que atingiu o campeão de xadrez, Garry Kasparov, na década de 1990. Consegue identificar as damas no tabuleiro de xadrez e fazer previsões; não tem memória para utilizar experiências passadas. Foi concebido para fins específicos e não é útil noutras situações. Outro exemplo é o AlphaGo da Google.

Tipo 2: Este tipo de sistema de IA é designado por sistema de memória limitada. Este sistema pode utilizar experiências passadas para problemas actuais e futuros. Nos veículos autónomos, algumas das funções de tomada de decisão são concebidas apenas por este método. As observações registadas são utilizadas para registar as acções que ocorrerão no futuro, como a mudança de faixa de rodagem de um automóvel. As observações não ficam na memória de forma permanente.

Tipo 3: Este tipo de sistema de IA é designado por "teoria da mente". Significa que todos os seres humanos têm os seus pensamentos, intenções e desejos que influenciam as decisões que tomam. Trata-se de uma IA inexistente.

Tipo 4: São os chamados sistemas de auto-consciência. Os sistemas de IA têm um sentido de si e de consciência. Se a máquina tem auto-consciência, compreende a condição e utiliza as ideias presentes nos cérebros dos outros. Trata-se de uma IA inexistente.

O sistema farmacêutico tradicional depende maioritariamente do conhecimento humano e de procedimentos manuais, o que pode causar atrasos, erros e ineficiências. A título de exemplo, o aviamento de uma receita requer uma série de procedimentos manuais, incluindo a leitura da receita, a entrega do medicamento e a verificação da quantidade e frequência. Estes procedimentos manuais podem demorar muito tempo e são susceptíveis de erros. Além disso, a incapacidade do sistema tradicional de farmácia de personalizar os horários de prescrição para pacientes específicos pode restringir a eficácia da terapia farmacológica. No entanto, os farmacêuticos podem melhorar as suas operações e ultrapassar estas restrições utilizando soluções baseadas em IA, como a IA.

A IA pode ajudar a automatizar uma série de processos do fluxo de trabalho das farmácias, incluindo a distribuição de medicamentos e a interpretação de receitas, reduzindo as taxas de erro e aumentando a produtividade.

A IA também pode ajudar os químicos a criar esquemas de medicamentos personalizados com base nas necessidades específicas e no historial médico de cada doente, avaliando grandes volumes de dados dos doentes.

Embora o sistema tradicional de farmácia tenha sido bem sucedido em dar aos pacientes os medicamentos de que necessitam, a sua falta de personalização e os procedimentos manuais restringem a sua eficácia. Estes obstáculos podem ser resolvidos através da utilização de soluções alimentadas por IA, como a IA, que melhorará os resultados para os doentes ao aumentar a precisão, a eficiência e a personalização do sistema de farmácia.

A inteligência artificial (IA) tem enormes implicações para as aplicações de farmácia doméstica, oferecendo aos clientes uma série de benefícios. Os utilizadores de aplicações de farmácia com integração de IA podem obter informações sobre receitas médicas, orientações sobre doses e administração e aconselhamento médico a partir do conforto das suas casas. As pessoas que vivem em locais distantes ou que têm dificuldades de mobilidade podem considerar este facto extremamente útil.

Para se certificar de que as pessoas estão a tomar os seus medicamentos de forma adequada e eficiente, a IA pode também examinar o historial médico do utilizador e ajudar a criar regimes de medicamentos individualizados que incluam a dosagem, a frequência e o horário. As aplicações de farmácia integradas na IA eliminam a necessidade de os utilizadores esperarem pelo horário de expediente de um farmacêutico, fornecendo apoio 24 horas por dia, 7 dias por semana, para quaisquer questões ou preocupações relacionadas com medicamentos. Além disso, podem descobrir interacções medicamentosas, contra-indicações e possíveis efeitos secundários através da análise de grandes volumes de dados, garantindo que os utilizadores recebem informações correctas e evitam interacções medicamentosas potencialmente prejudiciais.

A inteligência artificial (IA) pode ajudar a melhorar os resultados dos doentes e a reduzir o risco de eventos farmacológicos adversos, oferecendo informações exactas e uma gestão personalizada da medicação. A gestão personalizada da medicação, a maior acessibilidade, a assistência permanente, a maior precisão e os melhores resultados para os doentes são apenas alguns dos benefícios que podem advir da integração da IA nas aplicações para farmácias.

Embora a IA tenha potencial para ser uma ferramenta muito útil para melhorar o sistema farmacêutico, há vários inconvenientes que devem ser tidos em conta. A inteligência artificial (IA) é um sistema baseado numa máquina que não pode ter a mesma empatia e o mesmo toque humano que um verdadeiro farmacêutico. Isto pode ser especialmente crucial quando os doentes necessitam de apoio emocional em circunstâncias delicadas. A exatidão das sugestões e conselhos da IA depende da qualidade dos dados que lhe são fornecidos.

As recomendações podem ser inexactas ou inexistentes se os dados forem tendenciosos, inexactos ou incompletos. Os dados de formação que a IA utiliza para determinar a sua competência linguística significam que pode não ser capaz de compreender o calão, os dialectos regionais ou outras nuances linguísticas.

As questões éticas surgem com qualquer sistema alimentado por IA, especialmente as que dizem respeito à proteção de dados, ao consentimento informado e a quaisquer preconceitos no sistema. É também um sistema complicado que requer muita potência informática e conhecimentos técnicos para ser mantido e atualizado, o que pode ser difícil para algumas farmácias. O sistema de farmácia pode ganhar muito com a IA, mas é vital estar ciente das suas desvantagens também. Estas incluem a falta de empatia e de toque humano, a dependência de dados fiáveis, a competência linguística limitada, as questões éticas e as restrições técnicas.

É fundamental compreender a aplicação da inteligência artificial (IA) no sistema farmacêutico e avaliar as suas vantagens e desvantagens. Embora a IA tenha muitas vantagens para o sistema de farmácia, incluindo melhores resultados para os doentes, gestão personalizada da medicação e maior precisão, também tem inconvenientes, incluindo a falta de empatia e de toque humano, a dependência de dados fiáveis e possíveis questões éticas. Os farmacêuticos podem decidir se querem ou não integrar a IA na sua prática, conhecendo as vantagens e os inconvenientes da tecnologia.

Podem pesar cuidadosamente as vantagens da IA - como o aumento da produtividade e uma menor probabilidade de erros de prescrição - contra os seus inconvenientes, como a possível perda de interação humana e questões morais sobre a privacidade dos dados.

A IA também pode ser utilizada pelos químicos como uma ferramenta para complementar, em vez de substituir completamente, os seus conhecimentos especializados. Podem continuar a dar o toque humano e a empatia do envolvimento humano, ao mesmo tempo que utilizam as capacidades de gestão de medicamentos personalizados e de análise de dados da IA para orientar as suas decisões e melhorar os cuidados prestados aos doentes. Em conclusão, a tomada de decisões informadas relativamente à integração desta tecnologia requer um conhecimento da forma como a inteligência artificial é utilizada no sistema farmacêutico. A fim de melhorar os resultados para os doentes, os farmacêuticos devem considerar cuidadosamente as vantagens e desvantagens da IA e utilizá-la como uma ferramenta para complementar os seus conhecimentos.

O emprego de um sistema de farmácia com IA totalmente novo e nunca antes visto é o objeto deste estudo de investigação original. Para gerar planos de tratamento individualizados, o sistema utiliza algoritmos de aprendizagem automática que lhe permitem processar enormes volumes de dados dos pacientes, incluindo historial genético e médico.

A eficiência do sistema de farmácia é aumentada pela automatização de operações repetitivas, como a gestão do inventário, a verificação de interacções medicamentosas e o processamento de receitas. Além disso, a capacidade do sistema para gerar regimes de tratamento personalizados a partir dos dados dos doentes pode resultar numa melhor administração dos medicamentos, em menos efeitos secundários e em diagnósticos mais precisos.

Este estudo mostra como a IA tem a capacidade de alterar completamente os sistemas de farmácia, comparando o seu desempenho com o do anterior sistema manual de farmácia. Isto tem ramificações importantes para melhorar os resultados dos doentes, reduzir as despesas e cumprir os regulamentos. Em suma, o estudo abre novas vias para a investigação futura neste domínio e oferece novas perspectivas sobre as possibilidades da IA no sector farmacêutico.

Embora haja uma série de lacunas de investigação que precisam de ser preenchidas, a aplicação da IA na farmácia mostra potencial (Fig. 1). Estas lacunas incluem a forma como a tecnologia é recebida pelos doentes, os efeitos a longo prazo, como a forma como a adesão à medicação é afetada, as considerações éticas, como a privacidade dos dados e os potenciais preconceitos, as dificuldades técnicas com a integração dos dados e a manutenção do sistema, e a usabilidade para os doentes e os farmacêuticos. Os investigadores podem compreender melhor as ramificações da utilização da IA no sistema farmacêutico e criar soluções que optimizem as suas vantagens e minimizem os seus inconvenientes, mantendo simultaneamente uma utilização ética, preenchendo estas lacunas de investigação.

Um estudo sobre a aplicação da IA no sistema farmacêutico é inovador, uma vez que tem o potencial de transformar completamente o sector. Embora a aplicação da IA nos cuidados de saúde tenha sido estudada no passado, a IA é atualmente uma tecnologia de ponta que permite que os pacientes conversem com ela de forma conversacional, respondendo a entradas de linguagem natural de uma forma semelhante à humana. A IA pode ajudar a reconhecer as dificuldades e possibilidades específicas que esta tecnologia oferece, bem como os seus inconvenientes e dilemas morais. Ao compreender estas dificuldades, os cientistas podem criar soluções que optimizem as vantagens da IA, reduzindo os seus inconvenientes e garantindo a sua aplicação moral.

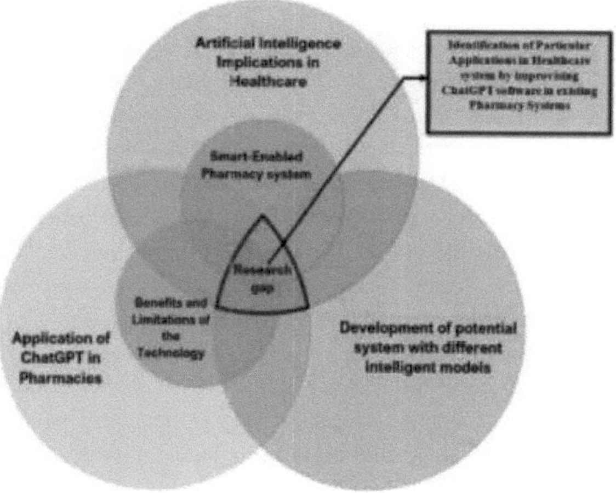

As lacunas e os obstáculos da investigação no domínio das farmácias inteligentes são apresentados na Fig. 1.

Estes são os objectivos do estudo.

Porquê Avaliar o desempenho do novo sistema de farmácia alimentado por IA em comparação com o sistema de farmácia manual desatualizado.

• Avaliar a forma como o sistema de farmácia orientado para a IA afecta a produtividade, os resultados dos doentes, as poupanças financeiras e o cumprimento dos regulamentos.

• Avaliar a viabilidade e a utilidade da implantação do sistema de farmácia alimentado por IA em vários ambientes médicos.

• Determinar eventuais desvantagens ou dificuldades relacionadas com a implementação do sistema farmacêutico alimentado por IA.

• Apresentar sugestões para o estudo e o avanço futuros dos sistemas farmacêuticos alimentados por IA.

2. A IA é necessária no sistema de farmácia

Embora a aplicação da IA nos sistemas de farmácia esteja a ganhar popularidade, é crucial lembrar que esta tecnologia só deve ser utilizada após um planeamento e uma consideração minuciosos. Embora a IA tenha a capacidade de transformar completamente o negócio, oferecendo aos pacientes apoio 24 horas por dia, 7 dias por semana e uma gestão personalizada da medicação, é crucial garantir que é aplicada de forma responsável e que quaisquer potenciais inconvenientes ou dificuldades são resolvidos. Por conseguinte, para garantir que a IA é aplicada no sistema farmacêutico de uma forma responsável e bem sucedida, é necessária uma estratégia cuidadosa e baseada em provas.

A utilização da IA no sistema farmacêutico beneficiará a população em expansão, uma vez que pode ajudar a satisfazer a procura crescente de serviços de saúde. A IA pode ajudar os doentes a gerir os seus medicamentos de forma mais eficiente, reduzindo a necessidade de idas frequentes ao médico, com apoio 24 horas por dia, 7 dias por semana e gestão personalizada da medicação. Isto pode facilitar um melhor acesso dos doentes aos cuidados de saúde e diminuir a carga sobre o sistema de saúde. A IA pode também reduzir as interacções medicamentosas desfavoráveis e os erros de prescrição, o que melhoraria os resultados dos doentes e pouparia despesas de saúde. A IA pode ajudar a resolver os problemas causados pela expansão da população e pelo aumento da procura de serviços de saúde, melhorando a gestão dos medicamentos e aliviando a carga dos profissionais de saúde.

A integração da IA no sistema farmacêutico pode melhorar o planeta de várias formas. Em primeiro lugar, ao oferecer aos pacientes assistência 24 horas por dia, 7 dias por semana e uma gestão individualizada dos medicamentos, pode aumentar o acesso aos serviços de saúde [40, 42]. Isto pode reduzir a necessidade de idas frequentes ao médico e ajudar as pessoas a gerir os seus medicamentos de forma mais competente. Estes benefícios podem ser particularmente úteis em locais onde o acesso aos serviços de saúde é restrito. Em segundo lugar, a IA pode minimizar os custos dos cuidados de saúde, reduzindo as más interacções medicamentosas e os erros de prescrição, o que conduzirá a menos internamentos hospitalares e a menos dinheiro gasto em cuidados de saúde. Em terceiro lugar, a IA pode aliviar o esforço dos profissionais de saúde, libertando-os para se concentrarem em tarefas mais difíceis e aumentar o nível de cuidados que podem prestar. Em suma, a integração da IA no sistema farmacêutico pode melhorar os resultados dos cuidados de saúde, reduzir as despesas de saúde e alargar o acesso aos serviços de saúde, melhorando a qualidade de vida de todos 61, 62, 63.

3. Objectivos da investigação

É imperativo compreender as possibilidades da inteligência artificial na farmácia, uma vez que esta tem a capacidade de transformar as práticas de administração de medicamentos, conduzindo a melhores resultados para os doentes e a uma diminuição das despesas com os cuidados de saúde. A IA pode ajudar os doentes a gerir melhor os seus medicamentos, reduzindo o risco de erros de medicação, reacções adversas a medicamentos e hospitalizações, oferecendo apoio 24 horas por dia, 7 dias por semana e uma gestão personalizada da medicação. A IA pode também aliviar o esforço dos profissionais de saúde, libertando-os para se concentrarem em tarefas mais difíceis e aumentar o nível de cuidados que oferecem. Para garantir a aplicação segura e eficiente da IA no sistema farmacêutico, é crucial compreender os potenciais inconvenientes e dificuldades. Assim, compreender o potencial da IA na farmácia é essencial para criar soluções baseadas em provas que optimizem as suas vantagens e reduzam os seus perigos; estes são abordados na Fig. 2.

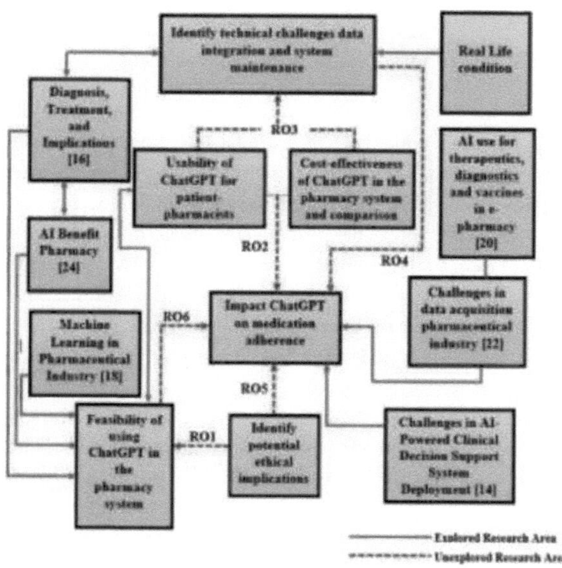

Figura. 2. Os objectivos da investigação foram desenvolvidos com base nas áreas de incidência do sistema de farmácia inteligente.

Os objectivos da investigação em IA para o sistema farmacêutico podem incluir o seguinte

RO-1: Avaliar a viabilidade de integrar a IA no sistema de farmácia para fornecer aos pacientes assistência 24 horas por dia e gestão personalizada da medicação.

RO-2: Avaliar de que forma a IA afecta os resultados dos doentes, incluindo hospitalizações, reacções adversas a medicamentos e estado geral de saúde, bem como a adesão à medicação.

RO-3: Determinar as potenciais ramificações éticas da utilização da IA no sistema de farmácia, incluindo as relativas à proteção de dados e a eventuais preconceitos.

RO-4: Reconhecer e desenvolver soluções para problemas tecnológicos, como a integração de dados e a manutenção de sistemas.

RO-5: Avaliar a utilidade da IA e identificar as áreas que necessitam de desenvolvimento, tanto para os químicos como para os doentes.

RO-6: Avaliar a relação custo-eficácia da IA no sistema farmacêutico e compará-la com os métodos convencionais de gestão de medicamentos.

Os objectivos gerais da investigação scbre a inteligência artificial no sistema farmacêutico são avaliar a viabilidade, a eficácia e os potenciais inconvenientes da tecnologia e conceber estratégias para maximizar as suas vantagens e reduzir os seus perigos.

4. Processo de Inteligência Artificial no Sistema de Farmácia

O processo de medição dos critérios acima referidos para os parâmetros do sistema de farmácia geridos pela IA pode envolver as seguintes etapas

Estabelecer os parâmetros: Indicar claramente o que deve ser monitorizado em termos de administração de medicamentos, monitorização de doentes, comunicação, interacções medicamentosas, reacções adversas a medicamentos, registos de saúde electrónicos e análise de dados. A análise das possíveis utilizações da IA na farmácia exige que se definam primeiro os parâmetros. A IA pode ajudar na gestão da medicação, reduzindo os erros de medicação, aumentando a adesão aos medicamentos e assegurando que os doentes recebem a medicação adequada no momento certo. A IA também pode melhorar a comunicação com os doentes, dando-lhes acesso permanente aos profissionais de saúde, respondendo às suas perguntas e enviando lembretes para os seus medicamentos. Outra área em que a IA pode ser melhorada é a monitorização dos doentes. A inteligência artificial (IA) pode notificar os prestadores de cuidados de saúde de quaisquer problemas ou dificuldades antes de estes se agravarem, através do controlo dos sinais vitais e de outros dados de saúde dos doentes. Outros factores cruciais que podem ser controlados de forma mais eficaz com a IA são as interacções medicamentosas e as reacções adversas aos medicamentos. A IA pode ajudar os prestadores de cuidados de saúde a identificar possíveis interacções medicamentosas ou reacções adversas e a tomar as medidas adequadas para evitar danos, fornecendo dados e notificações sobre a medicação em tempo real. A IA pode também ajudar a abordar outros critérios, como a análise de dados e os registos de saúde electrónicos (RSE). A IA pode fornecer dados sobre os doentes em tempo real, interagindo com os sistemas de registos de saúde electrónicos, permitindo que os prestadores de cuidados de saúde tomem decisões bem informadas sobre os cuidados prestados aos doentes. Além disso, as tendências e os padrões nos dados dos doentes podem ser encontrados através da análise de dados, oferecendo conhecimentos que podem ser aplicados para melhorar os resultados dos cuidados de saúde. Os profissionais de saúde podem compreender melhor as potenciais utilizações da IA na farmácia e a forma como esta pode melhorar os cuidados aos doentes, estabelecendo estes parâmetros e avaliando os possíveis efeitos da tecnologia nos mesmos.

Criar instrumentos de medição: Criar instrumentos, tais como inquéritos, questionários ou formulários de recolha de dados, para medir cada parâmetro. A criação de instrumentos de medição é essencial para avaliar até que ponto a IA melhora as diferentes métricas que foram especificadas na etapa anterior. Dependendo do parâmetro específico que está a ser avaliado, as ferramentas podem ser produzidas numa variedade de formatos, incluindo inquéritos, questionários e formulários de recolha de dados. Por exemplo, uma aplicação de monitorização da medicação que permita aos doentes registar quando tomam a sua receita pode ser utilizada para medir a adesão à medicação, e um inquérito que pergunte aos doentes se estão satisfeitos com os canais de comunicação pode ser utilizado para medir a comunicação com o doente. Para garantir a sua exatidão e eficácia, as ferramentas devem ser validadas após a sua conceção. Para detetar quaisquer problemas ou discrepâncias, os instrumentos podem ser testados num pequeno número de doentes ou profissionais de saúde como parte do processo de validação. Para garantir que os instrumentos medem de forma consistente e precisa o que é suposto medirem, também precisam de ser validados em termos de validade e fiabilidade. Os prestadores de cuidados de saúde podem certificar-se de que estão a avaliar adequadamente a influência da IA nos parâmetros farmacêuticos, criando e validando ferramentas de medição. Isto produzirá dados importantes para orientar futuros esforços de implementação e melhoria.

Recolher informações: Recolher informações dos doentes, dos profissionais de saúde e dos registos de saúde electrónicos sobre cada parâmetro. Um primeiro passo crucial para avaliar o desempenho da IA no sistema de farmácia é a recolha de dados. Muitas fontes, como indivíduos, profissionais de saúde e registos de saúde electrónicos, podem fornecer os dados. Os profissionais de saúde podem contribuir com informações sobre parâmetros como reacções adversas a medicamentos e interacções medicamentosas, enquanto os doentes podem fornecer informações úteis sobre critérios como a adesão à medicação e a comunicação. Os registos de saúde electrónicos são uma fonte de dados vital para qualquer estudo sobre os efeitos da inteligência artificial no sistema farmacêutico, uma vez que podem oferecer uma multiplicidade de informações sobre o historial dos doentes, os planos de tratamento e os resultados. A análise dos dados recolhidos deve permitir encontrar tendências, padrões e correlações. Este estudo pode ser utilizado para identificar as áreas que necessitam de desenvolvimento e avaliar até que ponto a IA está a funcionar bem para melhorar os parâmetros especificados. A informação oferece conhecimentos importantes sobre a forma como a IA afecta os procedimentos farmacêuticos e pode também ser utilizada para orientar futuras iniciativas de implementação e desenvolvimento. A fim de garantir a integridade, a correção e a confidencialidade dos dados, estes devem ser tratados com grande cuidado, respeitando os procedimentos de segurança de dados e os princípios morais necessários.

Examinar os dados: Examinar a informação recolhida para encontrar padrões e tendências nas interacções medicamentosas, reacções adversas a medicamentos, adesão à medicação e outras áreas. Para chegar a conclusões relevantes, os dados têm de ser analisados depois de terem sido recolhidos. Podem ser utilizadas várias abordagens estatísticas e de aprendizagem automática para analisar os dados adquiridos, a fim de encontrar tendências e padrões que possam ajudar na tomada de decisões. As taxas de adesão à medicação, as possíveis interacções medicamentosas e as reacções adversas a medicamentos podem ser encontradas com a utilização desta análise. Ao utilizar estes dados, os profissionais de saúde podem criar programas de tratamento individualizados que são adaptados às necessidades únicas de cada doente, reduzindo a possibilidade de resultados desfavoráveis. Além disso, a análise dos dados permite identificar as lacunas e as áreas de desenvolvimento do sistema farmacêutico. Os profissionais de saúde podem criar intervenções para aumentar a adesão à medicação, como a educação do doente ou sistemas de lembrete, se os dados, por exemplo, indicarem que as taxas de adesão à medicação são fracas. Os prestadores de cuidados de saúde podem melhorar os resultados dos doentes e a qualidade geral dos cuidados de saúde, monitorizando e melhorando regularmente o sistema de farmácia através da análise de dados. Por exemplo, uma meta-análise de um estudo concluiu que a injeção de ligustrazina em conjunto com a medicina ocidental poderia ter um efeito terapêutico mais favorável26.

Interpretar os resultados: Examinar os resultados da análise para determinar se a inteligência artificial (IA) é útil para controlar os horários dos medicamentos, melhorar os resultados para os doentes e reduzir as despesas de saúde. Para verificar se a inteligência artificial (IA) é benéfica para o controlo dos horários dos medicamentos, para melhorar os resultados dos doentes e para reduzir as despesas de saúde, é necessário analisar os resultados da análise dos dados. Encontrar padrões e ligações entre os vários parâmetros que foram examinados e os efeitos da IA nesses parâmetros são aspectos importantes da interpretação dos resultados. A IA pode ser uma ferramenta útil para melhorar os resultados dos doentes e reduzir as despesas de saúde, por exemplo, se os dados demonstrarem que a IA afecta significativamente as taxas de adesão à prescrição. Para determinar a eficácia relativa da IA, é também necessário comparar o seu desempenho com o de outros sistemas farmacêuticos convencionais aquando da interpretação dos dados. Esta comparação pode ajudar a determinar as vantagens e desvantagens da IA em relação aos sistemas de farmácia convencionais, oferecendo sugestões para o desenvolvimento futuro. Além disso, a análise dos dados pode ajudar a identificar os elementos críticos que afectam a capacidade da IA para gerir eficazmente os horários de prescrição, melhorar os resultados para os doentes e reduzir as despesas de saúde. A criação de planos para expandir a IA nos sistemas de farmácia e incorporá-la no sistema de saúde mais alargado pode ser influenciada por diversas variáveis.

Modificar as definições: Tendo em conta os resultados, modificar os parâmetros de forma a maximizar a eficácia da IA no controlo dos horários dos medicamentos e na oferta de apoio individualizado aos doentes. Pode ser essencial alterar as definições previamente estabelecidas após a análise dos resultados. No caso de ser detectada uma baixa adesão à medicação, por exemplo, a frequência ou a substância dos lembretes de medicação podem ser alteradas para envolver melhor os doentes. Do mesmo modo, podem ser adicionados mais alertas ou intervenções ao sistema para reduzir o risco de danos para o doente se forem detectadas interacções medicamentosas ou reacções adversas a medicamentos. Ao modificar os parâmetros com base na análise de dados, a IA pode tornar-se mais eficiente no controlo dos horários de medicação e na melhoria dos resultados para os doentes. É fundamental lembrar que a alteração dos parâmetros tem de ser um procedimento contínuo. Para manter a eficácia do sistema no futuro, poderá ser necessário efetuar ajustes quando forem recolhidos e analisados novos dados. Para garantir que o sistema está a satisfazer as necessidades e preferências dos doentes, os ajustes dos parâmetros devem também ter em conta o seu feedback. A IA pode continuar a melhorar a administração dos planos de prescrição e a oferecer aos doentes um apoio individualizado, modificando e optimizando regularmente os parâmetros, o que acabará por melhorar os resultados dos cuidados de saúde.

Continuar a monitorizar e a avaliar: Manter-se atento aos parâmetros para garantir que a IA está a dar aos doentes e aos profissionais de saúde a melhor ajuda possível. A integração da IA no sistema de farmácia exige uma monitorização e avaliação constantes. Os farmacêuticos podem encontrar áreas de desenvolvimento e certificar-se de que o sistema está a satisfazer as exigências dos doentes e dos profissionais de saúde, mantendo-se atentos aos parâmetros e avaliando a eficácia da IA. Digamos, por exemplo, que apesar da assistência da IA, os dados mostram que os doentes continuam a ter reacções negativas aos medicamentos. Nesse cenário, os farmacêuticos podem alterar as definições para dar aos doentes que estão a sofrer efeitos adversos um apoio mais individualizado. Outro exemplo é o facto de os farmacêuticos poderem alterar os parâmetros de comunicação para oferecer lembretes e ajuda mais individualizados se a análise dos dados revelar que os doentes estão a ter dificuldade em aderir ao regime de prescrição. Os farmacêuticos podem fazer juízos baseados em dados e modificar os parâmetros da IA para melhorar continuamente os resultados dos doentes através de uma monitorização e avaliação contínuas.

A fim de maximizar a eficiência da IA na gestão dos regimes de medicação e na oferta de apoio individualizado aos doentes, o processo de medição dos critérios para os parâmetros do sistema de farmácia administrados pela IA implica um ciclo contínuo de recolha, análise, interpretação, ajustamento e avaliação de dados.

5. Parâmetros do sistema de farmácia gerido por IA

Através da disponibilização de um método mais eficaz e individualizado de tratamento dos doentes, a inteligência artificial (IA) tem o potencial de transformar completamente o sector farmacêutico. A Inteligência Artificial (IA) é uma técnica para o fazer; é um modelo de linguagem que utiliza a aprendizagem profunda para produzir respostas que são semelhantes às humanas. A IA pode ser utilizada para gerir uma série de aspectos do sistema farmacêutico, como a análise de dados, a gestão de receitas, as reacções adversas a medicamentos, a monitorização de doentes, as interacções medicamentosas e os registos de saúde electrónicos. Os prestadores de cuidados de saúde podem reduzir as despesas de saúde e melhorar os resultados para os doentes utilizando as competências da IA nestes domínios. Esta investigação tem por objetivo investigar as possíveis utilizações da inteligência artificial (IA) nos parâmetros do sistema farmacêutico e a forma como pode ser aplicada para melhorar os cuidados prestados aos doentes. Os parâmetros do sistema farmacêutico geridos por IA podem satisfazer os seguintes critérios

Administração de medicamentos: A IA é capaz de ser treinada para supervisionar o plano de medicação de um doente, incluindo a dosagem, a frequência e o horário. A gestão da diabetes é uma condição médica em que a IA tem uma utilização prática. Os doentes com diabetes precisam de monitorizar cuidadosamente as suas doses de insulina, uma vez que as oscilações de açúcar no sangue podem causar complicações perigosas. A inteligência artificial (IA) pode ser configurada para monitorizar os níveis de açúcar no sangue, lembrar os doentes de tomarem a insulina nas horas certas e oferecer conselhos personalizados sobre a forma de alterar o seu plano de prescrição. Os doentes podem conseguir controlar melhor a sua diabetes e evitar efeitos secundários potencialmente perigosos, incluindo a retinopatia diabética ou a cetoacidose diabética. A IA pode também fornecer aos profissionais de saúde informações em tempo real sobre os níveis de açúcar no sangue e a utilização de insulina pelos doentes, permitindo modificações mais atempadas e precisas do plano de tratamento.

Comunicação com os doentes: A IA pode responder a questões e preocupações dos doentes, bem como dar-lhes instruções e lembretes personalizados sobre medicamentos. Um paciente real a quem é prescrita uma nova receita e que não tem a certeza dos seus possíveis efeitos secundários pode ser objeto de um exemplo real de comunicação com o paciente através da IA. Através de uma aplicação de mensagens, o doente pode falar com a IA em vez de telefonar ao seu médico ou procurar informações na Internet. A IA poderia oferecer pormenores individualizados sobre o medicamento, tais como possíveis efeitos adversos, instruções de dosagem e quaisquer riscos ou avisos. O doente tomaria a sua receita com maior conhecimento e segurança, o que poderia resultar em melhores resultados em termos de saúde e numa maior adesão aos medicamentos. Além disso, os profissionais de saúde ficariam livres para se concentrarem em problemas mais complicados dos doentes, graças à capacidade da IA para oferecer apoio 24 horas por dia, 7 dias por semana.

Monitorização dos doentes: A IA pode acompanhar a forma como os doentes estão a tomar os seus medicamentos e notificar os profissionais médicos se não estiverem a seguir o tratamento recomendado. O tratamento da diabetes é um cenário em que a IA pode ser utilizada na farmácia para administrar a monitorização dos doentes no mundo real. Através da integração de dispositivos portáteis, a IA pode ser ensinada a monitorizar os níveis de glucose no sangue dos doentes e a lembrar os utilizadores de que devem tomar as suas receitas de insulina ou outros medicamentos a tempo. A IA pode notificar os profissionais de saúde para que intervenham e modifiquem o plano de tratamento se um doente faltar habitualmente às doses ou tiver flutuações notáveis nos níveis de glucose no sangue. Isto poderia resultar em melhores resultados para os doentes, menos internamentos hospitalares e menos consequências de uma diabetes não controlada.

Interacções medicamentosas: A IA é capaz de detetar possíveis interacções medicamentosas, como as que ocorrem entre medicamentos e doenças, e notificar os doentes e os profissionais de saúde dessas interacções. A IA pode ajudar na gestão das interacções medicamentosas, por exemplo, procurando possíveis interacções entre as receitas que um doente está a tomar. A IA pode verificar possíveis interacções medicamentosas, por exemplo, se um doente receber uma nova receita para a depressão e, ao mesmo tempo, tomar uma para a tensão arterial elevada. A IA pode notificar o doente e o prestador de cuidados de saúde da possibilidade de uma interação e oferecer conselhos de gestão, como a alteração das dosagens ou a recomendação de um medicamento diferente, caso ocorra uma interação. A IA também é capaz de detetar possíveis interacções entre medicamentos e doenças, por exemplo, quando um medicamento sujeito a receita médica pode agravar uma doença já existente. A IA pode verificar eventuais interacções entre uma nova receita e a função renal de um doente, por exemplo, se o doente tiver antecedentes de doença renal. A IA é capaz de notificar o prestador de cuidados de saúde de quaisquer interacções possíveis e recomendar medicamentos ou dosagens diferentes. A inteligência artificial (IA) pode ajudar a aumentar a segurança dos doentes e a reduzir a probabilidade de eventos médicos negativos, como a toxicidade dos medicamentos ou o insucesso do tratamento, ao procurar possíveis interacções medicamentosas.

Reacções adversas a medicamentos: A IA é capaz de estar atenta a reacções adversas a medicamentos nos doentes e de notificar tanto os doentes como os profissionais de saúde sempre que se detectam quaisquer sintomas. Um exemplo da utilização da inteligência artificial para detetar efeitos desfavoráveis dos medicamentos na prática envolve um doente que está a ser tratado para a hipertensão arterial. Indicadores vitais como a tensão arterial e o ritmo cardíaco podem ser monitorizados pela IA e comparados com leituras de base. A IA pode notificar o profissional médico da possibilidade de uma reação negativa à medicação se forem detectadas quaisquer anomalias. Além disso, a IA pode inquirir sobre quaisquer sintomas que o doente possa estar a ter e oferecer sugestões para a gestão dos sintomas. A IA pode aumentar a segurança do doente ao evitar interacções medicamentosas negativas desta forma.

A IA pode ser integrada nos registos de saúde electrónicos (RSE) para fornecer aos profissionais de saúde informações em tempo real sobre o cumprimento da medicação pelos doentes e os resultados do tratamento. O procedimento de reconciliação da medicação é um exemplo da integração da IA com os registos de saúde electrónicos. Fazer a lista mais exacta de todos os medicamentos que um doente está a tomar, incluindo a marca, a dose, a frequência e o modo de administração, é conhecido como reconciliação da medicação. Os erros de medicação podem resultar em eventos adversos a medicamentos e readmissões hospitalares, pelo que é imperativo garantir que os doentes recebem uma terapêutica segura e eficaz. A IA pode ser programada para reconciliar quaisquer inconsistências ou dados em falta, analisando o historial de prescrições de um doente a partir dos seus registos de saúde electrónicos. Ao fazê-lo, os prestadores de cuidados de saúde podem reduzir a possibilidade de erros de prescrição e poupar tempo e esforço ao não terem de examinar manualmente as listas de medicamentos. Além disso, com base no historial de prescrições do doente, a IA pode emitir alertas para possíveis interacções medicamentosas ou discrepâncias, o que torna mais simples para os profissionais de saúde reconhecerem e impedirem ocorrências adversas de medicamentos.

Análise de dados: A inteligência artificial (IA) pode examinar os dados dos doentes para encontrar padrões e tendências nas interacções medicamentosas, reacções adversas a medicamentos e adesão à medicação. Um exemplo real de análise de dados num sistema de farmácia gerido por IA pode ser o exame dos dados de adesão à medicação para um determinado grupo de doentes. Para encontrar os doentes que têm dificuldade em cumprir os seus horários de prescrição, o sistema de IA pode recolher informações de inquéritos aos doentes, registos de saúde electrónicos e outras fontes. Depois, pode utilizar algoritmos de aprendizagem automática para identificar elementos - como efeitos secundários ou esquemas de dosagem complexos - que estejam associados a uma baixa adesão. O sistema pode então utilizar estes dados para oferecer aos doentes apoio individualizado, como lembretes ou mais informações sobre as suas receitas. A fim de melhorar os resultados e a adesão dos doentes, os prestadores de cuidados de saúde podem também utilizar esta informação para modificar os planos de tratamento ou os esquemas de prescrição. Além disso, ao utilizar a análise de dados, pode ser possível detetar tendências e padrões mais gerais na adesão à medicação entre várias populações de doentes. Esta informação pode então ser utilizada para melhorar os tratamentos e os sistemas de apoio que são criados.

De um modo geral, os parâmetros do sistema de farmácia que a IA administra devem ser criados com o objetivo de melhorar os resultados dos doentes, reduzir as despesas médicas e oferecer aos doentes uma gestão e assistência individualizadas da medicação.

6. Possíveis utilizações da IA no sistema farmacêutico

A IA, um agente de conversação impulsionado pela IA, tem o potencial de transformar completamente o sector farmacêutico, oferecendo aos doentes e aos profissionais de saúde uma ajuda individualizada e em tempo real. Os seus algoritmos de aprendizagem automática e as suas capacidades de processamento da linguagem natural (PNL) permitem-lhe compreender e interpretar os pedidos dos doentes e dar respostas precisas e rápidas. A inteligência artificial (IA) tem várias utilizações na farmácia, desde a análise de dados à administração de receitas. Esta tecnologia tem o potencial de reduzir as despesas de saúde, aumentar os resultados para os doentes e melhorar a eficácia da prestação de cuidados de saúde. Este artigo aborda as possíveis utilizações da inteligência artificial (IA) na farmácia e a forma como esta poderá mudar os cuidados de saúde no futuro. As aplicações do sistema inteligente foram efectuadas utilizando a estrutura apresentada na Fig. 3. Além disso, após a determinação dos domínios de estudo, o Quadro 1 ilustra as seguintes aplicações potenciais no sistema farmacêutico.

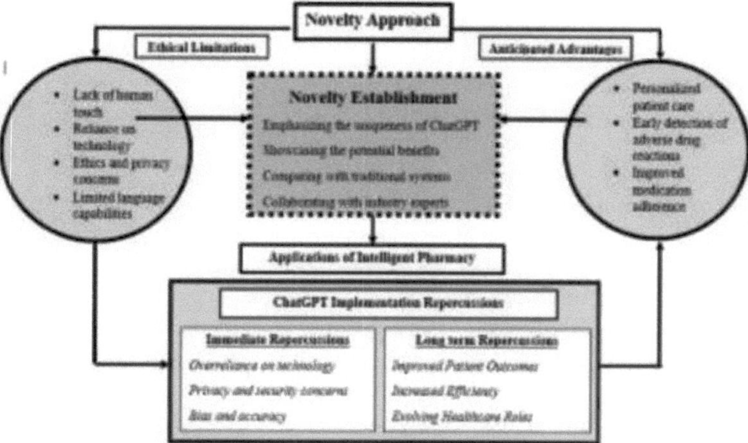

Fig. 3. Quadro para compreender as potenciais aplicações da IA no sistema de farmácia.

Quadro 1. Integração da inteligência artificial na prática farmacêutica moderna.

Farmácia S.N o Sistema   **DescriçãoBenefíciosReferências**

Aplicações	Descrição	Benefícios	Referências
1 Medicamento lembretes	A Ipode fornecer lembretes personalizados de medicação para os doentes, incluindo a dosagem e redução do risco de doses falhadas no momento da administração	Melhoria adesão,	
2 Medicamentos interacções	A IA pode rastrear o potencial risco reduzido de interacções medicamentosas e adversidades fornecer alertas às interacções com os cuidados de saúde, aos prestadores de cuidados e aos doentesmelhoria da qualidade de vida dos doentes		

Farmácia S.N o Sistema Aplicações	Descrição	BenefíciosReferências	
		segurança	
3 Doente comunicação	A IA pode responder a perguntas e abordar as preocupações dos doentes, fornecendo apoio personalizado	Melhoria da satisfação dos doentes, maior envolvimento dos doentes	
4 Monitorização de reacções adversas a medicamentos	A IA pode monitorizar os doentes para detetar reacções adversas a medicamentos e alertar os prestadores de cuidados de saúde e os doentes se forem detectados quaisquer sintomas	Melhoria da segurança dos doentes, redução dos custos dos cuidados de saúde	
5 Gestão personalizada da medicação	A IA pode gerir os regimes de medicação dos doentes incluindo a dosagem , frequência e momento da administração	' Melhoria da adesão à medicação, redução do risco de falhar doses	
6 Registo eletrónico de saúde (EHR) integração	A IA pode integrar-se nos registos clínicos electrónicos para fornecer aos prestadores de cuidados de saúde actualizações em tempo real sobre os doentes gestão da medicação e evolução do tratamento	Melhoria da coordenação de cuidados, redução do risco de medicação erros	
7 Gestão de doenças crónicas	A Icanprovide apoio personalizado e gestão da medicação para doentes com doenças crónicas, como a diabetes ou a hipertensão	Melhoria da gestão da doença, redução dos custos dos cuidados de saúde	
8 Doente	A IA pode fornecer aos	Melhoria do paciente	

doentes

Farmácia S.N o Sistema Aplicações	Descrição	Benefícios	Referências
educação	com recursos educativosconhecimento, onmedicaçãoaumentou o número de doentes gestão, gestão de doenças gestão, e outros temas relacionados com a saúde		
9 Análise de dados	A IA pode analisar os dados dos doentes Melhoria do doente para identificar tendências e resultados, padrões na medicação redução da adesão, custos de saúde dos medicamentos interacções e reacções adversas a medicamentos		
10 Gestão de recargas de receitas médicas	A IA pode ajudar os doentes a melhorar os aviamentos de receitas, a medicação incluindo lembretes e adesão, a encomenda em linha aumentou o número de doentes conveniência		
11 Transferência de receitas médicas	A IA pode ajudar os doentes com Maior comodidade na transferência de receitas médicas entre farmácias adesão à medicação		
12 Ajustes de dosagem de medicamentos	A IA pode ajudar os prestadores de cuidados de saúde Melhoria dos prestadores de cuidados de saúde a ajustar os resultados, as dosagens de medicação com base na redução do risco de erros de medicação nos dados dos doentes		

Farmácia S.N o Sistema Aplicações	Descrição	Benefícios	Referências
13 Gestão de fórmulas de medicamentos	A IA pode ajudar os prestadores de cuidados de saúde reduzidos a selecionar os custos dos cuidados de saúde e os medicamentos com base na melhoria da qualidade dos cuidados prestados aos doentes.		

dados dos doentes e resultados dos formulários

requisitos

14 Gestão da terapêutica medicamentosa	A IA pode fornecer medicação Terapia melhoradagestãomedicação serviços, incluindo a adesão, medicação abrangente risco reduzido de revisões e erros de medicação aconselhamento		
15 Rastreio dos doentes	A IA pode fazer o rastreio dos doentes para melhorar os potenciais resultados e problemas relacionados com a		

		medicação, tais como a redução de não adesão ou interacções medicamentosas custos dos cuidados de saúde
16	Triagem de doentes	A IA pode ajudar os prestadores de cuidados de saúde Melhoria dos prestadores de cuidados de saúde com resultados de triagem, doentes com base nas suas necessidades reduzidas relacionadas com a medicaçãocustos dos cuidados de saúde
17	Medicamentos reconciliação	A IA pode ajudar os prestadores de cuidados de saúde a melhorar a coordenação das listas de medicamentos entre cuidados de saúde, reduzir o risco de medicação em diferentes contextos de cuidados de saúde erros
18	Cuidados centrados no doente	A IA pode proporcionar ao doente uma melhoria satisfação, gestão e apoio personalizados em matéria de medicação, aumento da adaptação do doente às necessidades únicas de cada doente
19	Medicamentos	A IA pode acompanhar os doentes Melhoria

Farmácia S.N	Descrição	BenefíciosReferências
o Sistema Aplicações		
controlo da adesão	a adesão à medicação e forneceradesão à medicação, redução dos alertas aos prestadores decustos dos cuidados de saúde cuidados de saúde e aos doentes se for detectada a não adesão	
20 Telemedicina apoio	AIcanprovide apoio à telemedicina , incluindo virtual revisões e consultas de medicação	Maior comodidade para os doentes, melhor acesso aos cuidados de saúde

A Inteligência Artificial (IA) está a transformar rapidamente o futuro da farmácia, revolucionando a indústria. O potencial da IA na farmácia é enorme, abrangendo desde a descoberta de medicamentos até aos cuidados dos doentes. A IA pode ajudar a simplificar e automatizar vários aspectos do sistema farmacêutico, incluindo o desenvolvimento de medicamentos, a tomada de decisões clínicas, a gestão de medicamentos e a monitorização dos doentes. Os sistemas alimentados por IA podem analisar rapidamente grandes quantidades de dados, fornecendo informações que podem ajudar os farmacêuticos a tomar decisões informadas sobre os cuidados com os pacientes. Isto pode levar a melhores resultados para os pacientes, maior eficiência e redução dos custos dos cuidados de saúde. De um modo geral, a implementação da IA na farmácia tem o potencial de transformar a forma como abordamos os cuidados de saúde, tornando-os mais personalizados, eficientes e eficazes.

IA na prática farmacêutica em farmácias hospitalares e comunitárias

Os modelos de aprendizagem automática permitem que as mensagens de correio eletrónico sejam personalizadas a uma velocidade e precisão superiores às de qualquer ser humano. Os chatbots podem ser utilizados para aumentar a eficiência da prestação de serviços. Os chatbots são capazes de imitar as interacções entre os clientes e as equipas de atendimento ao cliente. Os chatbots são capazes de resolver automaticamente as queixas e dúvidas dos clientes e as questões difíceis são transferidas para o pessoal humano. Na farmácia de retalho, este princípio pode ser aplicado. Os chatbots podem ser programados para imitar a interação entre o farmacêutico e o paciente.

A Walgreen estabeleceu uma parceria com a Medline, uma empresa de telessaúde, para criar um meio de ajudar os doentes a interagir com os profissionais de saúde através de conversação por vídeo. A IA também pode ser útil na gestão de stocks. Como farmacêutico de retalho, imagine ser capaz de prever o que os seus pacientes vão precisar num futuro próximo, armazenando-os e utilizando software personalizado para enviar e-mails para lembrar o paciente das necessidades de medicamentos. Com a utilização de análises de dados baseadas em IA, é possível prever a futura compra de medicamentos de um paciente. A previsão da compra de medicamentos pelo paciente através da IA ajudará o farmacêutico a tomar decisões adequadas de aquisição de stock.

Embora existam aplicações e software de gestão de inventário utilizados na gestão de stocks de farmácias de retalho, como a Mckessons, a Liberty, a Winpharm, a PrimeRx e a WinRx, nem todos utilizam a IA ou a aprendizagem automática. Por exemplo, uma empresa de IA, a Blue Yonder, desenvolveu software para o grupo Otto, um retalhista alemão em linha e por catálogo. Este software consegue prever com 90% de exatidão o que será vendido pela Otto em 30 dias. Isto reduziu o prazo de entrega dos produtos comprados de uma semana ou mais para um prazo de dois dias, permitindo a entrega direta do produto do fornecedor ao consumidor sem ter de passar pelo armazém.

Com o objetivo de melhorar a segurança dos pacientes, o Centro Médico da Universidade da Califórnia em São Francisco (UCSF) utiliza tecnologia robótica para a preparação e acompanhamento de medicamentos. Segundo a UCSF, a tecnologia preparou 3 50 000 doses de medicamentos sem qualquer erro. O robô provou ser muito melhor do que os humanos, tanto em termos de tamanho como de capacidade de administrar medicamentos com precisão. As capacidades da tecnologia robótica incluem a preparação de medicamentos orais e injectáveis, incluindo medicamentos tóxicos de quimioterapia. Isto deu liberdade aos farmacêuticos e enfermeiros da UCSF para que possam utilizar os seus conhecimentos, concentrando-se nos cuidados directos aos doentes e trabalhando com os médicos. No sistema automatizado da farmácia, os computadores começam por receber eletronicamente as encomendas de medicamentos dos médicos e farmacêuticos da UCSF. Depois disso, as doses individuais de comprimidos são seleccionadas, embaladas e distribuídas pela robótica. Em seguida, as máquinas montam as doses num anel de plástico com código de barras. O fino anel de plástico contém todos os medicamentos que um doente tem de tomar num período de 12 horas. A acrescentar às capacidades do sistema automatizado está a sua capacidade de preparar preparações estéreis destinadas à quimioterapia, bem como de encher seringas intravasculares com os medicamentos correctos.

A IA tem uma vasta gama de utilizações possíveis em farmácia e pode ser muito benéfica para os aspirantes a farmacêuticos. Em primeiro lugar, a exatidão e a segurança da distribuição de medicamentos podem ser grandemente aumentadas através da utilização da IA na gestão de medicamentos. Os farmacêuticos podem monitorizar a adesão dos pacientes à medicação e oferecer recomendações individualizadas de medicamentos utilizando soluções baseadas em IA. Deste modo, é possível garantir que os doentes recebem o medicamento certo no momento certo e reduzir a probabilidade de erros de medicação. Isto aumentará o nível dos cuidados prestados, permitindo que os farmacêuticos se concentrem mais nos cuidados e no aconselhamento dos doentes. Em segundo lugar, a aplicação da IA ao desenvolvimento de medicamentos pode acelerar o processo de descoberta de novos alvos terapêuticos e facilitar aos químicos a identificação de possíveis alvos. A aplicação da IA pode ajudar os químicos a analisar de forma eficiente e precisa grandes volumes de dados para prever a eficácia de novas terapêuticas, o que é importante dada a procura crescente de medicamentos novos e eficazes. Isto pode melhorar os resultados dos doentes e reduzir as despesas de saúde, permitindo aos químicos produzir novos medicamentos de forma mais rápida e económica.

Há várias vantagens no trabalho sugerido sobre a utilização da IA no sistema farmacêutico. Em primeiro lugar, ao oferecer planos de tratamento individualizados e ao reduzir a possibilidade de reacções negativas aos medicamentos, pode melhorar os resultados para os doentes. Em segundo lugar, ao automatizar processos repetitivos e ao aliviar o esforço dos profissionais de saúde, pode melhorar a eficácia do sistema farmacêutico. Por último, ajuda a criar novas abordagens e instrumentos para avaliar grandes quantidades de dados dos doentes, o que pode ter efeitos mais alargados no avanço da IA nos cuidados de saúde.

A IA tem o potencial de ajudar os químicos a gerir doenças crónicas como a diabetes, a hipertensão e as doenças cardíacas. A utilização de tecnologias baseadas em IA para monitorizar os dados dos doentes permite que os químicos detectem precocemente possíveis problemas e tomem as medidas adequadas. Ao reduzir o risco de internamentos hospitalares e visitas às urgências, isto pode melhorar os resultados dos doentes e poupar nas despesas de saúde. Tudo considerado, os futuros farmacêuticos têm muito a ganhar com as possíveis utilizações da IA na farmácia. Estas utilizações incluem o aumento da precisão e da segurança da administração de medicamentos, a aceleração do processo de descoberta de medicamentos e a ajuda na gestão de doenças crónicas. Podemos prever utilizações ainda mais avançadas da IA no sector farmacêutico à medida que a tecnologia se desenvolve, o que irá mudar ainda mais os cuidados de saúde no futuro.

Uma variedade de técnicas, incluindo chatbots, assistentes virtuais, robótica, algoritmos de aprendizagem automática, processamento de linguagem natural, registos de saúde electrónicos e software de análise de dados, pode ajudar a integrar a IA no atual sistema de farmácia. Estas ferramentas podem fornecer planos de tratamento individualizados, automatizar processos repetitivos, analisar grandes volumes de dados dos doentes e aumentar a precisão e a eficácia do sistema de farmácia. Os prestadores de cuidados de saúde podem reduzir as despesas, melhorar os resultados para os doentes e cumprir a legislação através da implementação destas ferramentas. A aplicação destas tecnologias realça ainda mais a forma como a IA tem o poder de revolucionar o sector dos cuidados de saúde e melhorar a acessibilidade, a eficácia e a eficiência.

O estudo sobre a aplicação da IA no sistema farmacêutico deu um contributo académico substancial. Em primeiro lugar, o estudo lança luz sobre a forma como a IA pode revolucionar o sector farmacêutico, mostrando como pode automatizar processos repetitivos, oferecer regimes de tratamento individualizados e melhorar os resultados dos doentes. A saúde dos doentes pode beneficiar de uma melhor dosagem dos medicamentos, de um diagnóstico mais preciso e de menos reacções adversas. Em segundo lugar, a investigação contribui para a criação de novas abordagens e instrumentos, como software de análise de dados, algoritmos de aprendizagem automática e processamento de linguagem natural, para a análise de conjuntos maciços de dados de doentes. Isto pode ter ramificações mais amplas para o avanço da IA no sector dos cuidados de saúde, em rápida expansão. Em última análise, o estudo chama a atenção para as dificuldades e os constrangimentos envolvidos na aplicação da IA aos cuidados de saúde e oferece sugestões para um maior estudo e avanço neste domínio. Em suma, os contributos académicos do estudo mostram como a IA tem o poder de transformar completamente o sector dos cuidados de saúde e de abrir novas vias de investigação.

Dr.ª Madhulita Panda*, Dr. Ganesh Patro
Faculdade de Ciências Farmacêuticas, Mohuda, Berhampur, pin-760002

Considerações éticas e desafios inerentes à implementação da IA

A implementação da inteligência artificial (IA) implica várias considerações e desafios éticos que têm de ser abordados para garantir uma utilização responsável e justa.

CONSIDERAÇÕES ÉTICAS

As considerações éticas são cruciais em vários aspectos da vida e desempenham um papel significativo na tomada de decisões em diferentes domínios, incluindo negócios, tecnologia, cuidados de saúde e muito mais. Eis algumas considerações éticas gerais que se aplicam de uma forma geral:

RESPEITO PELA AUTONOMIA:

As pessoas devem ter o direito de tomar as suas próprias decisões e fazer as suas próprias escolhas. Este princípio sublinha a importância de respeitar a autonomia das pessoas e de lhes permitir tomar decisões sobre as suas próprias vidas.

O respeito pela autonomia é um princípio ético fundamental que sublinha a importância de reconhecer e defender o direito dos indivíduos a fazerem as suas próprias escolhas e decisões. Este princípio é particularmente relevante em domínios como os cuidados de saúde, a investigação e as relações pessoais. Seguem-se alguns aspectos e considerações fundamentais relacionados com o respeito pela autonomia:

Consentimento informado:

Nos cuidados de saúde e na investigação, é essencial obter o consentimento informado. Os indivíduos devem receber informações completas e compreensíveis sobre a natureza, o objetivo, os riscos e os benefícios de um procedimento ou estudo antes de poderem concordar voluntariamente em participar.

Autonomia dos doentes nos cuidados de saúde:

Os profissionais de saúde devem respeitar o direito dos doentes a tomar decisões sobre o seu próprio tratamento médico. Isto inclui o direito de recusar o tratamento, escolher entre as opções disponíveis e ser plenamente informado sobre as potenciais consequências das suas escolhas.

Directivas antecipadas:

Os indivíduos têm o direito de criar directivas antecipadas, como testamentos em vida ou procurações duradouras para cuidados de saúde, para expressar antecipadamente as suas preferências em matéria de cuidados de saúde, especialmente em situações em que possam estar incapazes de tomar decisões.

Privacidade e confidencialidade:

O respeito pela autonomia implica salvaguardar a privacidade dos indivíduos e manter a confidencialidade das suas informações pessoais. Isto é particularmente relevante nos cuidados de saúde, no aconselhamento e noutros domínios em que são partilhadas informações sensíveis.

Competência cultural:

Reconhecer e respeitar os diversos valores e crenças culturais é essencial. As diferentes culturas podem ter perspectivas diferentes sobre a autonomia, a tomada de decisões e o papel dos indivíduos na comunidade. Os profissionais e prestadores de cuidados de saúde devem ser culturalmente competentes para compreender e lidar com estas diferenças.

Equilíbrio entre autonomia e beneficência:
A tomada de decisões éticas implica frequentemente um equilíbrio entre o respeito pela autonomia e o princípio da beneficência, que se centra na promoção do bem-estar dos indivíduos. Encontrar um equilíbrio entre o respeito pela autonomia e a garantia dos melhores resultados para os indivíduos pode ser um desafio, mas é necessário.

Avaliação da capacidade:
Nas situações em que a capacidade de decisão de um indivíduo é posta em causa (como nos casos de deficiência cognitiva), deve ser efectuada uma avaliação exaustiva. Se o indivíduo não tiver capacidade, as decisões podem ter de ser tomadas no seu melhor interesse, tendo em conta os seus valores e preferências, quando conhecidos.

Comunicação e tomada de decisões partilhada:
A comunicação aberta e eficaz entre indivíduos e profissionais é vital. A tomada de decisões partilhada, em que os prestadores de cuidados de saúde colaboram com os doentes na tomada de decisões sobre os seus cuidados, é uma abordagem que se alinha com o respeito pela autonomia.

Educação e capacitação:
A promoção da autonomia implica educar os indivíduos sobre os seus direitos e opções, dando-lhes a possibilidade de participarem ativamente nos processos de tomada de decisão. Isto é particularmente importante em domínios como a educação, onde a autonomia dos estudantes deve ser respeitada e promovida.

Em resumo, o respeito pela autonomia implica o reconhecimento dos indivíduos como agentes autónomos capazes de tomar decisões sobre as suas próprias vidas. Exige que se lhes forneça a informação necessária, que se garanta a sua privacidade e que se reconheça o seu direito à autodeterminação, tendo também em conta o contexto mais vasto e os potenciais conflitos com outros princípios éticos.

BENEFICÊNCIA:

As acções devem ter como objetivo beneficiar os indivíduos e a sociedade em geral. As decisões éticas devem dar prioridade ao bem-estar e à melhoria da vida humana.

A beneficência é um princípio ético que enfatiza a obrigação de atuar em benefício dos outros, promovendo o bem-estar e evitando danos. Desempenha um papel crucial em vários domínios, incluindo os cuidados de saúde, a investigação, os negócios e as relações interpessoais. Eis as principais considerações relacionadas com a beneficência:

Promover o bem-estar:
O principal objetivo da beneficência é contribuir para o bem-estar dos indivíduos e da sociedade. As acções e decisões devem visar melhorar a qualidade de vida em geral, melhorar a saúde e promover resultados positivos.

Cuidados centrados no doente:
Nos cuidados de saúde, a beneficência traduz-se frequentemente em cuidados centrados no doente. Os profissionais de saúde devem dar prioridade às necessidades e preferências dos doentes, assegurando que as intervenções e os tratamentos são no melhor interesse do indivíduo.

Equilíbrio entre autonomia e beneficência:
Embora o respeito pela autonomia seja crucial, a beneficência exige um equilíbrio entre as escolhas individuais e o bem-estar geral da pessoa. Em algumas situações, as decisões podem ter de ser tomadas no melhor interesse do indivíduo, especialmente quando a autonomia está comprometida.

Análise risco-benefício:
Na investigação e nos cuidados de saúde, é essencial efetuar uma análise exaustiva dos riscos e benefícios. Os potenciais benefícios de uma intervenção ou estudo devem ser superiores aos riscos e potenciais danos. Esta análise ajuda a garantir que as acções tomadas são eticamente justificáveis.

Justiça social:
A beneficência estende-se à promoção da justiça social e à resolução das disparidades. A tomada de decisões éticas deve ter em conta a distribuição justa dos recursos e das oportunidades para melhorar o bem-estar de todos os indivíduos numa sociedade.

Responsabilidade social das empresas:
No domínio empresarial, a beneficência reflecte-se na responsabilidade social das empresas. Espera-se que as empresas não se limitem à obtenção de lucros e contribuam positivamente para a sociedade, abordando questões ambientais, promovendo práticas comerciais éticas e apoiando o bem-estar da comunidade.

Competência profissional:
Os profissionais, quer nos cuidados de saúde quer noutros domínios, têm a obrigação ética de manter e melhorar as suas competências. Isto garante que podem contribuir efetivamente para o bem-estar das pessoas que servem, prestando serviços informados e de elevada qualidade.

Altruísmo e voluntariado:
As acções pessoais que contribuem para o bem-estar dos outros, como o voluntariado e o comportamento altruísta, estão de acordo com o princípio da beneficência. Os indivíduos são encorajados a participar em actividades que tenham um impacto positivo nas suas comunidades e não só.

Responsabilidade ambiental:
A beneficência estende-se à ética ambiental, sublinhando a responsabilidade de proteger e preservar o ambiente para as gerações actuais e futuras. As práticas sustentáveis e os esforços para mitigar os danos ambientais contribuem para o bem-estar do planeta e dos seus habitantes.

Iniciativas de saúde globais:
A abordagem de questões de saúde globais, como o acesso a cuidados de saúde, medicamentos e educação, reflecte um compromisso de beneficência à escala global. Os esforços internacionais para melhorar os resultados no domínio da saúde contribuem para o bem-estar das pessoas em todo o mundo.

Em resumo, a beneficência orienta os indivíduos e os profissionais a procurarem ativamente formas de promover o bem-estar dos outros. Envolve acções que melhoram o bem-estar, previnem danos e contribuem para resultados positivos em diversos contextos, considerando sempre as implicações éticas das escolhas feitas.

NÃO-MALEFICÊNCIA:
"Não causar danos". Este princípio sublinha a importância de evitar acções que possam causar danos ou ter um impacto negativo nos indivíduos ou na sociedade.

A não-maleficência é um princípio ético que enfatiza a obrigação de não causar danos ou, pelo menos, de minimizar os danos quando estes não podem ser totalmente evitados. É um conceito fundamental em vários domínios, incluindo os cuidados de saúde, a investigação e as empresas. Eis as principais considerações relacionadas com a não maleficência:

Evitar danos nos cuidados de saúde:
No domínio dos cuidados de saúde, o princípio da não maleficência exige que os profissionais

de saúde dêem prioridade à segurança e ao bem-estar dos doentes. Isto implica evitar acções que possam causar danos, minimizar os riscos e ponderar cuidadosamente os potenciais benefícios e danos das intervenções médicas.

Análise Benefício-Prejuízo:

A tomada de decisões éticas implica frequentemente a realização de uma análise exaustiva dos potenciais benefícios e prejuízos de uma determinada ação. Esta análise ajuda a determinar se o impacto global está de acordo com o princípio da não maleficência.

Consentimento informado:

Fornecer aos indivíduos informações completas e compreensíveis antes de obter o seu consentimento informado não é apenas um aspeto do respeito pela autonomia, mas também uma forma de aderir ao princípio da não maleficência. Os indivíduos têm o direito de ser informados sobre os riscos potenciais associados a quaisquer intervenções propostas.

Redução de danos:

Nas situações em que os danos não podem ser totalmente evitados, devem ser aplicadas estratégias de redução dos danos. Esta abordagem visa minimizar as consequências negativas das acções ou intervenções, especialmente em contextos como o tratamento da toxicodependência e a saúde pública.

Ética na investigação:

Na investigação, a não maleficência exige que os investigadores concebam estudos que minimizem os potenciais danos para os participantes. Os Conselhos de Revisão Institucional (IRBs) desempenham um papel crucial na revisão das propostas de investigação para garantir que os riscos são minimizados e que os potenciais benefícios são maximizados.

Gestão ambiental:

A não maleficência vai para além do bem-estar humano e inclui a ética ambiental. As acções que contribuem para os danos ambientais, como a poluição ou a desflorestação, devem ser minimizadas para proteger os ecossistemas e as gerações futuras.

Cibersegurança e privacidade dos dados:

Na era digital, a não-maleficência é relevante em áreas como a cibersegurança e a privacidade dos dados. As organizações e os indivíduos têm a responsabilidade ética de proteger a informação sensível contra danos, como o acesso não autorizado ou a violação de dados.

Integridade profissional:

Os profissionais de várias áreas, incluindo negócios e direito, têm o dever de evitar acções que possam prejudicar os outros. Manter a integridade profissional e a conduta ética é essencial para evitar danos a clientes, consumidores ou ao público.

Responsabilidade social:

As organizações e os indivíduos têm a responsabilidade de considerar os potenciais impactos sociais das suas acções. Isto implica evitar práticas que possam causar danos nas comunidades, tais como práticas laborais injustas ou políticas discriminatórias.

Segurança pública e resposta a emergências:

A não maleficência é fundamental em situações de resposta a emergências. Quer se trate de resposta a catástrofes naturais ou a crises de saúde pública, os esforços devem dar prioridade à minimização dos danos e à garantia da segurança e do bem-estar dos indivíduos afectados.

Em suma, a não maleficência orienta a tomada de decisões éticas, salientando a importância de prevenir os danos e minimizar os riscos em vários contextos. Complementa outros princípios éticos, como a beneficência e o respeito pela autonomia, para garantir uma abordagem equilibrada e eticamente correcta da tomada de decisões.

JUSTIÇA:

A justiça e a equidade estão no centro das considerações éticas. As decisões devem ser tomadas de forma imparcial e os recursos devem ser distribuídos de forma justa.

A justiça é um princípio ético que se centra na justiça, na equidade e na distribuição justa de recursos e oportunidades numa sociedade. Desempenha um papel crucial na orientação da tomada de decisões em vários domínios. Eis algumas considerações fundamentais relacionadas com a justiça:

Distribuição justa dos recursos:

A justiça exige que os recursos, os benefícios e os encargos sejam distribuídos de forma justa entre indivíduos e grupos. Isto aplica-se a áreas como os cuidados de saúde, a educação e as oportunidades económicas.

Igualdade e equidade:

Enquanto a igualdade implica tratar todos da mesma forma, a equidade reconhece que diferentes indivíduos ou grupos podem necessitar de diferentes níveis de apoio para alcançar a justiça. A justiça envolve muitas vezes a procura de igualdade e equidade, consoante o contexto.

Justiça social:

A justiça social engloba o tratamento justo de indivíduos e grupos na sociedade, tendo em conta factores como a raça, o género, o estatuto socioeconómico e outras dimensões da diversidade. As decisões éticas devem ter por objetivo abordar as desigualdades sistémicas.

Acesso aos cuidados de saúde:

Garantir o acesso aos serviços de saúde é uma preocupação relacionada com a justiça. As decisões éticas no domínio dos cuidados de saúde devem esforçar-se por proporcionar a todos os indivíduos oportunidades iguais de receberem os cuidados médicos necessários, independentemente do seu estatuto socioeconómico.

Equidade na educação:

A justiça na educação envolve a oferta de oportunidades iguais de aprendizagem e a abordagem das disparidades nos recursos educativos. As considerações éticas devem orientar as políticas e práticas que promovem a equidade educativa.

Justiça penal:

No sistema de justiça penal, as considerações éticas da justiça incluem o tratamento justo e imparcial dos indivíduos, a resolução de preconceitos sistémicos e a garantia de que os processos legais protegem os direitos de todos os cidadãos.

Justiça no trabalho e no emprego:

As práticas laborais justas, as políticas de não discriminação e os esforços para promover a diversidade e a inclusão contribuem para a justiça no local de trabalho. As decisões éticas devem abordar as desigualdades e criar um ambiente de trabalho justo.

Justiça ambiental:

A justiça estende-se à ética ambiental, envolvendo a distribuição justa dos benefícios e encargos ambientais. Isto inclui considerações sobre o impacto das políticas ambientais em diferentes comunidades e a resolução de injustiças ambientais.

Justiça Global:

As decisões éticas à escala global envolvem a resolução das disparidades entre as nações desenvolvidas e em desenvolvimento. A distribuição justa dos recursos, as práticas comerciais justas e a resolução de desafios globais como as alterações climáticas fazem parte das considerações de justiça global.

Tomada de decisões imparciais:
A justiça exige imparcialidade nos processos de tomada de decisão. Quer se trate de processos judiciais, práticas de contratação ou desenvolvimento de políticas, as considerações éticas exigem que as decisões sejam tomadas sem favoritismo ou discriminação.

Envolvimento da comunidade:
No desenvolvimento da comunidade e na tomada de decisões, a justiça implica o envolvimento dos membros da comunidade de uma forma justa e inclusiva. As decisões devem refletir as diversas necessidades e perspectivas da comunidade.

Reparação de injustiças:
As decisões éticas devem incluir mecanismos para resolver as injustiças do passado. Isto pode envolver reparações, processos de verdade e reconciliação, ou outras medidas para retificar erros históricos.

Em resumo, o princípio da justiça sublinha a importância da justiça e da equidade na tomada de decisões, com o objetivo de criar uma sociedade em que os indivíduos e os grupos tenham oportunidades iguais e sejam tratados com justiça. Exige uma abordagem ponderada e abrangente para resolver as desigualdades sistémicas e promover uma sociedade mais justa e inclusiva.

HONESTIDADE E TRANSPARÊNCIA:
A comunicação aberta e a honestidade são essenciais para a tomada de decisões éticas. A informação deve ser partilhada de forma transparente para criar confiança e garantir escolhas informadas.

A honestidade e a transparência são considerações éticas essenciais que sustentam a confiança e a integridade em várias relações pessoais, profissionais e organizacionais. Eis as principais considerações relacionadas com a honestidade e a transparência:

Veracidade:
A honestidade envolve a transmissão de informações verdadeiras e exactas. Os indivíduos e as organizações devem esforçar-se por ser honestos nas suas comunicações, evitando enganar ou fazer declarações enganosas.

Comunicação aberta:
A transparência implica uma comunicação aberta e clara. Ser transparente significa partilhar informação abertamente, mesmo que seja difícil ou desconfortável, e estar disposto a responder a questões ou preocupações.

Tomada de decisões informada:
Tanto no contexto pessoal como no profissional, a honestidade e a transparência contribuem para a tomada de decisões informadas. Os indivíduos necessitam de informações exactas para fazerem escolhas acertadas e as organizações beneficiam de partes interessadas informadas.

Criar confiança:
A confiança é a base das relações éticas. A honestidade e a transparência criam confiança ao demonstrarem um compromisso de abertura, sinceridade e fiabilidade. Uma vez estabelecida a confiança, é crucial mantê-la através de uma transparência contínua.

Responsabilidade:
As acções honestas e transparentes contribuem para a responsabilização. Quando os indivíduos ou as organizações são abertos sobre as suas acções e decisões, podem ser responsabilizados pelo seu comportamento, promovendo um sentido de responsabilidade.

Evitar o engano:
As considerações éticas exigem que se evitem práticas ou estratégias enganosas, tais como o

fornecimento de informações falsas, a ocultação de factos relevantes ou a manipulação de dados. Tais acções minam a confiança e a integridade.

Marketing e publicidade éticos:

As empresas e os anunciantes devem ser honestos e transparentes nas suas práticas de marketing. Evitar anúncios enganosos, fornecer informações exactas sobre os produtos e cumprir as promessas feitas contribuem para um marketing ético.

Denúncia de irregularidades:

Incentivar e proteger os denunciantes que expõem actividades pouco éticas ou ilegais é uma manifestação de transparência. Esta prática ajuda a manter os padrões éticos nas organizações e na sociedade.

Privacidade de dados:

Na era digital, as organizações devem ser transparentes quanto à forma como recolhem, utilizam e protegem os dados pessoais. As políticas e práticas de privacidade devem ser claras e os indivíduos devem ter controlo sobre a sua própria informação.

Governo das sociedades:

Uma governação empresarial honesta e transparente é crucial para o sucesso das empresas. Isto inclui relatórios financeiros transparentes, divulgação de potenciais conflitos de interesse e adesão a práticas comerciais éticas.

Relações Públicas e Gestão de Crises:

Em tempos de crise, é vital manter a honestidade e a transparência. Abordar abertamente os problemas, reconhecer os erros e delinear planos de resolução contribuem para uma gestão ética da crise.

Integridade pedagógica e académica:

Na educação, a honestidade e a transparência são fundamentais. Espera-se que os estudantes e investigadores representem honestamente o seu trabalho, dêem crédito a outros e comuniquem dados e resultados com exatidão.

Transparência governamental:

As práticas governamentais transparentes, incluindo o livre acesso à informação, contribuem para uma governação responsável. Os cidadãos têm o direito de saber como são tomadas as decisões e como são utilizados os recursos públicos.

Em resumo, a honestidade e a transparência são parte integrante da conduta ética em vários contextos. Não só contribuem para a confiança e a responsabilização, como também ajudam a manter a integridade dos indivíduos, das organizações e das sociedades. A observância destes princípios promove uma cultura de abertura e de comportamento ético.

CONFIDENCIALIDADE:

A proteção da privacidade dos indivíduos e a manutenção da confidencialidade são fundamentais, especialmente em áreas como os cuidados de saúde e o aconselhamento. As informações pessoais devem ser tratadas de forma responsável.

A confidencialidade é um princípio ético fundamental que implica manter a informação privada e protegida contra o acesso não autorizado. É particularmente crucial em domínios como os cuidados de saúde, o aconselhamento, as profissões jurídicas e os negócios. Eis as principais considerações relacionadas com a confidencialidade:

Privilégio do doente e do prestador de serviços:

No sector da saúde, a confidencialidade é fundamental para estabelecer a confiança entre os doentes e os prestadores de cuidados de saúde. As informações dos doentes devem ser mantidas confidenciais e os profissionais de saúde devem obter o consentimento informado antes de divulgarem qualquer informação sensível.

Confidencialidade entre conselheiro e cliente:

À semelhança dos cuidados de saúde, a confidencialidade é fundamental para a relação terapêutica. Os conselheiros e profissionais de saúde mental devem manter a privacidade das informações dos clientes, criando um ambiente seguro e de confiança para o trabalho terapêutico.

Privilégio Advogado-Cliente:

Nas profissões jurídicas, a confidencialidade é protegida pelo privilégio advogado-cliente. Os advogados são eticamente obrigados a manter confidenciais as informações partilhadas pelos clientes, promovendo uma comunicação aberta entre estes e os seus representantes legais.

Segredos de negócios e segredos comerciais:

No mundo dos negócios, a confidencialidade é essencial para proteger informações exclusivas, segredos comerciais e propriedade intelectual. As considerações éticas ditam que as empresas devem tomar medidas para evitar a divulgação não autorizada de informações sensíveis.

Leis de privacidade de dados:

Várias leis de privacidade de dados, como o Regulamento Geral de Proteção de Dados (GDPR) e a Lei de Portabilidade e Responsabilidade dos Seguros de Saúde (HIPAA), definem requisitos específicos para o tratamento confidencial de informações pessoais e sensíveis.

Confidencialidade jornalística:

Os jornalistas recorrem frequentemente a fontes confidenciais para obter informações. As considerações éticas no jornalismo incluem a proteção do anonimato das fontes e a não divulgação de informações sensíveis que possam prejudicar pessoas ou comprometer a integridade jornalística.

Confidencialidade da investigação:

Os investigadores têm a responsabilidade ética de proteger a confidencialidade dos participantes nos estudos. Isto inclui a salvaguarda da privacidade dos sujeitos de investigação e a garantia de que os dados são anónimos e seguros.

Governo e segurança nacional:

A confidencialidade é crucial em questões de segurança nacional e operações governamentais. As considerações éticas incluem o equilíbrio entre a necessidade de transparência e o imperativo de proteção de informações sensíveis que possam comprometer a segurança.

Registos escolares:

As instituições de ensino têm de cumprir normas de confidencialidade rigorosas quando lidam com os registos dos alunos. Isto inclui a proteção dos registos académicos, de saúde e disciplinares contra o acesso não autorizado.

Tecnologia e cibersegurança:

Na era digital, as considerações éticas relativas à confidencialidade estendem-se à proteção das informações armazenadas eletronicamente. Medidas robustas de cibersegurança são essenciais para evitar violações de dados e o acesso não autorizado a informações sensíveis.

Hacking ético e testes de segurança:

Os hackers éticos efectuam testes de segurança para identificar vulnerabilidades nos sistemas. Embora o seu papel envolva o acesso a informações potencialmente sensíveis, as considerações éticas exigem que tratem as informações de forma responsável e comuniquem os resultados para melhorar a segurança.

Relações duais e limites:
Os profissionais devem navegar em relações duplas e manter limites adequados para proteger a confidencialidade. Isto é especialmente relevante em pequenas comunidades onde podem existir múltiplas relações entre indivíduos.
Consentimento informado para divulgação:
Em situações em que a divulgação é necessária, a obtenção de consentimento informado é uma prática ética. Os indivíduos devem ser informados sobre as circunstâncias, os riscos potenciais e os destinatários da informação divulgada.

Em resumo, a confidencialidade é uma pedra angular da conduta ética em vários domínios, garantindo a proteção de informações sensíveis e promovendo a confiança entre as partes. As considerações éticas exigem que os indivíduos e as organizações estabeleçam políticas claras, mantenham práticas seguras e defendam a privacidade daqueles que lhes confiam informações confidenciais.

SUSTENTABILIDADE:
A consideração pelo ambiente e pelas gerações futuras está a tornar-se cada vez mais importante. As decisões éticas devem ter em conta o impacto a longo prazo no planeta e nos seus recursos.

A sustentabilidade é uma consideração ética que gira em torno da satisfação das necessidades do presente sem comprometer a capacidade das gerações futuras de satisfazerem as suas próprias necessidades. Engloba as dimensões ambiental, social e económica, promovendo práticas responsáveis para garantir o bem-estar a longo prazo. Eis as principais considerações relacionadas com a sustentabilidade:

Gestão ambiental:
As considerações éticas em matéria de sustentabilidade dão ênfase a práticas ambientais responsáveis. Isto inclui a minimização do impacto ecológico, a conservação da biodiversidade e a promoção da utilização sustentável dos recursos para proteger os ecossistemas do planeta.

Mitigação das alterações climáticas:
A abordagem das alterações climáticas é um imperativo ético importante no âmbito da sustentabilidade. As considerações éticas envolvem a redução das emissões de gases com efeito de estufa, a transição para fontes de energia renováveis e a adaptação aos impactos das alterações climáticas para proteger as populações vulneráveis.

Conservação dos recursos naturais:
As práticas sustentáveis envolvem a utilização responsável e a conservação dos recursos naturais, como a água, a terra, os minerais e as florestas. As considerações éticas exigem esforços para evitar o esgotamento dos recursos e promover uma gestão sustentável dos mesmos.

Práticas de comércio justo:
Na dimensão económica da sustentabilidade, as práticas de comércio justo dão ênfase a uma conduta empresarial ética. Isto inclui a garantia de salários justos, condições de trabalho seguras e distribuição equitativa de benefícios para os trabalhadores e comunidades envolvidas na produção de bens.

Economia circular:
A transição para uma economia circular, em que os produtos são concebidos para reutilização, reciclagem e redução de resíduos, é uma consideração ética em matéria de sustentabilidade. Esta abordagem minimiza o impacto ambiental e promove a eficiência dos recursos.

Equidade social:

O desenvolvimento sustentável implica uma abordagem da equidade e da justiça sociais. As considerações éticas incluem a garantia de que os benefícios do desenvolvimento são partilhados de forma equitativa e que as populações vulneráveis não são afectadas de forma desproporcionada pela degradação ambiental ou pelas práticas económicas.

Envolvimento da comunidade:

As práticas éticas de sustentabilidade envolvem o envolvimento das comunidades nos processos de tomada de decisão. Isto assegura que os projectos e iniciativas sejam culturalmente sensíveis, respondam às necessidades locais e incluam diversas perspectivas.

Conservação da biodiversidade:

A proteção da biodiversidade é uma consideração ética fundamental para a sustentabilidade. Devem ser envidados esforços para evitar a perda de espécies e ecossistemas, reconhecendo o valor intrínseco da biodiversidade e a sua contribuição para o bem-estar do planeta.

Responsabilidade social das empresas (RSE):

Espera-se cada vez mais que as empresas adoptem práticas éticas de responsabilidade social empresarial. Isto inclui ter em conta os impactos ambientais e sociais das suas actividades, colaborar com as comunidades locais e contribuir positivamente para a sociedade.

Educação e sensibilização:

As práticas éticas de sustentabilidade envolvem a educação e a sensibilização para a importância de uma vida sustentável e para o impacto das acções individuais e colectivas no ambiente e na sociedade.

Políticas e regulamentos governamentais:

Os governos desempenham um papel crucial na promoção da sustentabilidade através de políticas e regulamentos. As considerações éticas incluem a criação e aplicação de leis que incentivem práticas sustentáveis e responsabilizem os indivíduos e as organizações pelo seu impacto ambiental e social.

Filantropia e investimento social:

As considerações éticas sobre sustentabilidade estendem-se à filantropia e ao investimento social. Os indivíduos e as organizações podem apoiar iniciativas que promovam a conservação do ambiente, a equidade social e o desenvolvimento sustentável.

Avaliações do ciclo de vida:

A realização de avaliações do ciclo de vida ajuda a avaliar o impacte ambiental de produtos e processos. As práticas éticas de sustentabilidade envolvem a utilização desta informação para tomar decisões informadas que minimizem os danos ao longo do ciclo de vida de um produto.

Em resumo, a sustentabilidade como consideração ética envolve uma abordagem holística para equilibrar os aspectos ambientais, sociais e económicos. As práticas éticas em matéria de sustentabilidade visam criar uma relação harmoniosa entre as gerações actuais e futuras, reconhecendo a interligação entre o bem-estar ecológico e humano.

INTEGRIDADE:

A defesa da integridade e dos princípios morais é fundamental. Isto implica agir de acordo com um conjunto de normas éticas e ser honesto e coerente nas suas acções.

A integridade é um princípio ético fundamental que envolve consistência, honestidade e solidez moral nas acções e no carácter. É a qualidade de ser honesto e de ter princípios morais sólidos, e aplica-se a vários contextos pessoais, profissionais e sociais. Eis algumas considerações importantes relacionadas com a integridade:

Honestidade e veracidade:
Manter a honestidade e a veracidade na comunicação e nas acções é uma pedra angular da integridade. As considerações éticas exigem que as pessoas sejam verdadeiras e transparentes, mesmo quando enfrentam desafios ou situações difíceis.

Coerência de valores:
A integridade envolve a consistência na defesa dos valores e princípios de uma pessoa. As pessoas íntegras esforçam-se por alinhar as suas acções com as suas convicções declaradas, mantendo um sentido de coerência nos seus padrões éticos.

Fiabilidade e fiabilidade:
As pessoas com integridade são fiáveis e dignas de confiança. Os outros podem contar com elas para cumprir compromissos, manter promessas e atuar de forma coerente com as suas intenções.

Tomada de decisões éticas:
As considerações éticas exigem que os indivíduos tomem decisões com base em princípios morais, mesmo quando confrontados com escolhas difíceis. A integridade implica escolher acções que estejam de acordo com os valores éticos de cada um, em vez de sucumbir a pressões externas ou à conveniência.

Responsabilidade:
As pessoas íntegras assumem a responsabilidade pelos seus actos, tanto os sucessos como os fracassos. Reconhecem os erros, aprendem com eles e trabalham para retificar qualquer dano causado.

Integridade profissional:
Em contextos profissionais, a integridade é crucial. O respeito pelas normas profissionais, a conduta ética e o cumprimento das responsabilidades profissionais com integridade contribuem para um ambiente de trabalho positivo e ético.

Confidencialidade e privacidade:
A manutenção da confidencialidade e o respeito pela privacidade demonstram integridade. As pessoas devem tratar as informações sensíveis de forma responsável, assegurando-se de que não traem a confiança nem comprometem a privacidade dos outros.

Cumprimento das leis e regulamentos:
Atuar em conformidade com as leis e os regulamentos é um imperativo ético. A integridade exige que os indivíduos e as organizações cumpram as normas e os regulamentos legais, mesmo quando podem enfrentar desafios ou conflitos.

Coragem e Coragem Moral:
Demonstrar integridade requer muitas vezes coragem, particularmente quando se defende o que é correto face à adversidade. A coragem moral implica agir de acordo com princípios éticos, mesmo quando é pessoalmente difícil ou impopular.

Equidade e imparcialidade:
A integridade inclui tratar os outros de forma justa e imparcial. As considerações éticas exigem que os indivíduos evitem favoritismos, preconceitos ou práticas discriminatórias e tomem decisões com base no mérito e na justiça.

Humildade:
As pessoas com integridade demonstram humildade ao reconhecerem as suas limitações, ao estarem abertas à aprendizagem e ao reconhecerem que podem não ter todas as respostas. A integridade humilde envolve uma vontade de ouvir e considerar diversas perspectivas.

Liderança pelo exemplo:
Os líderes com integridade dão o exemplo, modelando o comportamento ético das suas equipas. Eles estabelecem o padrão de honestidade, consistência e tomada de decisões éticas, promovendo uma cultura de integridade dentro das organizações.
Responsabilidade social:
A integridade estende-se à responsabilidade social. As considerações éticas implicam contribuir positivamente para a sociedade, abordar questões sociais e participar ativamente nos esforços para tornar o mundo um lugar melhor.
Em resumo, a integridade é um princípio ético fundamental que engloba a honestidade, a coerência, a responsabilidade e a solidez moral. A manutenção da integridade contribui para a confiança, relações positivas e conduta ética em vários aspectos da vida.
Sensibilidade cultural:
É essencial compreender e respeitar as diversas perspectivas culturais. As decisões éticas devem ter em conta as diferenças culturais e evitar a imposição de valores que possam entrar em conflito com as crenças culturais dos indivíduos.
A sensibilidade cultural é uma consideração ética que enfatiza o respeito, a compreensão e a capacidade de resposta aos valores, crenças, costumes e práticas de indivíduos de diferentes origens culturais. É particularmente relevante em sociedades diversas e multiculturais, bem como em vários domínios profissionais. Eis as principais considerações relacionadas com a sensibilidade cultural:
Respeito pela diversidade:
A sensibilidade cultural implica o reconhecimento e o respeito pela diversidade das culturas, reconhecendo que os indivíduos podem ter visões do mundo, valores e modos de vida diferentes.
Evitar estereótipos e preconceitos:
As considerações éticas em matéria de sensibilidade cultural exigem que os indivíduos evitem perpetuar estereótipos ou adotar atitudes preconceituosas. Os estereótipos podem levar a interpretações erradas e reforçar preconceitos, prejudicando as interacções respeitosas.
Competência cultural:
A competência cultural implica a aquisição de conhecimentos e capacidades para navegar e comunicar eficazmente entre diferentes culturas. As considerações éticas incluem um compromisso contínuo de aprender e melhorar a competência cultural.
Práticas inclusivas:
Criar um ambiente inclusivo implica considerar e incorporar diversas perspectivas culturais. As considerações éticas exigem que os indivíduos e as organizações trabalhem ativamente no sentido da inclusão e evitem marginalizar qualquer grupo cultural.
Sensibilidade linguística:
É fundamental ser sensível às diferenças linguísticas. As considerações éticas em matéria de sensibilidade cultural implicam assegurar uma comunicação eficaz, tendo em conta as nuances linguísticas, os potenciais mal-entendidos e evitando uma linguagem que possa ser ofensiva.
Respeitar as tradições e os rituais:
A sensibilidade cultural inclui o respeito e a valorização das práticas, rituais e cerimónias tradicionais. As considerações éticas exigem que os indivíduos reconheçam o significado destes elementos culturais sem imporem as suas próprias crenças.

Cuidados de saúde centrados no doente:
Nos cuidados de saúde, a sensibilidade cultural é essencial para a prestação de cuidados centrados no doente. As considerações éticas envolvem a compreensão e o respeito pelas crenças, preferências e práticas culturais dos doentes para garantir o seu bem-estar.
Diversidade na educação:
As instituições de ensino devem ter em conta a sensibilidade cultural no desenvolvimento do currículo, nas práticas de ensino e nas interacções com os alunos. As considerações éticas envolvem a promoção de um ambiente de aprendizagem inclusivo e diversificado.
Representação mediática:
As considerações éticas sobre a sensibilidade cultural estendem-se à representação dos media. Os profissionais dos meios de comunicação social devem esforçar-se por representar com exatidão as diversas culturas, evitando estereótipos e promovendo uma compreensão mais matizada das diferentes comunidades.
Ética na investigação transcultural:
Na investigação que envolve múltiplas culturas, as considerações éticas incluem a garantia de um tratamento respeitoso e equitativo dos participantes. Os investigadores têm de lidar com as diferenças culturais no consentimento informado, na recolha de dados e na interpretação.
Sensibilidade cultural nas empresas:
Num mundo globalizado, as empresas devem ser culturalmente sensíveis para se envolverem eficazmente com mercados diversos. As considerações éticas envolvem o respeito pelas normas culturais, a adaptação de estratégias de marketing e a prevenção de práticas que possam ser ofensivas.
Sensibilidade ao sistema jurídico e de justiça:
Os profissionais do sector jurídico e da justiça devem ser sensíveis às questões culturais para garantir um tratamento justo e equitativo dos indivíduos de diversas origens. As considerações éticas envolvem a abordagem dos preconceitos culturais nos processos jurídicos.
Crise e resposta humanitária:
Em situações de crise e esforços humanitários, a sensibilidade cultural é crucial. As considerações éticas envolvem a compreensão do contexto cultural, o respeito pelos costumes locais e a colaboração com as comunidades afectadas para prestar uma assistência eficaz.
Em resumo, a sensibilidade cultural é uma consideração ética vital que promove interacções respeitosas, a inclusão e a compreensão em contextos culturais diversos. Ser culturalmente sensível não só é eticamente responsável como também contribui para a criação de sociedades mais harmoniosas e equitativas.
RESPONSABILIDADE:
Os indivíduos e as organizações devem assumir a responsabilidade pelas suas acções. Quando são cometidos erros, a responsabilização implica reconhecê-los, fazer reparações e aprender com a experiência.
A responsabilidade é um princípio ético que implica que os indivíduos e as organizações assumam a responsabilidade pelas suas acções, decisões e consequências daí resultantes. É uma pedra angular da conduta ética e é aplicável em vários contextos. Eis as principais considerações relacionadas com a responsabilidade:
Responsabilidade pelas acções:
As considerações éticas exigem que os indivíduos reconheçam e assumam a responsabilidade pelas suas acções. Isto inclui tanto os resultados positivos como os negativos resultantes das

suas decisões e comportamentos.

Transparência na tomada de decisões:

A responsabilidade implica processos de decisão transparentes. Os indivíduos e as organizações devem ser abertos quanto à forma como as decisões são tomadas, assegurando que as partes interessadas compreendem a lógica subjacente às escolhas.

Liderança ética:

Os líderes éticos exemplificam a responsabilidade dando um exemplo positivo. Assumem a responsabilidade pelas suas próprias acções e decisões e incentivam a responsabilização nas suas equipas ou organizações.

Cumprimento dos códigos de conduta:

Em várias profissões, a adesão a códigos de conduta éticos é uma demonstração de responsabilidade. Os profissionais comprometem-se a seguir as directrizes éticas estabelecidas, e a responsabilidade exige que defendam essas normas.

Responsabilidade social das empresas (RSE):

As organizações são responsáveis pelo seu impacto na sociedade e no ambiente. As considerações éticas em matéria de RSE implicam que as empresas assumam a responsabilidade pelas consequências sociais e ambientais das suas actividades.

Conformidade com as leis e regulamentos:

A responsabilidade inclui o cumprimento de leis e regulamentos. Os indivíduos e as organizações devem garantir que as suas acções estão em conformidade com os requisitos legais e devem ser responsabilizados por quaisquer violações.

Qualidade e segurança nos cuidados de saúde:

Nos cuidados de saúde, a responsabilização é fundamental para garantir a qualidade e a segurança dos cuidados prestados aos doentes. Os profissionais de saúde são responsáveis pelas suas decisões clínicas e as organizações devem implementar sistemas para promover a responsabilização pelos resultados dos doentes.

Responsabilidade educativa:

No domínio da educação, a responsabilidade implica que os educadores assumam a responsabilidade pela qualidade do ensino, pelos resultados da aprendizagem dos alunos e pela experiência educativa global. As instituições de ensino são também responsáveis pelo cumprimento das normas e expectativas.

Responsabilidade ambiental:

As considerações éticas em matéria de sustentabilidade estendem-se à responsabilidade ambiental. Os indivíduos e as organizações são responsáveis pelo seu impacte no ambiente e devem tomar medidas para minimizar os danos e promover a sustentabilidade.

Proteção de dados e privacidade:

Com a crescente dependência da tecnologia, a responsabilidade é crucial para a proteção dos dados e da privacidade. As organizações que recolhem e processam informações pessoais são responsáveis pela sua proteção contra o acesso não autorizado e as violações.

Proteção contra a denúncia de irregularidades:

As organizações éticas fornecem mecanismos para que os informadores denunciem comportamentos não éticos sem receio de retaliação. A proteção dos denunciantes promove a responsabilização, permitindo que os indivíduos exponham as irregularidades.

Organizações sem fins lucrativos e de beneficência:

As organizações do sector não lucrativo são responsáveis pela utilização eficaz dos recursos e pela realização das suas missões. As considerações éticas envolvem a transparência nos relatórios financeiros e a demonstração do impacto junto das partes interessadas.

Justiça social e equidade:

A responsabilização no domínio da justiça social implica assumir a responsabilidade pela resolução das desigualdades sistémicas. Os indivíduos, as organizações e os governos devem ser responsáveis pela promoção da equidade e da justiça nas suas políticas e práticas.

Responsabilidade internacional:

Numa escala global, a responsabilização implica que as nações e as organizações internacionais assumam a responsabilidade pelas suas acções, políticas e contribuições para os desafios globais, como as alterações climáticas e as crises humanitárias.

Em suma, a responsabilização é parte integrante da conduta ética, salientando a responsabilidade e a transparência nas acções individuais e colectivas. Assegura que os indivíduos e as organizações são responsáveis pelo impacto das suas decisões e acções nas partes interessadas e na sociedade.

Estas considerações éticas formam uma base para a tomada de decisões éticas em vários contextos. É importante reconhecer que podem surgir dilemas éticos em que os princípios podem entrar em conflito, exigindo uma ponderação cuidadosa e o equilíbrio de valores concorrentes. Além disso, manter-se informado sobre a evolução das normas éticas em domínios específicos é crucial para tomar decisões responsáveis e éticas.

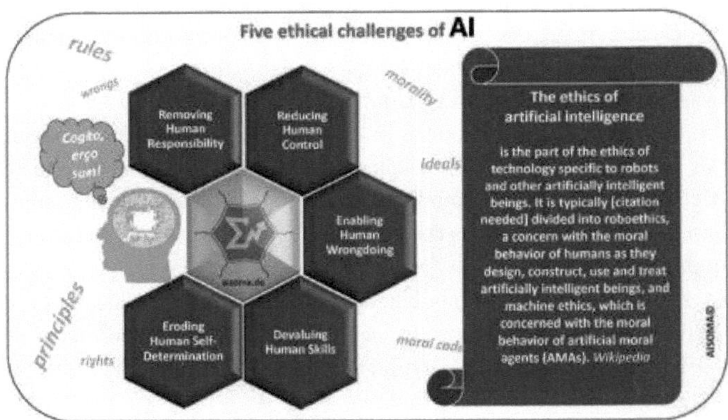

6 desafios de implementação da IA a ter em conta

1. Dados insuficientes ou de baixa qualidade

Para que os sistemas de IA funcionem, devem primeiro ser treinados com um conjunto de dados relacionados com o assunto em questão. No entanto, as empresas têm frequentemente dificuldade em "alimentar" os seus algoritmos de IA com o número ou a qualidade adequados de dados, quer porque essa quantidade não existe atualmente, quer porque não têm acesso aos mesmos. Ao utilizar o seu sistema de IA, este desequilíbrio pode produzir resultados inconsistentes ou mesmo discriminatórios. Pode evitar este problema, por vezes referido como o problema do enviesamento, utilizando dados representativos e de elevada qualidade. Além disso, o ideal seria começar a sua aventura na IA com algoritmos mais simples que possa compreender, ajustar o enviesamento e controlar.

2. Infra-estruturas obsoletas

Os sistemas de inteligência artificial têm de processar grandes volumes de dados numa questão de milissegundos para nos fornecerem os resultados desejados. O funcionamento em dispositivos com infra-estruturas e capacidade de processamento adequadas é a única forma de o conseguir. No entanto, muitas empresas continuam a operar com tecnologia antiquada que é completamente incapaz de lidar com as exigências da implementação da IA. Por conseguinte, as empresas que pretendem utilizar a aprendizagem automática para transformar os seus processos de aprendizagem e desenvolvimento têm de estar preparadas para fazer investimentos em hardware, software e infra-estruturas de ponta.

3. Integração nos sistemas existentes

A integração da IA no seu programa de formação é mais complexa do que a simples adição de alguns plugins LMS. Como já referimos, deve refletir um pouco mais sobre o assunto para ver se tem a infraestrutura, os processadores e o armazenamento necessários para que o sistema funcione bem. O seu pessoal também tem de receber formação sobre como utilizar as novas ferramentas de que dispõe, resolver problemas básicos e identificar quando o algoritmo de IA não está a funcionar como deveria. Para garantir uma transição perfeita para a aprendizagem automática, trabalhe com um fornecedor que possua os conhecimentos e a competência necessários em matéria de IA para resolver todos estes desafios.

4. Falta de talentos em IA

Já que estamos a falar de competências, é justo referir que é difícil encontrar indivíduos com a formação e a experiência necessárias, dado que a ideia da IA na aprendizagem e na educação é recente. Na realidade, muitas empresas são desencorajadas de experimentar a IA devido à falta de compreensão interna. Embora seja possível encontrar um serviço que possa ajudar a sua empresa a passar para a aprendizagem automática, as empresas progressistas estão a aperceber-se de que investir em bases de conhecimento internas será mais vantajoso a longo prazo. Por outras palavras, recomendam o recrutamento de especialistas em IA, a formação dos membros do pessoal no desenvolvimento e implementação da IA e até o licenciamento das competências das empresas de TI para que possa criar protótipos de aprendizagem internamente.

5. Sobrevalorizar o seu sistema de IA

Por vezes, os avanços tecnológicos a que assistimos fazem-nos pensar que não há nada de errado com a tecnologia. No entanto, a IA depende dos dados que lhe são fornecidos e as suas decisões serão incorrectas se esses dados estiverem incorrectos. A complexidade do processo de aprendizagem é um desafio de implementação significativo para a IA, especialmente quando se tenta transformá-lo num conjunto de dados que pode ser importado para um sistema. A explicabilidade da IA é, por conseguinte, essencial para uma transição harmoniosa para a aprendizagem automática. A transparência é assegurada e os erros na tomada de decisões em matéria de IA são evitados através da desconstrução dos algoritmos e da educação dos consumidores sobre o processo.

6. Requisitos de custos

Deve ser claro, pelo que abordámos até agora, que criar, implementar e incorporar a inteligência artificial no seu programa de formação não será barato. Para o fazer corretamente, terá de trabalhar com especialistas em IA que possuam os conhecimentos e a experiência necessários, iniciar um programa de formação contínua em IA para o seu pessoal e, muito provavelmente, atualizar a sua infraestrutura de TI para suportar as suas ferramentas de aprendizagem automática. Algumas destas despesas são inevitáveis, mas pode reduzi-las consideravelmente se procurar cursos de formação rentáveis ou aplicações gratuitas. Antes de gastar dinheiro na aquisição de capacidades de IA para o seu programa de formação, há uma série de opções disponíveis para o ajudar a escolher quais as mais vantajosas.

Dificuldades adicionais da IA

Podemos também falar sobre as diferenças na disponibilidade da IA em todo o mundo, para além das dificuldades na implementação da IA que abordámos nesta publicação. Em particular, alguns países já estão a avançar significativamente na tecnologia de IA, enquanto outros têm dificuldade em acompanhar os desenvolvimentos tecnológicos muito mais básicos. Além disso, como a inteligência artificial requer, por vezes, dados sujeitos a regras de proteção de dados, há uma série de questões éticas e jurídicas em torno desta tecnologia. Já se realizaram numerosos debates para estabelecer legislação que garanta a segurança e a transparência.

As empresas, os governos e outras organizações têm de ultrapassar os muitos obstáculos que a implantação da IA apresenta se quiserem colher os seus benefícios e participar no desenvolvimento da aprendizagem automática no futuro. Espera-se que o mistério que rodeia a IA se desvaneça gradualmente à medida que mais investigação for realizada sobre ela.

MEIOS DE COMUNICAÇÃO SOCIAL MUNDIAIS

Como é que os meios de comunicação social abordaram o tema da utilização ética das tecnologias de IA? Esta secção analisou os dados do NetBase Quid, que pesquisa na base de dados de notícias arquivadas da LexisNexis artigos que discutem a ética da IA1 , analisando 60 000 fontes de notícias em língua inglesa e mais de 500 000 blogues em 2020. A pesquisa encontrou 3 047 artigos relacionados com tecnologias de IA que incluem termos como "direitos humanos", "valores humanos", "responsabilidade", "controlo humano", "justiça", "discriminação" ou "não discriminação", "transparência", "explicabilidade", "segurança e proteção", "responsabilização" e "privacidade". (Consulte o Apêndice para obter mais detalhes sobre os termos de pesquisa.) O NetBase Quid agrupou as narrativas da mídia resultantes em sete grandes temas com base na semelhança de linguagem. mostra que os artigos relacionados às orientações e estruturas de ética da IA lideraram a lista dos tópicos de notícias mais cobertos (21%) em 2020, seguidos por pesquisa e educação (20%) e reconhecimento facial (20%).

Os cinco tópicos noticiosos que receberam mais atenção em 2020 relacionados com a utilização ética da IA foram:

1. A publicação do Livro Branco da Comissão Europeia sobre a IA (5,9%)
2. Despedimento do investigador de ética Timnit Gebru pela Google (3,5%)
3. O comité de ética da IA formado pelas Nações Unidas (2,7%)
4. O plano de ética do Vaticano para a IA (2,6%)
5. Saída da IBM do sector do reconhecimento facial (2,5%).

O futuro da ética da IA

A ética da IA ainda tem um longo caminho a percorrer, mas ninguém sabe verdadeiramente onde chegaremos quando se trata de governação. Muitos especialistas defendem que a ética da IA é essencial para um futuro responsável em que nos possamos concentrar em questões como o bem social, a sustentabilidade e a inclusão. Um artigo da Forbes argumenta que é "crucial que as empresas dêem prioridade à implementação de práticas éticas de IA agora, uma vez que as implicações potencialmente negativas da má utilização da IA estão a tornar-se cada vez mais urgentes". Muitos acreditam que cabe às empresas e às suas partes interessadas garantir que as políticas internas que regem a tecnologia de IA são éticas desde o início, ou melhor, desde a conceção efectiva da arquitetura de IA e dos algoritmos de aprendizagem automática até às aplicações e utilização da tecnologia.

Embora o tema da ética da IA tenha uma grande dose de incerteza, há um movimento positivo no sentido de regulamentar esta poderosa tecnologia.

IA no diagnóstico de doenças

Dr. Imran Ataurrahman Sheikh, Professor Associado, Departamento de Química Farmacêutica e Análise Farmacêutica, AIKTC School of Pharmacy, Plot No. 2 & 3, Sector - 16, Near Thana Naka, Khandagaon, New Panvel, Navi Mumbai-410206, Maharashtra, Índia.

A inteligência artificial (IA) está a transformar rapidamente o campo dos cuidados de saúde e uma das suas aplicações mais promissoras é o diagnóstico de doenças. As ferramentas alimentadas por IA podem analisar grandes quantidades de dados médicos, incluindo registos de pacientes, imagens médicas e informações genéticas, para identificar padrões e correlações que podem não ser aparentes para os especialistas humanos. Isto pode levar a diagnósticos mais precisos e mais precoces, o que pode melhorar os resultados dos doentes e salvar vidas.

Como é que a IA é utilizada no diagnóstico de doenças

A IA é utilizada no diagnóstico de doenças de várias formas, incluindo:

Análise de imagens médicas: Os algoritmos de IA podem analisar imagens médicas, como radiografias, tomografias computorizadas e ressonâncias magnéticas, para identificar anomalias que possam ser indicativas de doença. Por exemplo, a IA pode ser utilizada para detetar células cancerígenas em mamografias ou para identificar bloqueios nas artérias em angiografias coronárias.

Revisão dos registos dos doentes: A IA pode analisar os registos dos doentes, incluindo o historial do doente, os sintomas e as listas de medicação, para identificar padrões que possam ser sugestivos de doença. Por exemplo, a IA pode ser utilizada para identificar doentes em risco de desenvolver doenças cardíacas ou para prever a probabilidade de um doente desenvolver sépsis.

Analisar a informação genética: A IA pode analisar a informação genética para identificar mutações ou outras anomalias que possam estar associadas a doenças. Por exemplo, a IA pode ser utilizada para identificar doentes com uma predisposição genética para o cancro da mama ou para prever a probabilidade de um doente desenvolver uma doença genética rara.

Benefícios da IA no diagnóstico de doenças

A utilização da IA no diagnóstico de doenças tem muitas vantagens potenciais, nomeadamente

Maior precisão: As ferramentas de diagnóstico baseadas em IA podem ser mais exactas do que os métodos tradicionais, o que pode levar a um tratamento mais precoce e mais eficaz.

Diagnóstico mais precoce: A IA pode ajudar a diagnosticar doenças mais cedo, quando estas são mais tratáveis. Isto pode salvar vidas e melhorar os resultados dos doentes.

Redução dos custos dos cuidados de saúde: A IA pode ajudar a reduzir os custos dos cuidados de saúde, identificando as doenças numa fase precoce, quando o seu tratamento é menos dispendioso.

Medicina personalizada: A IA pode ser utilizada para desenvolver planos de tratamento personalizados para os pacientes, com base nas suas informações genéticas e médicas individuais.

Exemplos de IA no diagnóstico de doenças

Há uma série de exemplos de utilização da IA no diagnóstico de doenças. Alguns dos exemplos mais conhecidos incluem:

A IA da DeepMind Health para detetar a retinopatia diabética: A DeepMind Health desenvolveu um algoritmo de IA que consegue detetar a retinopatia diabética, uma das principais causas de cegueira, com maior precisão do que os especialistas humanos.

Watson para Oncologia da IBM: O Watson for Oncology da IBM é uma plataforma de IA que ajuda os oncologistas a tomar decisões de tratamento para doentes com cancro. O Watson pode analisar o registo médico de um doente, a informação genética e as características do tumor para recomendar as opções de tratamento mais eficazes.

A IA da Google para detetar o cancro da pele: A Google desenvolveu um algoritmo de IA que pode detetar o cancro da pele com maior precisão do que os dermatologistas. O algoritmo ainda está a ser desenvolvido, mas tem potencial para salvar vidas ao ajudar a diagnosticar precocemente o cancro da pele, quando este é mais tratável.

O futuro da IA no diagnóstico de doenças

A IA está ainda numa fase inicial de desenvolvimento no domínio do diagnóstico de doenças, mas tem o potencial de revolucionar a forma como detectamos e tratamos as doenças. À medida que os algoritmos de IA se tornam mais sofisticados e que recolhemos mais dados, podemos esperar ver diagnósticos ainda mais precisos e personalizados no futuro.

A IA no diagnóstico de doenças é um domínio em rápida evolução com potencial para melhorar significativamente os cuidados de saúde. Eis os principais pontos e considerações sobre a IA no diagnóstico de doenças:

Deteção e diagnóstico precoce:

Os sistemas de IA podem analisar grandes quantidades de dados para identificar padrões indicativos de doenças numa fase inicial.

A deteção precoce pode levar a tratamentos mais eficazes e menos invasivos, melhorando os resultados para os doentes.

A deteção e o diagnóstico precoces de doenças são cruciais para melhorar os resultados dos doentes e salvar vidas. Quando as doenças são detectadas precocemente, são frequentemente mais tratáveis e têm mais hipóteses de serem curadas. Em contrapartida, quando as doenças são diagnosticadas tardiamente, podem ter progredido para uma fase mais avançada, o que as torna mais difíceis de tratar e com menos probabilidades de serem curadas.

Existem vários métodos diferentes de deteção e diagnóstico precoce, incluindo:

Testes de despistagem: Os testes de rastreio são utilizados para detetar doenças em pessoas que não apresentam quaisquer sintomas. Exemplos de testes de rastreio são as mamografias para o cancro da mama, os exames de Papanicolau para o cancro do colo do útero e as colonoscopias para o cancro colorrectal.

Testes de diagnóstico: Os exames de diagnóstico são utilizados para confirmar o diagnóstico de uma doença em pessoas que apresentam sintomas. Exemplos de exames de diagnóstico são os raios X, as tomografias computorizadas e as ressonâncias magnéticas.

Biomarcadores: Os biomarcadores são substâncias biológicas que podem ser utilizadas para detetar ou monitorizar uma doença. Exemplos de biomarcadores incluem os níveis de açúcar no sangue para a diabetes, os níveis de colesterol para as doenças cardíacas e os níveis de PSA para o cancro da próstata.

A utilização de métodos de deteção e diagnóstico precoce conduziu a uma melhoria significativa das taxas de sobrevivência de muitos tipos de cancro. Por exemplo, a taxa de sobrevivência de cinco anos para o cancro da mama aumentou de 75% na década de 1970 para mais de 90% atualmente, em parte devido ao aumento da utilização de mamografias.

Para além de melhorar as taxas de sobrevivência, a deteção e o diagnóstico precoces podem também ajudar a reduzir os custos dos cuidados de saúde. Ao detetar as doenças precocemente, quando o seu tratamento é menos dispendioso, podemos poupar dinheiro tanto no tratamento da doença como nos cuidados a longo prazo dos doentes com doenças crónicas.

Há uma série de desafios à deteção e diagnóstico precoces, incluindo:

Acesso aos cuidados: Nem todas as pessoas têm acesso aos cuidados de que necessitam para serem rastreadas ou diagnosticadas com doenças. Isto é particularmente verdade para as pessoas que vivem em comunidades carenciadas.

Custo dos cuidados de saúde: Alguns testes de rastreio e de diagnóstico podem ser dispendiosos, o que pode desencorajar as pessoas de os fazer.

Sobrediagnóstico: Alguns testes de rastreio podem levar a um sobrediagnóstico, que é o diagnóstico de uma doença que nunca teria causado qualquer dano se não fosse tratada. Isto pode levar a ansiedade, tratamento e despesas desnecessárias.

Apesar destes desafios, a deteção e o diagnóstico precoces continuam a ser uma ferramenta importante para melhorar a saúde da nossa população. Se continuarmos a investir na investigação e no desenvolvimento, podemos ultrapassar estes desafios e tornar a deteção e o diagnóstico precoces ainda mais eficazes.

Imagiologia médica e IA:

Os algoritmos de IA são excelentes na interpretação de imagens médicas, como radiografias, tomografias computorizadas e ressonâncias magnéticas.

As técnicas de visão computacional e de aprendizagem profunda aumentam a precisão na deteção de anomalias e tumores.

A integração da inteligência artificial (IA) na imagiologia médica revolucionou o sector dos cuidados de saúde, oferecendo uma infinidade de benefícios tanto para os doentes como para os profissionais de saúde.

Melhorar a exatidão do diagnóstico:

Os algoritmos de IA são excelentes na análise de imagens médicas complexas, como radiografias, tomografias computorizadas e ressonâncias magnéticas, com uma precisão notável. Esta capacidade permite-lhes detetar anomalias subtis que podem passar despercebidas ao olho humano, conduzindo a diagnósticos mais precoces e mais exactos. Por exemplo, os sistemas alimentados por IA podem identificar eficazmente lesões cancerosas em mamografias, detetar tumores em tomografias computorizadas e diagnosticar perturbações neurológicas em ressonâncias magnéticas.

Racionalização de fluxos de trabalho e redução de erros humanos:

As ferramentas baseadas em IA simplificam o fluxo de trabalho de imagiologia médica, reduzindo o tempo e a carga dos radiologistas e de outros profissionais de saúde. Os algoritmos de IA podem analisar automaticamente as imagens, dar prioridade às que requerem atenção imediata e gerar relatórios preliminares, permitindo que os radiologistas se concentrem em casos mais complexos e forneçam diagnósticos mais precisos e atempados. Esta automatização também minimiza os erros humanos, garantindo a consistência e a qualidade da interpretação das imagens.

Medicina personalizada e estratificação de riscos:

A capacidade da IA para analisar grandes quantidades de dados dos doentes, incluindo imagens médicas, informações genéticas e historial clínico, permite abordagens de medicina personalizada. Ao identificar padrões e correlações, os algoritmos de IA podem prever o risco de cada paciente desenvolver determinadas doenças, permitindo medidas preventivas e estratégias de tratamento personalizadas. Esta abordagem personalizada optimiza os cuidados ao paciente e melhora os resultados globais de saúde.

Alargamento do acesso a conhecimentos médicos especializados:
As ferramentas de diagnóstico baseadas em IA podem alargar o alcance dos conhecimentos médicos a comunidades carenciadas e a zonas remotas. Estas ferramentas podem ajudar os prestadores de cuidados de saúde locais a interpretar imagens médicas, melhorando a precisão do diagnóstico e reduzindo a necessidade de os doentes se deslocarem a longas distâncias para consultas especializadas. Esta democratização dos conhecimentos especializados garante que os cuidados de saúde de qualidade são acessíveis a todos.

Direcções futuras:
A integração da IA na imagiologia médica continua a evoluir, com os investigadores a explorarem novas aplicações e a aperfeiçoarem as técnicas existentes. Estão a ser desenvolvidos sistemas alimentados por IA para ajudar em procedimentos guiados por imagem, como biópsias e ablação de tumores, aumentando a precisão e reduzindo as complicações. Além disso, a IA está a ser aproveitada para desenvolver modelos preditivos que podem prever os resultados dos doentes e orientar as decisões de tratamento, personalizando ainda mais os cuidados de saúde.

No geral, a IA revolucionou a imagiologia médica, oferecendo uma ferramenta poderosa para melhorar a precisão do diagnóstico, simplificar os fluxos de trabalho, permitir a medicina personalizada e expandir o acesso a conhecimentos especializados. À medida que a tecnologia de IA continua a avançar, o seu impacto na imagiologia médica está preparado para se tornar ainda mais transformador, levando a melhores cuidados para os pacientes e melhores resultados de saúde para todos.

Aprendizagem automática em diagnósticos:
Os modelos de aprendizagem automática podem ser treinados em diversos conjuntos de dados para reconhecer padrões complexos nos dados dos doentes.

Estes modelos podem ajudar a diagnosticar doenças que vão desde as cardiovasculares a vários tipos de cancro.

A aprendizagem automática (AM) é um ramo da inteligência artificial (IA) que permite aos computadores aprender sem serem explicitamente programados. No domínio do diagnóstico, a aprendizagem automática está a ser utilizada para desenvolver novos algoritmos que podem identificar automaticamente padrões e correlações em dados médicos, tais como registos de pacientes, imagens médicas e informações genéticas. Esta informação pode então ser utilizada para efetuar diagnósticos de doenças mais precisos e mais precoces.

Como é que o ML é utilizado no diagnóstico

Existem várias formas diferentes de utilizar o ML no diagnóstico. Algumas das aplicações mais comuns incluem:

Análise de imagens: Os algoritmos de AM podem ser utilizados para analisar imagens médicas, como radiografias, tomografias computorizadas e ressonâncias magnéticas, para identificar anomalias que possam ser indicativas de doença. Por exemplo, o ML pode ser utilizado para detetar células cancerígenas em mamografias ou para identificar bloqueios nas artérias em angiografias coronárias.

Modelação preditiva: O ML pode ser utilizado para desenvolver modelos preditivos que podem prever a probabilidade de um doente desenvolver uma determinada doença. Por exemplo, o ML pode ser utilizado para prever o risco de doença cardíaca com base na idade, sexo, tensão arterial e níveis de colesterol de um doente.

Personalização do tratamento: O AM pode ser utilizado para personalizar os planos de tratamento dos doentes com base na sua informação genética e médica individual. Por exemplo, o AM pode ser utilizado para identificar os doentes com maior probabilidade de responder a um determinado medicamento ou tratamento. **Benefícios do ML no diagnóstico**

Existem muitos benefícios potenciais da utilização do ML no diagnóstico, incluindo:

Maior precisão: As ferramentas de diagnóstico baseadas em ML podem ser mais exactas do que os métodos tradicionais, o que pode conduzir a um tratamento mais precoce e mais eficaz.

Diagnóstico mais precoce: O ML pode ajudar a diagnosticar doenças mais cedo, quando estas são mais tratáveis. Isto pode salvar vidas e melhorar os resultados dos doentes.

Redução dos custos dos cuidados de saúde: O ML pode ajudar a reduzir os custos dos cuidados de saúde através da identificação precoce de doenças, quando o seu tratamento é menos dispendioso.

Medicina personalizada: O ML pode ser utilizado para desenvolver planos de tratamento personalizados para os pacientes, com base nas suas informações genéticas e médicas individuais.

Exemplos de ML no diagnóstico

Há uma série de exemplos de utilização de ML no diagnóstico. Alguns dos exemplos mais conhecidos incluem:

A IA da DeepMind Health para detetar a retinopatia diabética: A DeepMind Health desenvolveu um algoritmo de IA que consegue detetar a retinopatia diabética, uma das principais causas de cegueira, com maior precisão do que os especialistas humanos.

Watson para Oncologia da IBM: O Watson for Oncology da IBM é uma plataforma de IA que ajuda os oncologistas a tomar decisões de tratamento para doentes com cancro. O Watson pode analisar o registo médico de um doente, a informação genética e as características do tumor para recomendar as opções de tratamento mais eficazes.

A IA da Google para detetar o cancro da pele: A Google desenvolveu um algoritmo de IA que consegue detetar o cancro da pele com maior precisão do que os dermatologistas. O algoritmo ainda está a ser desenvolvido, mas tem o potencial de salvar vidas ao ajudar a diagnosticar o cancro da pele precocemente, quando é mais tratável.

Futuro do ML no diagnóstico

O ML ainda está na sua fase inicial de desenvolvimento no campo do diagnóstico, mas tem o potencial de revolucionar a forma como detectamos e tratamos as doenças. À medida que os algoritmos de ML se tornam mais sofisticados e que recolhemos mais dados, podemos esperar ver diagnósticos ainda mais precisos e personalizados no futuro.

De um modo geral, o ML é uma ferramenta poderosa que tem o potencial de melhorar a exatidão, a velocidade e a personalização dos diagnósticos. À medida que o ML continua a desenvolver-se, é provável que venha a desempenhar um papel cada vez mais importante no futuro dos cuidados de saúde.

Análise genómica e medicina personalizada:

A IA é crucial na análise de dados genómicos para identificar marcadores genéticos associados a doenças.

Podem ser desenvolvidos planos de tratamento personalizados com base na constituição genética de um indivíduo, melhorando a eficácia do tratamento.

A análise genómica e a medicina personalizada são dois campos em rápida evolução que têm o potencial de revolucionar os cuidados de saúde. A análise genómica, o estudo do genoma de um indivíduo, pode ser utilizada para identificar variações genéticas que possam contribuir para o risco de doença ou prever a forma como um doente responderá a um determinado medicamento. A medicina personalizada, a adaptação do tratamento médico à constituição genética de um indivíduo, pode proporcionar tratamentos mais eficazes e direccionados para uma variedade de doenças.

Como a análise genómica é utilizada na medicina personalizada

A análise genómica é utilizada na medicina personalizada de várias formas, incluindo:

Identificação de variantes genéticas que contribuem para o risco de doença: Ao identificar variantes genéticas que estão associadas a um risco acrescido de desenvolver uma determinada doença, os médicos podem prestar cuidados preventivos e rastreio a indivíduos de alto risco. Por exemplo, os testes genéticos para detetar mutações nos genes BRCA1 e BRCA2 podem identificar mulheres com risco elevado de desenvolver cancro da mama.

Prever como um doente responderá a um determinado medicamento: Ao analisar o genoma de um indivíduo, os médicos podem prever a forma como este irá provavelmente responder a um determinado medicamento. Isto pode ajudar a evitar reacções adversas aos medicamentos e a garantir que os doentes recebem o tratamento mais eficaz para a sua doença. Por exemplo, os testes genéticos podem ser utilizados para prever a probabilidade de um doente desenvolver um efeito secundário grave com determinados medicamentos.

Desenvolvimento de novas terapêuticas: A análise genómica pode ser utilizada para identificar novos alvos para o desenvolvimento de medicamentos. Ao compreender a base genética da doença, os investigadores podem conceber medicamentos que visam moléculas ou vias específicas envolvidas na progressão da doença.

Por exemplo, a análise genómica conduziu ao desenvolvimento de terapias específicas para certos tipos de cancro.

Benefícios da análise genómica e da medicina personalizada

Existem muitos benefícios potenciais da utilização da análise genómica e da medicina personalizada, incluindo

Melhores resultados para os doentes: A medicina personalizada pode levar a melhores resultados para os doentes ao proporcionar tratamentos mais eficazes e direccionados. Isto pode levar a uma maior taxa de cura, a uma maior esperança de vida e a uma melhor qualidade de vida para os doentes com doenças crónicas.

Redução dos custos dos cuidados de saúde: A medicina personalizada também pode ajudar a reduzir os custos dos cuidados de saúde, evitando tratamentos desnecessários e prevenindo reacções adversas aos medicamentos. Por exemplo, os testes genéticos podem ajudar a identificar os doentes que não são susceptíveis de beneficiar de um determinado medicamento, poupando dinheiro no custo do medicamento e evitando potenciais efeitos secundários.

Avanço da investigação médica: A análise genómica também está a impulsionar os avanços na investigação médica. Ao compreender a base genética das doenças, os investigadores podem desenvolver novos testes de diagnóstico, identificar novos alvos para os medicamentos e desenvolver novas terapias.

Desafios da análise genómica e da medicina personalizada

Existem também alguns desafios associados à análise genómica e à medicina personalizada, incluindo:

A complexidade do genoma: O genoma humano é muito complexo e ainda não é totalmente compreendido. Este facto dificulta a interpretação dos resultados da análise genómica e a tradução desses resultados em informações clinicamente úteis.

O custo da análise genómica: A análise genómica pode ser dispendiosa, o que pode limitar a sua acessibilidade aos doentes.

Preocupações com a privacidade: A recolha e o armazenamento de dados genéticos suscitam preocupações em matéria de privacidade e é importante garantir que estes dados estão protegidos contra o acesso não autorizado.

O futuro da análise genómica e da medicina personalizada

Apesar destes desafios, a análise genómica e a medicina personalizada têm o potencial de revolucionar os cuidados de saúde. À medida que a nossa compreensão do genoma continua a crescer e o custo da análise genómica diminui, podemos esperar ver tratamentos ainda mais personalizados e eficazes para uma variedade de doenças.

Sistemas de apoio à decisão de diagnóstico:

Os sistemas de IA actuam como ferramentas de apoio à decisão para os profissionais de saúde, fornecendo informações e conhecimentos relevantes.

Estes sistemas podem ajudar em diagnósticos complexos, reduzindo os erros e melhorando a precisão geral.

Os sistemas de apoio à decisão em matéria de diagnóstico (DDSS) são programas informáticos que ajudam os prestadores de cuidados de saúde a tomar decisões em matéria de diagnóstico, fornecendo-lhes informações e recomendações baseadas nos dados dos doentes. Os DDSS podem ser utilizados para melhorar a exatidão e a oportunidade dos diagnósticos, reduzir o risco de diagnósticos incorrectos e fornecer planos de tratamento mais personalizados.

Tipos de DDSS

Existem dois tipos principais de DDSS:

DDSS baseados em regras: Estes sistemas utilizam um conjunto de regras predefinidas para gerar diagnósticos. As regras são normalmente baseadas em conhecimentos especializados e directrizes clínicas.

DDSS probabilísticos: Estes sistemas utilizam modelos estatísticos para calcular a probabilidade de diferentes diagnósticos com base nos dados dos doentes. Normalmente, os modelos são treinados em grandes conjuntos de dados de registos de doentes.

Como funcionam os DDSS

Os DDSS funcionam normalmente através da recolha de dados dos doentes a partir dos registos de saúde electrónicos (EHR), de outros sistemas clínicos e de entrevistas aos doentes. Os dados são depois analisados utilizando algoritmos para identificar padrões e correlações que possam ser indicativos de doença. O DDSS gera então uma lista de possíveis diagnósticos, juntamente com a probabilidade de cada diagnóstico. O profissional de saúde pode então rever a informação fornecida pelo DDSS e efetuar um diagnóstico final.

Vantagens do DDSS

Existem muitas vantagens potenciais na utilização de DDSS, incluindo:

Melhoria da exatidão: Os DDSS podem ajudar a melhorar a exatidão dos diagnósticos, proporcionando aos prestadores de cuidados de saúde acesso a um leque mais vasto de informações e ajudando-os a identificar padrões e correlações que, por si sós, poderiam não ter detectado.

Atualidade: Os DDSS podem ajudar a reduzir o tempo necessário para diagnosticar um doente, proporcionando um acesso rápido a informações e recomendações.

Redução do risco de erros de diagnóstico: Os DDSS podem ajudar a reduzir o risco de diagnósticos incorrectos, fornecendo aos prestadores de cuidados de saúde uma visão mais abrangente do historial médico e do estado atual do doente.

Planos de tratamento personalizados: Os DDSS podem ajudar a fornecer planos de tratamento mais personalizados, adaptando as recomendações à composição genética, ao historial médico e a outros factores de cada doente.

Desafios do DDSS

Existem também alguns desafios associados à utilização do DDSS, nomeadamente

Qualidade dos dados: A exatidão dos DDSS depende da qualidade dos dados que lhes são fornecidos. Dados de má qualidade podem levar a diagnósticos incorrectos ou enganadores.

Excesso de confiança no DDSS: Os prestadores de cuidados de saúde não devem basear-se exclusivamente no DDSS para efetuar diagnósticos. É importante usar o DDSS como uma ferramenta para informar o julgamento clínico, não como um substituto para ele.

Custo: A implementação e manutenção de DDSS pode ser dispendiosa.

Aceitação pelos prestadores de cuidados de saúde: Alguns prestadores de cuidados de saúde podem hesitar em utilizar os DDSS devido a preocupações com a sua exatidão, fiabilidade e custo.

Futuro do DDSS

Os DDSS são um domínio em rápida evolução e estão constantemente a ser feitos novos desenvolvimentos. No futuro, é provável que os DDSS se tornem mais sofisticados e integrados noutros sistemas clínicos. É também provável que venham a desempenhar um papel cada vez mais importante no desenvolvimento da medicina personalizada.

De um modo geral, os DDSS têm o potencial de melhorar a qualidade dos cuidados de saúde, fornecendo diagnósticos mais exactos, atempados e personalizados. À medida que os DDSS continuam a desenvolver-se, é provável que se tornem uma ferramenta essencial para os prestadores de cuidados de saúde.

Processamento de linguagem natural (PNL) em diagnósticos:

A PNL permite a extração de informações valiosas de registos médicos não estruturados, facilitando os processos de diagnóstico.

Ajuda na análise de notas clínicas, documentos de investigação e históricos de doentes para apoiar a tomada de decisões de diagnóstico.

O processamento de linguagem natural (PNL) é um ramo da inteligência artificial (IA) que lida com a interação entre os computadores e a linguagem humana. No domínio do diagnóstico, a PNL está a ser utilizada para desenvolver novas ferramentas e tecnologias que podem ajudar a melhorar a precisão, a rapidez e a personalização dos diagnósticos.

Como é que a PNL é utilizada no diagnóstico

A PNL é utilizada no diagnóstico de várias formas, incluindo

Extração de informações de registos médicos: O PNL pode ser utilizado para extrair informações de registos médicos, como o historial do doente, sintomas e listas de medicação. Esta informação pode então ser utilizada para gerar uma imagem mais completa do estado do doente e para identificar potenciais diagnósticos.

Classificação de textos médicos: A PNL pode ser utilizada para classificar texto médico, como relatórios de patologia e radiologia. Isto pode ajudar a automatizar o processo de codificação e faturação, e pode também ser utilizado para identificar potenciais erros ou inconsistências no texto.

Resumir textos médicos: A PNL pode ser utilizada para resumir textos médicos, como directrizes clínicas e documentos de investigação. Isto pode ajudar os prestadores de cuidados de saúde a encontrar mais facilmente as informações de que necessitam e também pode ser utilizado para gerar materiais educativos personalizados para os doentes.

Tradução de texto médico: A PNL pode ser utilizada para traduzir texto médico de uma língua para outra. Isto pode ajudar a quebrar as barreiras linguísticas e garantir que os doentes têm acesso à informação de que necessitam, independentemente da sua proficiência linguística.

Desenvolvimento de chatbots para a comunicação com os doentes: A PNL pode ser utilizada para desenvolver chatbots que podem comunicar com os doentes e fornecer-lhes informações sobre a sua doença, as opções de tratamento e o prognóstico. Os chatbots também podem ser utilizados para recolher dados dos pacientes, que podem depois ser utilizados para melhorar a exatidão dos diagnósticos e para prestar cuidados mais personalizados.

Benefícios da PNL no diagnóstico

A utilização da PNL no diagnóstico tem muitas vantagens potenciais, nomeadamente

Maior precisão: As ferramentas de diagnóstico baseadas na PNL podem ser mais exactas do que os métodos tradicionais, o que pode conduzir a um tratamento mais precoce e mais eficaz.

Diagnóstico mais precoce: A PNL pode ajudar a diagnosticar doenças mais cedo, quando estas são mais tratáveis. Isto pode salvar vidas e melhorar os resultados dos doentes.

Redução dos custos dos cuidados de saúde: A PNL pode ajudar a reduzir os custos dos cuidados de saúde, identificando as doenças numa fase precoce, quando o seu tratamento é menos dispendioso.

Medicina personalizada: A PNL pode ser utilizada para desenvolver planos de tratamento personalizados para os pacientes, com base nas suas informações genéticas e médicas individuais.

Melhoria da comunicação com os doentes: A PNL pode ser utilizada para desenvolver chatbots e outras ferramentas que podem melhorar a comunicação entre os doentes e os prestadores de cuidados de saúde. Isto pode levar a uma melhor compreensão da condição do paciente e a uma abordagem mais personalizada dos cuidados.

Exemplos de PNL no diagnóstico

Há uma série de exemplos de utilização da PNL no diagnóstico. Alguns dos exemplos mais conhecidos incluem:

Watson para Oncologia da IBM: O Watson for Oncology da IBM é uma plataforma de IA que ajuda os oncologistas a tomar decisões de tratamento para doentes com cancro. O Watson pode analisar o registo médico de um doente, a informação genética e as características do tumor para recomendar as opções de tratamento mais eficazes.

A IA da Google para detetar o cancro da pele: A Google desenvolveu um algoritmo de IA que pode detetar o cancro da pele com maior precisão do que os dermatologistas. O algoritmo ainda está em desenvolvimento, mas tem potencial para salvar vidas ao ajudar a diagnosticar precocemente o cancro da pele, quando este é mais tratável.

A IA da DeepMind Health para detetar a retinopatia diabética: A DeepMind Health desenvolveu um algoritmo de IA que consegue detetar a retinopatia diabética, uma das principais causas de cegueira, com maior precisão do que os especialistas humanos.

O futuro da PNL no diagnóstico

A PNL está ainda numa fase inicial de desenvolvimento no domínio do diagnóstico, mas tem potencial para revolucionar a forma como detectamos e tratamos as doenças. À medida que os algoritmos de PNL se tornam mais sofisticados e que recolhemos mais dados, podemos esperar ver diagnósticos ainda mais exactos e personalizados no futuro.

Integração com registos de saúde electrónicos (EHRs):

A IA pode integrar-se nos sistemas EHR para simplificar e melhorar os processos de diagnóstico. O acesso a registos completos dos pacientes melhora a precisão das previsões de diagnóstico.

A integração da inteligência artificial (IA) nos registos de saúde electrónicos (RSE) tem um enorme potencial para transformar os cuidados de saúde, melhorando a tomada de decisões clínicas, melhorando os cuidados prestados aos doentes e simplificando os processos administrativos.

Benefícios da integração da IA com os EHRs

Melhoria do processo de tomada de decisões clínicas: Os algoritmos de IA podem analisar grandes quantidades de dados de pacientes, incluindo histórico médico, medicamentos, resultados de testes e informações genéticas, para identificar padrões e correlações que podem ser indicativos de doenças ou possíveis complicações. Isso pode ajudar os médicos a fazer diagnósticos mais precisos e oportunos, fornecer planos de tratamento mais personalizados e identificar pacientes em risco de eventos adversos.

Melhoria dos cuidados prestados aos doentes: Ao fornecer aos médicos informações e recomendações em tempo real, a integração da IA pode melhorar a qualidade e a eficiência dos cuidados prestados aos doentes. A IA pode ajudar a identificar potenciais erros de medicação, a prever os resultados dos doentes e a sugerir medidas preventivas. Isto pode conduzir a melhores resultados para os doentes, a taxas de readmissão reduzidas e a uma maior satisfação dos doentes.

Processos administrativos simplificados: A IA pode automatizar muitas tarefas administrativas associadas aos EHRs, como a codificação, a faturação e a introdução de dados. Isto pode libertar o tempo dos médicos para se concentrarem nos cuidados aos doentes, reduzir os erros e melhorar a eficiência global das operações de cuidados de saúde.

Medicina personalizada: A IA pode facilitar o desenvolvimento da medicina personalizada, adaptando os planos de tratamento às características individuais dos doentes e à sua composição genética. Isto pode conduzir a tratamentos mais eficazes, efeitos secundários reduzidos e melhores resultados para os doentes.

Deteção precoce de doenças: Os algoritmos de IA podem analisar imagens médicas, como radiografias, tomografias computorizadas e ressonâncias magnéticas, para identificar anomalias subtis que podem ser indicativas de doenças em fase inicial. Isto pode levar a diagnósticos mais precoces, quando os tratamentos são mais eficazes e os resultados dos doentes são melhores.

Desafios da integração da IA com os EHRs

Qualidade e padronização de dados: A IA depende fortemente de dados de alta qualidade para obter informações precisas. Os dados de EHR podem ser inconsistentes, incompletos e não estruturados, o que coloca desafios aos algoritmos de IA. É necessário envidar esforços para melhorar a qualidade e a normalização dos dados, de modo a garantir a fiabilidade das informações obtidas através da IA.

Privacidade e segurança dos dados: Os EHRs contêm informações sensíveis dos pacientes e a integração da IA levanta preocupações sobre a privacidade e a segurança dos dados. Devem ser implementadas medidas robustas de cibersegurança para proteger os dados dos doentes contra o acesso não autorizado e a utilização indevida.

Transparência e explicabilidade: Os algoritmos de IA podem ser complexos e opacos, tornando difícil para os médicos compreenderem o seu processo de tomada de decisão. Este facto pode suscitar preocupações em termos de transparência e responsabilidade, especialmente em decisões clínicas de grande importância.

Aceitação e integração clínica: Os médicos podem hesitar em adotar ferramentas alimentadas por IA devido a preocupações com a sua fiabilidade, precisão e impacto no seu julgamento clínico. É crucial envolver os médicos no desenvolvimento e implementação de soluções de IA para garantir a sua aceitação e integração na prática clínica.

Considerações regulamentares e éticas: A utilização da IA nos cuidados de saúde suscita preocupações regulamentares e éticas, como a definição da responsabilidade em caso de erros relacionados com a IA e a garantia de uma utilização ética dos dados dos doentes. São necessárias directrizes e regulamentos claros para responder a estas preocupações.

Futuro da integração da IA com os EHRs

À medida que a tecnologia de IA continua a avançar, espera-se que a sua integração com os EHRs se torne ainda mais sofisticada e generalizada. Os algoritmos de IA tornar-se-ão mais hábeis na análise de dados complexos, fornecendo informações mais personalizadas e automatizando tarefas administrativas. Isto conduzirá a um sistema de cuidados de saúde mais orientado para os dados, centrado no doente e eficiente. O futuro da IA nos EHRs é imensamente promissor para melhorar os cuidados dos doentes, reduzir os custos e transformar a prestação de cuidados de saúde.

Desafios e limitações:

Os desafios incluem a necessidade de conjuntos de dados grandes e diversificados para treinar modelos robustos.

Garantir a interpretabilidade e a explicabilidade dos diagnósticos baseados em IA é fundamental para ganhar confiança nestes sistemas.

A integração da inteligência artificial (IA) nos cuidados de saúde tem um enorme potencial para revolucionar a forma como detectamos, diagnosticamos e tratamos as doenças. No entanto, há também vários desafios e limitações que têm de ser resolvidos antes de a IA poder ser totalmente integrada na prática clínica.

Desafios da integração da IA nos cuidados de saúde

Qualidade e normalização dos dados: Os algoritmos de IA dependem fortemente de dados de alta qualidade para obter informações exactas. Os dados dos cuidados de saúde são frequentemente fragmentados, inconsistentes e incompletos, o que coloca desafios aos algoritmos de IA para aprenderem e gerarem resultados fiáveis. É necessário envidar esforços para melhorar a qualidade e a normalização dos dados nos sistemas de cuidados de saúde para garantir a fiabilidade das informações obtidas através da IA.

Privacidade e segurança dos dados: Os dados dos cuidados de saúde contêm informações altamente sensíveis sobre os doentes e a integração da IA suscita preocupações quanto à privacidade e segurança dos dados. Devem ser implementadas medidas robustas de cibersegurança para proteger os dados dos doentes contra o acesso não autorizado e a utilização indevida. São necessárias directrizes e regulamentos claros para reger a recolha, o armazenamento e a utilização dos dados dos doentes pelos sistemas de IA.

Transparência e explicabilidade: Os algoritmos de IA podem ser complexos e opacos, dificultando a compreensão do processo de tomada de decisão por parte dos médicos e dos doentes. Este facto pode suscitar preocupações quanto à transparência, responsabilidade e confiança nas decisões baseadas em IA. Os programadores devem esforçar-se por garantir a transparência e a explicabilidade dos algoritmos de IA para promover a confiança e a aceitação entre os prestadores de cuidados de saúde e os doentes.

Aceitação e integração clínica: Os médicos podem hesitar em adotar ferramentas alimentadas por IA devido a preocupações com a sua fiabilidade, precisão e impacto no seu julgamento clínico. É crucial envolver os médicos no desenvolvimento e implementação de soluções de IA para garantir a sua aceitação e integração na prática clínica. A educação e a formação contínuas são também essenciais para dotar os profissionais de saúde das competências e dos conhecimentos necessários para utilizar eficazmente as ferramentas de IA.

Considerações regulamentares e éticas: A utilização da IA nos cuidados de saúde suscita preocupações regulamentares e éticas, tais como a definição da responsabilidade em caso de erros relacionados com a IA, a garantia de um acesso justo e equitativo aos cuidados de saúde baseados na IA e a resolução de potenciais enviesamentos nos algoritmos da IA. São necessárias directrizes e regulamentos claros para responder a estas preocupações e garantir a utilização ética e responsável da IA nos cuidados de saúde.

Custo e acessibilidade: A integração da IA nos sistemas de saúde pode ser dispendiosa e a disponibilidade de ferramentas alimentadas por IA pode ser limitada em contextos de recursos limitados. Há que envidar esforços para tornar as soluções de IA mais económicas e acessíveis a todos os prestadores de cuidados de saúde e doentes.

Colaboração homem-IA: A IA não deve ser vista como um substituto dos conhecimentos humanos, mas sim como uma ferramenta para aumentar e melhorar a tomada de decisões clínicas. Os médicos devem manter o seu papel de decisores finais, utilizando os conhecimentos da IA para informar o seu julgamento e prestar melhores cuidados aos doentes.

Limitações da IA nos cuidados de saúde

A IA não é uma panaceia: A IA é uma ferramenta poderosa, mas não é uma panaceia para todos os desafios no domínio dos cuidados de saúde. É importante ter expectativas realistas sobre as capacidades da IA e utilizá-la em conjunto com outros métodos estabelecidos de diagnóstico e tratamento.

A IA não está isenta de preconceitos: Os algoritmos de IA podem perpetuar os enviesamentos existentes nos dados relativos aos cuidados de saúde, conduzindo a resultados injustos ou discriminatórios. É crucial abordar estes enviesamentos, garantindo que os sistemas de IA são treinados em conjuntos de dados diversos e representativos e que os seus resultados são cuidadosamente monitorizados para detetar potenciais enviesamentos.

A IA não substitui o julgamento humano: A IA pode fornecer informações valiosas, mas não deve substituir o julgamento e a tomada de decisões humanos. Os médicos devem permanecer ativamente envolvidos no processo, utilizando os seus conhecimentos e experiência para interpretar os resultados da IA e tomar decisões clínicas informadas.

A IA ainda está a ser desenvolvida: A IA é um domínio em rápida evolução e as ferramentas de cuidados de saúde alimentadas por IA ainda estão a ser desenvolvidas. É importante adotar uma abordagem cautelosa e ponderada à implementação da IA, realizando testes e avaliações rigorosos antes da sua adoção generalizada.

A IA exige uma melhoria contínua: Os algoritmos de IA têm de ser continuamente actualizados e melhorados à medida que vão ficando disponíveis novos dados e conhecimentos. Isto exige um compromisso com a investigação e o desenvolvimento contínuos para garantir que as ferramentas de IA permaneçam relevantes e eficazes face à evolução dos desafios dos cuidados de saúde.

Apesar destes desafios e limitações, a IA é extremamente promissora para melhorar a prestação de cuidados de saúde e os resultados para os doentes. Se enfrentarmos estes desafios e utilizarmos a IA de forma responsável, podemos aproveitar o poder da IA para transformar os cuidados de saúde num sistema mais orientado para os dados, personalizado e eficiente que beneficie todos os doentes.

Considerações éticas:

A proteção da privacidade dos doentes e a garantia de um consentimento informado são considerações éticas cruciais.

Abordar os preconceitos nos algoritmos de IA e manter a transparência no processo de diagnóstico são desafios constantes.

O rápido avanço da inteligência artificial (IA) nos cuidados de saúde traz consigo uma série de considerações éticas que devem ser cuidadosamente abordadas para garantir a utilização responsável e equitativa desta tecnologia. Estas considerações englobam os princípios da equidade, transparência, responsabilidade, privacidade e não maleficência.

Equidade e não-discriminação

Os algoritmos de IA devem ser desenvolvidos e implementados de forma a promover a equidade e evitar a discriminação. Isto inclui garantir que os sistemas de IA são treinados em conjuntos de dados imparciais e que os seus processos de tomada de decisão estão isentos de preconceitos. O enviesamento na IA pode levar a resultados injustos, tais como negar a certos doentes o acesso ao tratamento ou prestar cuidados de saúde de qualidade inferior. É crucial estabelecer mecanismos para detetar e mitigar o enviesamento nos sistemas de IA para salvaguardar contra a discriminação.

Transparência e explicabilidade

Os algoritmos de IA podem ser complexos e opacos, o que torna difícil para os médicos e os doentes compreenderem os seus processos de tomada de decisão. Esta falta de transparência pode suscitar preocupações quanto à responsabilidade e à confiança. Os criadores de soluções de IA para os cuidados de saúde devem esforçar-se por garantir a transparência e a explicabilidade para promover a confiança e a aceitação entre os prestadores de cuidados de saúde e os doentes. As técnicas de IA explicável podem ajudar a tornar os algoritmos de IA mais transparentes e compreensíveis, permitindo aos médicos interpretar melhor os resultados da IA e tomar decisões clínicas informadas.

Responsabilidade e obrigação de prestar contas

A utilização da IA nos cuidados de saúde levanta questões sobre a responsabilização e a responsabilidade em caso de erros ou eventos adversos. É importante estabelecer directrizes e quadros claros para a atribuição de responsabilidades em caso de incidentes relacionados com a IA. Isto inclui a definição de quem é responsável pelos danos causados pelos sistemas de IA, quer sejam os criadores, os prestadores de cuidados de saúde que utilizam a IA ou as instituições de cuidados de saúde. A existência de mecanismos claros de responsabilização garantirá que os doentes possam recorrer em caso de danos e incentivará o desenvolvimento e a utilização responsáveis da IA nos cuidados de saúde.

Privacidade e proteção de dados

Os dados relativos aos cuidados de saúde são altamente sensíveis e contêm informações pessoais sobre os doentes. A integração da IA nos sistemas de saúde suscita preocupações relativamente à privacidade e segurança dos dados. Devem ser implementadas medidas robustas de cibersegurança para proteger os dados dos doentes contra o acesso não autorizado, a utilização indevida ou as violações. São necessárias políticas e regulamentos claros de governação de dados para reger a recolha, o armazenamento, a utilização e a partilha de dados dos doentes pelos sistemas de IA.

Não maleficência e benefício para os doentes

A principal consideração ética nos cuidados de saúde é o princípio da não maleficência, que determina que as intervenções nos cuidados de saúde não devem causar danos. Os sistemas de IA devem ser concebidos e utilizados de forma a respeitar este princípio e a garantir a segurança dos doentes. A IA não deve ser utilizada para tomar decisões que possam prejudicar diretamente os doentes ou conduzir a resultados de saúde adversos. Em vez disso, a IA deve ser utilizada para melhorar os cuidados prestados aos doentes, melhorar os resultados e promover o bem-estar geral.

Revisão ética e supervisão

O desenvolvimento e a aplicação da IA nos cuidados de saúde devem ser objeto de uma análise ética e de uma supervisão rigorosas para garantir que as soluções de IA respeitam os princípios éticos e não representam riscos indevidos para os doentes. Isto pode implicar a criação de conselhos ou comissões de ética independentes, especializados na avaliação das implicações éticas da IA nos cuidados de saúde. Estes organismos podem fornecer orientações aos criadores e aos prestadores de cuidados de saúde sobre considerações éticas e garantir que a IA é utilizada de forma responsável e ética.

Ao abordar estas considerações éticas, podemos garantir que a IA é integrada nos cuidados de saúde de uma forma que promove a justiça, a transparência, a responsabilidade, a privacidade e o bem-estar dos doentes. A IA tem o potencial de revolucionar os cuidados de saúde, mas a sua utilização responsável e ética é crucial para salvaguardar os direitos dos doentes e garantir que a IA serve como uma força para o bem nos cuidados de saúde.

Validação e aprovação regulamentar:

Processos de validação rigorosos são essenciais para garantir a fiabilidade e a segurança das ferramentas de diagnóstico baseadas em IA.

Os organismos reguladores desempenham um papel fundamental no estabelecimento de directrizes e normas para as aplicações de IA nos cuidados de saúde.

A validação e a aprovação regulamentar dos sistemas de inteligência artificial (IA) nos cuidados de saúde são processos cruciais para garantir a segurança, a eficácia e a utilização ética destas tecnologias. Estes processos envolvem testes, avaliações e análises rigorosos para garantir que os sistemas de IA cumprem as normas necessárias para utilização clínica.

Processo de validação de sistemas de IA nos cuidados de saúde

Definir o objetivo e o âmbito: Definir claramente a utilização pretendida do sistema de IA, o problema clínico específico que pretende resolver e a população-alvo de doentes.

Recolha e pré-processamento de dados: Recolher dados representativos e de elevada qualidade de diversas fontes para treinar e validar o sistema de IA. Pré-processar os dados para garantir a consistência, exatidão e relevância para o problema clínico.

Desenvolvimento e treino de algoritmos: Desenvolver e treinar algoritmos de IA utilizando os dados pré-processados. Utilizar técnicas e algoritmos de aprendizagem automática adequados que estejam de acordo com a aplicação clínica específica.

Testes e avaliação: Efetuar testes e avaliações rigorosos do desempenho do sistema de IA utilizando um conjunto de dados separado. Avaliar a exatidão, a sensibilidade, a especificidade e a generalização do sistema.

Validação clínica: Avaliar o desempenho do sistema de IA em ambientes clínicos do mundo real através de estudos-piloto ou ensaios clínicos. Isto envolve a observação do impacto do sistema nos resultados dos pacientes e no fluxo de trabalho dos prestadores de cuidados de saúde.

Documentação e relatórios: Documentar todo o processo de validação, incluindo métodos de recolha de dados, desenvolvimento de algoritmos, procedimentos de teste e resultados da avaliação clínica. Preparar relatórios abrangentes que comuniquem claramente o desempenho e as limitações do sistema de IA.

Processo de aprovação regulamentar dos sistemas de IA nos cuidados de saúde

Apresentação do dossier regulamentar: Preparar e apresentar um dossier regulamentar completo ao organismo regulador relevante, como a Food and Drug Administration (FDA) nos Estados Unidos. O dossier deve incluir documentação detalhada do processo de desenvolvimento, teste e validação do sistema de IA.

Análise e avaliação regulamentar: O organismo regulador efectua uma análise exaustiva do dossier apresentado, avaliando a segurança, a eficácia e a adesão do sistema de IA às normas éticas e regulamentares. Isto pode envolver testes adicionais, pedidos de dados ou esclarecimentos por parte do programador.

Aprovação ou recusa regulamentar: Com base na análise e avaliação, o organismo regulador emite uma decisão relativa à aprovação ou recusa do sistema de IA para utilização clínica. A aprovação significa que o sistema cumpre as normas necessárias em termos de segurança e eficácia.

Vigilância pós-comercialização: Após a aprovação, o desempenho do sistema de IA e a utilização no mundo real são monitorizados através de estudos de vigilância pós-comercialização. Isto assegura uma avaliação contínua da segurança, eficácia e potenciais eventos adversos do sistema.

Importância da validação e da aprovação regulamentar

A validação e a aprovação regulamentar são essenciais por várias razões:

Segurança dos doentes: Estes processos garantem que os sistemas de IA são seguros para utilização clínica e não representam riscos indevidos para os doentes.

Eficácia clínica: A validação e a análise regulamentar confirmam que os sistemas de IA são eficazes na resolução do problema clínico pretendido e proporcionam benefícios significativos aos doentes.

Utilização ética: Os quadros regulamentares estabelecem directrizes éticas para o desenvolvimento e a implantação da IA, garantindo que os sistemas de IA são utilizados de forma responsável e centrada no doente.

Confiança do público: Ao aderir a normas regulamentares e de validação rigorosas, os criadores de IA podem criar confiança pública na segurança e eficácia dos seus produtos.

Acesso ao mercado: A aprovação regulamentar é muitas vezes um pré-requisito para a comercialização de sistemas de IA nos cuidados de saúde, permitindo que os criadores coloquem os seus produtos no mercado e cheguem aos doentes.

Em conclusão, a validação e a aprovação regulamentar são passos fundamentais para garantir a integração responsável e ética da IA nos cuidados de saúde. Estes processos salvaguardam a segurança dos doentes, promovem a eficácia clínica e estabelecem um quadro para o desenvolvimento e a implementação éticos da IA. À medida que a IA continua a evoluir nos cuidados de saúde, é crucial manter uma validação rigorosa e normas regulamentares para garantir que a IA serve como uma força para o bem na melhoria dos cuidados e resultados dos doentes.

Colaboração entre especialistas em IA e profissionais de saúde:

A colaboração interdisciplinar entre investigadores de IA e profissionais de saúde é vital para uma implementação bem sucedida.

É necessária uma comunicação eficaz para colmatar o fosso entre os conhecimentos técnicos e os conhecimentos clínicos.

A colaboração entre especialistas em IA e profissionais de saúde é crucial para o desenvolvimento e a implementação bem sucedidos de soluções de cuidados de saúde baseadas em IA. Esta colaboração reúne os conhecimentos especializados de ambos os domínios, permitindo que a IA seja integrada nos cuidados de saúde de uma forma que seja clinicamente significativa e eticamente correcta.

Benefícios da colaboração

Experiência no domínio: Os profissionais de saúde têm um conhecimento profundo das práticas clínicas, das necessidades dos doentes e dos processos de cuidados de saúde, ao passo que os especialistas em IA fornecem proficiência técnica em aprendizagem automática, análise de dados e desenvolvimento de algoritmos. Esta combinação de conhecimentos especializados é essencial para identificar e enfrentar os desafios do mundo real dos cuidados de saúde com a IA.

Relevância clínica: As soluções de IA desenvolvidas isoladamente dos profissionais de saúde podem não estar alinhadas com as necessidades clínicas e os fluxos de trabalho. A colaboração garante que as soluções de IA são concebidas para resolver problemas clínicos específicos, fornecem informações significativas aos médicos e integram-se perfeitamente nas práticas de cuidados de saúde existentes.

Considerações éticas: Os profissionais de saúde têm consciência dos princípios éticos e das preocupações com a privacidade dos doentes, enquanto os especialistas em IA podem identificar e mitigar potenciais preconceitos e consequências não intencionais dos algoritmos de IA. Esta colaboração ajuda a garantir que a IA é utilizada de uma forma responsável e ética.

Implementação no mundo real: Os profissionais de saúde desempenham um papel fundamental na avaliação, adaptação e implementação de soluções de IA em ambientes clínicos reais. O seu feedback e as suas ideias são essenciais para refinar os algoritmos de IA, otimizar os fluxos de trabalho e garantir que as soluções de IA são adoptadas de forma eficaz.

Aprendizagem e melhoria contínuas: A colaboração promove um ambiente de aprendizagem contínua em que os especialistas em IA e os profissionais de saúde trocam conhecimentos e experiência. Este diálogo contínuo ajuda a identificar novas oportunidades de aplicação da IA, a melhorar a eficácia das soluções existentes e a adaptar-se à evolução do panorama dos cuidados de saúde.

Estratégias para uma colaboração eficaz

Definição conjunta do problema: Definir claramente o problema ou desafio clínico que a IA pretende resolver. Este entendimento partilhado garante que as soluções de IA estão alinhadas com as necessidades e expectativas do mundo real.

Equipas interdisciplinares: Criar equipas interdisciplinares de especialistas em IA e profissionais de saúde que trabalhem em conjunto durante todo o processo de desenvolvimento e implementação. Isto promove uma cultura de colaboração e garante que ambas as perspectivas são consideradas.

Canais de comunicação claros: Estabelecer canais de comunicação claros entre os peritos em IA e os profissionais de saúde para facilitar o diálogo aberto, a troca de ideias e o feedback atempado.

Objectivos e métricas partilhados: Definir objectivos e métricas partilhados para avaliar o sucesso das soluções de IA. Isto garante que ambas as partes estão alinhadas com os resultados desejados e podem medir o progresso de forma objetiva.

Aprendizagem e adaptação contínuas: Promover uma mentalidade de aprendizagem e adaptação contínuas. Os especialistas em IA devem estar abertos ao feedback dos profissionais de saúde, enquanto os profissionais de saúde devem estar dispostos a adaptar as suas práticas para tirar partido das vantagens da IA.

Ao promover uma colaboração efectiva entre os especialistas em IA e os profissionais de saúde, podemos aproveitar o poder da IA para transformar os cuidados de saúde, melhorar os cuidados prestados aos doentes e fazer avançar o campo da medicina.

Capacitação e educação dos doentes:

A IA pode capacitar os doentes, fornecendo-lhes informações sobre a sua saúde e os riscos potenciais.

A educação dos doentes sobre o papel da IA no diagnóstico promove a confiança e facilita a tomada de decisões partilhadas.

A capacitação e a educação dos doentes são aspectos cruciais para melhorar os resultados dos cuidados de saúde e promover cuidados centrados no doente. Quando os doentes estão habilitados a tomar decisões informadas sobre a sua saúde, é mais provável que participem ativamente nos seus cuidados, adiram aos planos de tratamento e obtenham melhores resultados em termos de saúde.

O que é a capacitação dos doentes?

A capacitação dos doentes é o processo que permite aos doentes assumir o controlo da sua saúde e das decisões relativas aos cuidados de saúde. Implica fornecer aos doentes os conhecimentos, as competências e os recursos de que necessitam para fazerem escolhas informadas sobre o seu tratamento, estilo de vida e bem-estar geral.

Porque é que a capacitação dos doentes é importante?

Os doentes com poder são mais susceptíveis de:

Aderir aos planos de tratamento: Os doentes que compreendem as suas opções de tratamento e participam na tomada de decisões sobre os seus cuidados têm mais probabilidades de seguir os seus planos de tratamento, o que conduz a melhores resultados.

Gerir eficazmente as suas condições de saúde: Os doentes com poder de decisão têm mais probabilidades de desenvolver competências de auto-gestão, como a monitorização dos seus sintomas, o ajustamento dos seus medicamentos e mudanças no seu estilo de vida, o que pode melhorar a sua qualidade de vida e reduzir o risco de complicações.

Procurar cuidados preventivos: Os doentes que estão conscientes das medidas preventivas e compreendem a importância da deteção precoce têm mais probabilidades de procurar fazer rastreios e testes, o que leva a um diagnóstico e tratamento mais precoce das doenças.

Fazer escolhas informadas sobre os seus cuidados: Os doentes com poder de decisão são capazes de ponderar as suas opções, considerar os seus valores e preferências e tomar decisões informadas sobre os seus planos de tratamento e cuidados.

Como capacitar os doentes

Existem várias estratégias que podem ser utilizadas para capacitar os doentes, incluindo:

Educação dos doentes: Fornecer aos doentes informações claras, precisas e adaptadas sobre as suas condições de saúde, opções de tratamento e estratégias de auto-gestão. Utilizar vários canais de comunicação, tais como brochuras, vídeos e recursos em linha, para satisfazer os diferentes estilos e preferências de aprendizagem.

Tomada de decisões partilhada: Envolver os doentes no processo de tomada de decisões relativamente aos seus cuidados. Discutir as opções de tratamento, apresentar os riscos e benefícios e incentivar os doentes a fazerem perguntas e a expressarem as suas preocupações.

Cuidados centrados no paciente: Reconhecer e atender às necessidades, preferências e valores individuais dos pacientes. Adaptar os planos de tratamento e as abordagens de comunicação para os alinhar com os objectivos e perspectivas dos doentes.

Apoio à auto-gestão: Fornecer aos doentes as ferramentas e os recursos de que necessitam para gerir eficazmente as suas condições de saúde. Isto pode incluir lembretes de medicação, rastreadores de sintomas e orientação para modificação do estilo de vida.

Defesa dos doentes: Incentivar os doentes a defenderem as suas necessidades e preferências no âmbito do sistema de saúde. Fornecer apoio e recursos para ajudar os doentes a navegar no sistema de cuidados de saúde e a comunicar eficazmente com os seus prestadores.

O papel da tecnologia na capacitação dos doentes

A tecnologia pode desempenhar um papel importante na capacitação dos doentes, proporcionando-lhes acesso a informações, ferramentas e recursos de apoio. As plataformas em linha, as aplicações móveis e os dispositivos portáteis podem ser utilizados para:

Fornecer educação personalizada aos pacientes: Fornecer aos pacientes informações personalizadas sobre as suas condições de saúde, opções de tratamento e estratégias de auto-gestão.

Facilitar a comunicação com os prestadores de cuidados de saúde: Permitir que os doentes contactem com os seus médicos, enfermeiros e outros prestadores de cuidados de saúde através de plataformas de mensagens seguras ou de consultas virtuais.

Acompanhe os dados de saúde e monitorize o progresso: Permita que os pacientes monitorizem os seus sintomas, a adesão à medicação e outros dados relacionados com a saúde, fornecendo informações sobre o seu estado e progresso ao longo do tempo.

Promover comportamentos de auto-gestão: Fornecer lembretes, sugestões e feedback personalizado para ajudar os pacientes a aderir aos planos de tratamento, adotar hábitos saudáveis e gerir eficazmente as suas condições de saúde.

Conclusão

A capacitação e a educação dos doentes são componentes essenciais dos cuidados centrados no doente. Ao capacitarmos os doentes para assumirem o controlo da sua saúde, podemos permitir-lhes tomar decisões informadas, participar ativamente nos seus cuidados e obter melhores resultados em termos de saúde. A tecnologia pode desempenhar um papel importante neste processo, fornecendo aos doentes acesso a informações, ferramentas e recursos de apoio que lhes permitam gerir eficazmente a sua saúde.

Impacto global e acessibilidade:

Garantir um acesso equitativo às tecnologias de diagnóstico baseadas em IA é essencial para resolver as disparidades nos cuidados de saúde.

A consideração dos contextos globais dos cuidados de saúde e das limitações de recursos é crucial para uma adoção generalizada.

O impacto global e a acessibilidade da inteligência artificial (IA) nos cuidados de saúde são profundos e multifacetados. A IA tem o potencial de revolucionar a prestação de cuidados de saúde, melhorar os cuidados prestados aos doentes e reduzir os custos dos cuidados de saúde em todo o mundo. No entanto, garantir um acesso equitativo às soluções de cuidados de saúde baseadas na IA continua a ser um desafio significativo.

Impacto positivo da IA nos cuidados de saúde

A IA está a transformar os cuidados de saúde de várias formas:

Diagnóstico e tratamento melhorados: Os algoritmos de IA podem analisar grandes quantidades de dados médicos, incluindo registos de pacientes, imagens e informações genéticas, para identificar padrões e correlações que possam ser indicativos de doenças ou potenciais complicações. Isto pode levar a diagnósticos mais precoces e mais exactos, planos de tratamento personalizados e melhores resultados para os pacientes.

Descoberta e desenvolvimento de medicamentos: A IA está a ser utilizada para acelerar a descoberta e o desenvolvimento de medicamentos, identificando potenciais candidatos a medicamentos, prevendo a sua eficácia e segurança e optimizando os ensaios clínicos. Isto pode levar a um desenvolvimento mais rápido de novos tratamentos para uma vasta gama de doenças.

Eficiência administrativa: A IA pode automatizar muitas tarefas administrativas nos cuidados de saúde, como a codificação, a faturação e a introdução de dados. Isto pode libertar o tempo dos médicos para se concentrarem nos cuidados aos doentes, reduzir os erros e melhorar a eficiência global das operações de cuidados de saúde.

Capacitação e educação dos doentes: As ferramentas baseadas em IA podem capacitar os pacientes para tomarem decisões informadas sobre a sua saúde, fornecendo-lhes informações personalizadas sobre as suas condições, opções de tratamento e estratégias de auto-gestão.

Desafios de acessibilidade da IA nos cuidados de saúde

Apesar do imenso potencial da IA, vários desafios impedem o seu acesso e adoção equitativos nos cuidados de saúde:

Desigualdade de recursos: O acesso a soluções de cuidados de saúde baseadas em IA é muitas vezes limitado em contextos de recursos limitados, especialmente nos países em desenvolvimento. Isto pode exacerbar as disparidades existentes nos cuidados de saúde e piorar os resultados de saúde em populações carenciadas.

Fosso digital: O fosso digital, ou seja, a diferença entre os que têm acesso às tecnologias digitais e os que não têm, pode limitar o alcance das soluções de cuidados de saúde baseadas na IA. Este facto pode aumentar ainda mais as disparidades nos cuidados de saúde e excluir as populações vulneráveis dos benefícios da IA.

Limitações da infraestrutura: A implementação da IA nos cuidados de saúde requer uma infraestrutura robusta, incluindo conetividade fiável à Internet, capacidade de armazenamento de dados e pessoal de TI qualificado. Estas limitações de infraestrutura são muitas vezes inexistentes em ambientes com poucos recursos, o que dificulta a adoção de soluções de cuidados de saúde baseadas em IA.

Considerações sobre os custos: O desenvolvimento e a implementação de soluções de cuidados de saúde baseadas em IA podem ser dispendiosos. Isto pode representar uma barreira financeira para os prestadores de cuidados de saúde, especialmente em contextos de baixos rendimentos, limitando a sua capacidade de adotar tecnologias de IA.

Estratégias para melhorar a acessibilidade global da IA nos cuidados de saúde

Para garantir um acesso equitativo aos cuidados de saúde baseados na IA, podem ser implementadas várias estratégias:

Desenvolvimento e implementação direccionados: Concentrar-se no desenvolvimento de soluções de IA que respondam especificamente às necessidades de cuidados de saúde de populações carenciadas e de contextos com recursos limitados.

Capacitação e formação: Investir em programas de formação e educação para equipar os prestadores de cuidados de saúde em áreas carenciadas com as competências e conhecimentos necessários para implementar e utilizar eficazmente soluções de cuidados de saúde baseadas em IA.

Parcerias e colaborações: Fomentar parcerias entre prestadores de cuidados de saúde, empresas de tecnologia e instituições de investigação em países de elevado rendimento e de baixo rendimento para facilitar a transferência de conhecimentos, a partilha de tecnologia e a partilha de recursos.

Soluções de código aberto e plataformas partilhadas: Incentivar o desenvolvimento e a partilha de ferramentas e plataformas de IA de fonte aberta para tornar as tecnologias de IA mais acessíveis e económicas para os prestadores de cuidados de saúde em contextos de recursos limitados.

Mecanismos de financiamento sustentáveis: Estabelecer mecanismos de financiamento sustentáveis para apoiar o desenvolvimento, a implementação e a manutenção de soluções de cuidados de saúde baseadas em IA em regiões carenciadas.

Abordar a equidade digital: Promover iniciativas de inclusão digital para colmatar o fosso digital e garantir que todas as pessoas tenham acesso à Internet e às tecnologias digitais.

Adaptação aos contextos locais: Adaptar as soluções de IA aos contextos culturais, sociais e linguísticos específicos das populações-alvo para garantir a sua relevância e eficácia.

Envolvimento e capacitação da comunidade: Envolver as comunidades locais no desenvolvimento e implementação de soluções de cuidados de saúde baseadas em IA para responder às suas necessidades e preferências específicas.

Monitorização e avaliação: Monitorizar e avaliar continuamente o impacto das soluções de cuidados de saúde baseadas em IA em ambientes carenciados para identificar áreas de melhoria e adaptar as estratégias em conformidade.

Ao enfrentar estes desafios e implementar estratégias eficazes, podemos garantir que o poder transformador da IA nos cuidados de saúde chega a todos os cantos do mundo, melhorando os resultados de saúde e reduzindo as disparidades para todos os doentes.

Melhoria contínua e adaptação:

Os modelos de IA têm de ser continuamente actualizados e adaptados à evolução dos conhecimentos médicos. Os ciclos de feedback que envolvem profissionais de saúde contribuem para a melhoria iterativa dos sistemas de IA.

A melhoria e a adaptação contínuas são aspectos cruciais para garantir a eficácia e a relevância permanentes da inteligência artificial (IA) nos cuidados de saúde. À medida que o panorama dos cuidados de saúde evolui e surgem novas tecnologias, é essencial aperfeiçoar e atualizar continuamente as soluções de cuidados de saúde baseadas em IA para manter o seu valor e impacto.

Porque é que a melhoria contínua é essencial nos cuidados de saúde com IA

Evolução do panorama dos cuidados de saúde: O sector da saúde está em constante evolução, com novas descobertas, avanços nas opções de tratamento e padrões de doenças emergentes. Os sistemas de IA têm de se adaptar a estas mudanças para se manterem relevantes e fornecerem informações precisas e actualizadas.

Crescimento e complexidade dos dados: O volume e a complexidade dos dados de cuidados de saúde estão a aumentar rapidamente, colocando desafios aos algoritmos de IA para analisar e extrair padrões significativos. Os esforços de melhoria contínua garantem que os sistemas de IA podem acompanhar este crescimento dos dados e manter a sua capacidade de fornecer informações precisas e accionáveis.

Mudanças nas necessidades e preferências dos pacientes: As necessidades e preferências dos pacientes mudam ao longo do tempo, exigindo que os sistemas de IA se adaptem e forneçam cuidados personalizados que se alinhem com a evolução das expectativas e preferências.

Considerações regulamentares e éticas: Os quadros regulamentares e as directrizes éticas em torno da IA nos cuidados de saúde estão em constante evolução, exigindo uma avaliação e adaptação contínuas dos sistemas de IA para garantir a conformidade e a adesão aos princípios éticos.

Avanços tecnológicos: O domínio da IA está a evoluir rapidamente, com o aparecimento de novos algoritmos, técnicas e recursos computacionais. Os esforços de melhoria contínua permitem que os sistemas de IA incorporem estes avanços e melhorem o seu desempenho.

Estratégias para a melhoria contínua e a adaptação da IA nos cuidados de saúde

Monitorização e avaliação de dados: Monitorizar continuamente o desempenho dos sistemas de IA utilizando dados do mundo real para identificar áreas de melhoria e potenciais enviesamentos.

Feedback e Iteração: Solicitar feedback dos prestadores de cuidados de saúde, doentes e investigadores para identificar áreas em que os sistemas de IA podem ser aperfeiçoados e adaptados para melhor satisfazerem as suas necessidades.

Actualizações e aperfeiçoamento de algoritmos: Atualizar e aperfeiçoar regularmente os algoritmos de IA com base em novos dados, avanços nas técnicas de aprendizagem automática e feedback das partes interessadas.

Avaliação prospetiva: Realizar avaliações prospectivas dos sistemas de IA para avaliar o seu desempenho em contextos clínicos reais antes da sua adoção generalizada.

Colaboração entre humanos e IA: Promover uma cultura de colaboração entre os especialistas em IA e os profissionais de saúde para garantir que os sistemas de IA sejam integrados na prática clínica de forma significativa e eficaz.

Revisão regulamentar e ética: Rever e atualizar continuamente os sistemas de IA para garantir a conformidade com a evolução dos quadros regulamentares e dos princípios éticos.

Transparência e explicabilidade: Procurar a transparência e a explicabilidade dos algoritmos de IA para criar confiança entre os prestadores de cuidados de saúde, os doentes e as entidades reguladoras.

Aprendizagem ao longo da vida: Implementar mecanismos de aprendizagem ao longo da vida para os sistemas de IA, a fim de lhes permitir aprender continuamente com novos dados e adaptar-se a ambientes em mudança.

Ao implementar estas estratégias, podemos garantir que a IA nos cuidados de saúde continua a ser um campo dinâmico e em evolução que melhora continuamente a sua capacidade para enfrentar os desafios dos cuidados de saúde, fornecer cuidados personalizados e melhorar os resultados dos doentes.

Direcções futuras:

A investigação e o desenvolvimento contínuos são necessários para explorar novas aplicações da IA no diagnóstico de doenças.

Os avanços na IA explicável e nas novas tecnologias irão moldar o futuro panorama dos diagnósticos baseados em IA.

À medida que a inteligência artificial (IA) continua a evoluir e a amadurecer, o seu potencial para transformar os cuidados de saúde está a tornar-se cada vez mais evidente. Eis algumas das interessantes direcções futuras da IA nos cuidados de saúde:

Medicina personalizada: A IA está pronta para revolucionar a medicina personalizada, adaptando os planos de tratamento às características individuais dos pacientes e à sua composição genética. Isso pode levar a tratamentos mais eficazes, efeitos colaterais reduzidos e melhores resultados para os pacientes.

Deteção precoce de doenças: Os algoritmos de IA estão a tornar-se hábeis na análise de imagens médicas, como radiografias, tomografias computorizadas e ressonâncias magnéticas, para identificar anomalias subtis que podem ser indicativas de doenças em fase inicial. Isto pode levar a diagnósticos e intervenções mais precoces, quando os tratamentos são mais eficazes e os resultados dos doentes são melhores.

Aumentar o processo de tomada de decisões clínicas: A IA pode fornecer aos médicos informações e recomendações em tempo real, ajudando-os a efetuar diagnósticos mais precisos e atempados, a selecionar opções de tratamento adequadas e a monitorizar o progresso do paciente.

Assistentes virtuais e chatbots: Os assistentes virtuais e os chatbots alimentados por IA podem fornecer aos pacientes informações, apoio e orientação personalizados, permitindo-lhes gerir a sua saúde de forma mais eficaz.

Descoberta e desenvolvimento de medicamentos: A IA está a acelerar o processo de descoberta de medicamentos, identificando potenciais candidatos a medicamentos, prevendo a sua eficácia e segurança e optimizando os ensaios clínicos.

Automatização administrativa: A IA pode automatizar muitas tarefas administrativas, como a codificação, a faturação e a introdução de dados, libertando o tempo dos médicos para se concentrarem nos cuidados aos doentes e melhorando a eficiência global das operações de cuidados de saúde.

Análise preditiva: A IA pode analisar grandes quantidades de dados dos doentes para prever os seus resultados, identificar doentes em risco de complicações e orientar intervenções preventivas.

Robótica na cirurgia: Os robôs alimentados por IA estão a tornar-se cada vez mais sofisticados, permitindo procedimentos cirúrgicos minimamente invasivos e altamente precisos com melhores resultados.

Monitorização remota dos doentes: Os dispositivos com IA e a tecnologia wearable podem monitorizar continuamente a saúde dos doentes, fornecendo dados em tempo real aos médicos e permitindo a intervenção remota quando necessário.

Abordar as disparidades nos cuidados de saúde: A IA pode ser utilizada para abordar as disparidades nos cuidados de saúde, proporcionando um acesso equitativo a cuidados de qualidade, em especial em contextos mal servidos e com recursos limitados.

À medida que a IA continua a avançar, a sua integração nos cuidados de saúde tornar-se-á ainda mais generalizada e transformadora, conduzindo a um sistema de cuidados de saúde mais personalizado, orientado por dados e eficiente que beneficia todos os doentes.

A integração da IA no diagnóstico de doenças é muito promissora para melhorar os resultados dos cuidados de saúde, mas também exige uma análise cuidadosa dos desafios éticos, regulamentares e técnicos para garantir uma implementação responsável e eficaz.

Dr. Vinay Kumar Gupta
Professor assistente,
Departamento de Farmacologia, Universidade de Ciências Médicas de Uttar Pradesh,
Saifai Etawah.

PAPEL DA IA NA DESCOBERTA, CONCEPÇÃO E DESENVOLVIMENTO DE MEDICAMENTOS.

O papel da inteligência artificial (IA) na descoberta, conceção e desenvolvimento de medicamentos tem-se tornado cada vez mais proeminente, revolucionando as abordagens tradicionais e acelerando o processo de desenvolvimento de medicamentos. Eis os principais aspectos que destacam o impacto da IA neste domínio:

IDENTIFICAÇÃO E VALIDAÇÃO DE ALVOS:

Identificação: A IA analisa grandes conjuntos de dados, incluindo genómica, proteómica e bases de dados da literatura, para identificar potenciais alvos de medicamentos associados a doenças específicas.

Validação: Os modelos de IA avaliam a probabilidade de sucesso dos alvos identificados, ajudando a dar prioridade aos que têm maior potencial de intervenção terapêutica.

A identificação e a validação de alvos são fases críticas no processo de descoberta de medicamentos e envolvem a identificação de alvos moleculares associados a uma doença específica e a validação da sua relevância para a intervenção terapêutica. A inteligência artificial (IA) tem tido um impacto significativo nestas fases, ao tirar partido de técnicas computacionais avançadas e da análise de dados. Eis como a IA contribui para a identificação e validação de alvos:

Integração e análise de dados:

Os sistemas de IA podem analisar diversos conjuntos de dados, incluindo genómica, proteómica, transcriptómica e dados clínicos, para identificar potenciais alvos moleculares associados a uma determinada doença.

A integração de vários dados ómicos permite uma compreensão abrangente do panorama genético e molecular associado às doenças.

Bioinformática e biologia de sistemas:

As técnicas de IA, como a aprendizagem automática e a análise de redes, são aplicadas para analisar sistemas biológicos complexos. Isto ajuda a identificar as principais vias de sinalização, interacções proteína-proteína e redes reguladoras associadas a doenças.

As ferramentas bioinformáticas ajudam na interpretação de dados biológicos e na identificação de potenciais alvos de medicamentos.

Análise genómica:

Os algoritmos de IA analisam os dados genómicos para identificar variações genéticas, mutações ou genes desregulados associados a doenças. Isto ajuda a identificar potenciais alvos para intervenção terapêutica.

A identificação de mutações determinantes e a compreensão do seu significado funcional são cruciais para a validação de alvos.

Perfil proteómico:

A IA é aplicada para analisar dados proteómicos, identificando proteínas que estão sobreexpressas, subexpressas ou que sofrem modificações pós-tradução em estados patológicos.

A caraterização proteómica ajuda a compreender o impacto funcional das alterações da expressão genética e a identificar alvos passíveis de serem tratados com medicamentos.

Extração de texto e revisão da literatura:

As técnicas de Processamento de Linguagem Natural (PLN) são utilizadas para extrair informações relevantes da literatura científica, relatórios de ensaios clínicos e bases de dados.

A IA ajuda os investigadores a manterem-se actualizados sobre as últimas descobertas e facilita a identificação de potenciais alvos com base em estudos publicados.

Previsão da interação fármaco-alvo:

Os modelos de IA prevêem interacções entre medicamentos e potenciais alvos, ajudando na identificação de compostos que podem modular vias moleculares específicas associadas a doenças.

As previsões in silico da interação fármaco-alvo ajudam a definir as prioridades dos candidatos a fármacos para posterior validação experimental.

Análise de dados de pacientes:

A IA analisa os dados dos doentes, incluindo registos clínicos e perfis moleculares, para identificar associações entre alvos específicos e resultados de doenças.

A integração dos dados dos doentes contribui para abordagens de medicina personalizada, permitindo a identificação de alvos relevantes para populações específicas de doentes.

Validação em modelos de doenças:

A IA contribui para a conceção e análise de experiências que utilizam modelos de doenças, tais como linhas celulares ou modelos animais.

A modelação preditiva ajuda a avaliar o impacto da modulação de um alvo específico nos fenótipos relacionados com a doença.

Farmacologia de rede:

As abordagens de farmacologia de rede baseadas em IA exploram as interacções entre medicamentos, alvos e vias biológicas a nível de todo o sistema.

A análise baseada em redes ajuda a compreender a complexidade das doenças e a identificar estratégias multi-alvo para a intervenção terapêutica.

A integração da IA na identificação e validação de alvos acelera o processo de descoberta de medicamentos, melhora a identificação de alvos susceptíveis de serem tratados com medicamentos e contribui para o desenvolvimento de terapêuticas mais eficazes e direccionadas. No entanto, é essencial validar as previsões baseadas na IA através de estudos experimentais e clínicos para garantir a segurança e a eficácia dos potenciais alvos dos medicamentos.

CONCEPÇÃO E OPTIMIZAÇÃO DE MEDICAMENTOS:

Geração molecular: A IA gera estruturas moleculares com propriedades desejáveis para candidatos a medicamentos. Modelos generativos e técnicas de aprendizagem profunda ajudam na criação de novos compostos semelhantes a medicamentos.

Otimização: Os algoritmos de IA prevêem a eficácia e a segurança de várias estruturas moleculares, facilitando a otimização de candidatos a medicamentos in silico antes dos testes experimentais.

A conceção e a otimização de medicamentos envolvem o processo de criação de novos compostos terapêuticos ou o aperfeiçoamento dos já existentes para melhorar a sua eficácia, segurança e outras propriedades farmacológicas. A inteligência artificial (IA) teve um impacto significativo nesta fase do desenvolvimento de medicamentos, empregando métodos computacionais para acelerar e simplificar os processos de conceção e otimização. Eis como a

IA contribui para a conceção e otimização de medicamentos:

Modelos generativos:

Os modelos generativos baseados em IA, como as arquitecturas de aprendizagem profunda, podem gerar novas estruturas moleculares com as propriedades desejadas.

Estes modelos ajudam na criação de novos candidatos a medicamentos com estruturas químicas optimizadas.

Modelação quantitativa da relação estrutura-atividade (QSAR):

A IA, em particular a aprendizagem automática, é utilizada para estabelecer relações quantitativas entre a estrutura química dos compostos e as suas actividades biológicas.

Os modelos QSAR ajudam a prever a atividade biológica de novos compostos, auxiliando na otimização de candidatos a medicamentos.

Conceção de novos fármacos:

Os algoritmos de IA podem efetuar a conceção de novos medicamentos, gerando moléculas inteiramente novas com base em critérios específicos.

Esta abordagem ajuda a explorar o espaço químico de forma mais eficiente e a identificar candidatos a medicamentos promissores

Otimização das propriedades moleculares:

A IA é utilizada para prever e otimizar várias propriedades moleculares, incluindo a solubilidade, a biodisponibilidade e a estabilidade metabólica.

A otimização destas propriedades contribui para o desenvolvimento de candidatos a medicamentos com perfis farmacocinéticos melhorados.

Conceção de medicamentos baseada na estrutura:

Os algoritmos de IA analisam as estruturas tridimensionais de alvos biológicos, como as proteínas, para conceber moléculas que interagem de forma óptima com esses alvos.

O rastreio virtual e as técnicas de acoplamento molecular ajudam a identificar compostos com elevada afinidade de ligação.

Conceção de fármacos baseada em fragmentos:

A IA pode ajudar na conceção de medicamentos com base em fragmentos, prevendo a forma como fragmentos químicos individuais podem ser montados para criar moléculas maiores com as propriedades desejadas.

As abordagens baseadas em fragmentos contribuem para a conceção racional de compostos semelhantes a fármacos.

Previsões In Silico ADME-Tox:

Os modelos de IA prevêem as propriedades de Absorção, Distribuição, Metabolismo, Excreção e Toxicidade (ADME-Tox) dos candidatos a medicamentos.

A avaliação precoce destas propriedades ajuda a dar prioridade aos compostos com perfis farmacológicos e de segurança favoráveis.

Planeamento da síntese química:

A análise retrosintética baseada em IA ajuda a planear a síntese química de novos compostos.

As ferramentas de IA prevêem rotas sintéticas viáveis, ajudando os químicos a otimizar a síntese de candidatos a medicamentos.

Otimização de medicamentos multi-alvo:

A IA permite a conceção de medicamentos multi-alvo através da previsão de interacções com múltiplos alvos biológicos.

A otimização de múltiplos alvos aumenta o potencial terapêutico dos candidatos a medicamentos, especialmente em doenças complexas.

Previsão das interacções medicamentosas:
Os modelos de IA podem prever potenciais interacções entre medicamentos, avaliando o risco de efeitos adversos resultantes de combinações.
Isto contribui para a otimização das combinações de medicamentos e minimiza a probabilidade de interacções prejudiciais.
A conceção e otimização de medicamentos com base na IA não só acelera o processo de descoberta como também facilita a exploração de espaços químicos inovadores, conduzindo ao desenvolvimento de agentes terapêuticos mais seguros e eficazes. A integração da IA com abordagens experimentais em química medicinal aumenta a eficiência das cadeias de desenvolvimento de medicamentos.

Triagem de alto rendimento (HTS):
Automatização: A robótica e a automação orientadas pela IA aumentam a eficiência dos processos de rastreio de alto rendimento, analisando grandes conjuntos de dados de ensaios de rastreio para identificar potenciais candidatos a medicamentos.
Análise de dados: Os algoritmos de aprendizagem automática analisam os dados HTS, ajudando a priorizar e validar os resultados para uma exploração mais aprofundada.
O High-Throughput Screening (HTS) é um método utilizado na descoberta de medicamentos para testar rapidamente a atividade biológica de um grande número de compostos químicos. O principal objetivo do HTS é identificar potenciais candidatos a medicamentos que possam ter efeitos terapêuticos. Eis os principais aspectos do rastreio de alto rendimento:
Processos automatizados: A HTS envolve a utilização de sistemas robóticos automatizados para testar rápida e eficientemente milhares a milhões de compostos contra alvos biológicos.
Miniaturização: O HTS miniaturiza os ensaios, permitindo aos investigadores realizar experiências em formatos de microplacas. Isto reduz a quantidade de reagentes e compostos necessários para o rastreio.
Testes paralelos: O HTS permite o teste simultâneo de múltiplos compostos contra um alvo biológico específico, facilitando a identificação de compostos activos mais rapidamente do que os métodos tradicionais.
Ensaios biológicos: Os ensaios HTS medem várias actividades biológicas, como a inibição de enzimas, a ligação a receptores ou a viabilidade celular, para avaliar os efeitos dos compostos em alvos específicos.
Bibliotecas de compostos: O HTS utiliza bibliotecas de compostos que contêm diversas estruturas químicas. Estas bibliotecas podem incluir compostos sintéticos, produtos naturais ou medicamentos aprovados pela FDA.
Análise de dados: O HTS gera grandes conjuntos de dados, e são utilizados métodos avançados de análise de dados, incluindo abordagens computacionais e estatísticas, para identificar compostos promissores e dar prioridade a novos ensaios.
Identificação de hits: No HTS, os compostos que mostram atividade no rastreio inicial são referidos como "hits". Estes sucessos são submetidos a mais testes e optimizações para determinar o seu potencial como candidatos a medicamentos.
Eficiência na descoberta de medicamentos: O HTS acelera significativamente o processo de descoberta de medicamentos ao identificar rapidamente compostos com as actividades biológicas desejadas, permitindo aos investigadores concentrarem-se nos candidatos mais promissores.
Reaproveitamento de medicamentos: O HTS também é utilizado para a reorientação de medicamentos, em que os medicamentos existentes são analisados em relação a novos alvos,

podendo ser descobertas novas aplicações terapêuticas.

Desafios: Apesar das suas vantagens, a HTS também enfrenta desafios, como falsos positivos e falsos negativos, e questões relacionadas com a qualidade dos ensaios. As abordagens computacionais são frequentemente utilizadas para resolver estes desafios e aumentar a fiabilidade dos resultados.

O rastreio de elevado rendimento é um passo crucial nas fases iniciais da descoberta de medicamentos, permitindo aos investigadores explorar eficazmente grandes espaços químicos e identificar potenciais pistas para o desenvolvimento de novos medicamentos.

PREVISÃO DAS INTERACÇÕES MEDICAMENTOSAS:

Modelos de IA: Os modelos de aprendizagem automática prevêem potenciais interacções entre medicamentos, ajudando na avaliação da segurança e dos potenciais efeitos secundários quando se combinam vários medicamentos.

A previsão das interacções medicamentosas (IDC) é um aspeto crucial do desenvolvimento de medicamentos e da segurança dos doentes. As interacções medicamentosas ocorrem quando os efeitos de um medicamento são alterados pela presença de outro medicamento, podendo conduzir a efeitos inesperados e, por vezes, prejudiciais. A previsão destas interacções é essencial para garantir a utilização segura e eficaz dos medicamentos. Eis os principais aspectos da previsão das interacções medicamentosas:

Abordagens in silico:

Modelos computacionais: As abordagens in silico envolvem a utilização de modelos computacionais, tais como algoritmos de aprendizagem automática e modelos de relação quantitativa estrutura-atividade (QSAR), para prever potenciais interacções medicamentosas.

Previsões baseadas na estrutura: Os métodos computacionais analisam as estruturas químicas dos medicamentos para prever as suas potenciais interacções com base em semelhanças ou padrões conhecidos.

Interacções farmacocinéticas:

Propriedades ADME: As previsões envolvem frequentemente a avaliação das propriedades de Absorção, Distribuição, Metabolismo e Excreção (ADME) dos fármacos. Os modelos computacionais estimam a forma como os fármacos são absorvidos, metabolizados e eliminados do organismo.

Previsão do metabolismo de medicamentos: Compreender como os medicamentos são metabolizados pelas enzimas hepáticas ajuda a prever potenciais interacções, uma vez que os medicamentos que partilham as mesmas vias metabólicas podem interferir com o metabolismo uns dos outros.

Interacções farmacodinâmicas:

Modelos de ligação aos receptores: Os modelos computacionais podem prever interacções ao nível dos receptores, analisando a forma como os fármacos se ligam a alvos específicos. Isto é particularmente relevante para os medicamentos que actuam nos mesmos receptores ou em receptores relacionados.

Análise da via de sinalização: As previsões podem ser feitas com base no impacto dos medicamentos nas vias de sinalização, ajudando a identificar potenciais interacções quando vários medicamentos afectam a mesma via.

Abordagens de aprendizagem automática:

Treino em bases de dados: Os modelos de aprendizagem automática são treinados em bases de dados de interacções medicamentosas conhecidas, incorporando informações sobre estruturas de medicamentos, farmacocinética e farmacodinâmica.

Precisão da previsão: Os algoritmos de aprendizagem automática, como as florestas aleatórias ou os modelos de aprendizagem profunda, têm como objetivo alcançar uma elevada precisão de previsão através da aprendizagem a partir de diversos conjuntos de dados.

Abordagens baseadas no conhecimento:

Extração de texto: A análise da literatura biomédica e dos relatórios clínicos através de técnicas de extração de texto ajuda a extrair informações sobre interacções medicamentosas documentadas.

Bases de dados de interacções medicamentosas: As abordagens baseadas no conhecimento assentam em bases de dados com curadoria que compilam informações sobre interacções medicamentosas conhecidas, constituindo um recurso valioso para os modelos de previsão.

Estudos in vitro e in vivo:

Experiências laboratoriais: Os estudos in vitro envolvem o teste de medicamentos em ambientes laboratoriais controlados para avaliar potenciais interacções. Os estudos in vivo, realizados em organismos vivos, fornecem informações sobre a forma como os medicamentos interagem num sistema biológico.

Ensaios clínicos: Os ensaios clínicos podem revelar interacções inesperadas quando se testam novos medicamentos em combinação com medicamentos existentes.

Modelação farmacocinética baseada na fisiologia (PBPK):

Simulação da absorção de fármacos: Os modelos PBPK simulam a absorção, distribuição, metabolismo e excreção de fármacos no corpo humano. Estes modelos consideram factores fisiológicos, propriedades dos medicamentos e potenciais interacções.

Populações virtuais: A modelação PBPK pode ser utilizada para simular interacções medicamentosas em diversas populações virtuais, tendo em conta factores como a idade, o sexo e as variações genéticas.

Sistemas de Notificação de Eventos Adversos:

Sistemas de monitorização: Os sistemas de notificação de eventos adversos, como o Sistema de Notificação de Eventos Adversos da FDA (FAERS), fornecem dados reais sobre efeitos adversos notificados e potenciais interacções medicamentosas.

Vigilância pós-comercialização: A análise dos dados de vigilância pós-comercialização ajuda a identificar interacções que podem não ter sido observadas durante os ensaios clínicos.

A previsão das interacções medicamentosas é uma tarefa multidimensional que envolve a integração de modelos computacionais, dados experimentais e observações do mundo real. O objetivo é melhorar a nossa compreensão das potenciais interacções e minimizar os riscos associados à polifarmácia - a utilização de vários medicamentos por um indivíduo.

OPTIMIZAÇÃO DE ENSAIOS CLÍNICOS:

Estratificação de doentes: A IA analisa os dados dos doentes para identificar os participantes adequados, estratificando as populações com base em factores genéticos, moleculares ou outros factores relevantes.

Otimização de protocolos: A IA ajuda a conceber protocolos de ensaios clínicos eficientes e adaptáveis, melhorando o recrutamento de doentes e os resultados globais dos ensaios.

A otimização dos ensaios clínicos envolve a utilização estratégica de várias ferramentas, tecnologias e metodologias para melhorar a eficiência, a rapidez e a relação custo-eficácia dos ensaios clínicos. Os esforços de otimização visam simplificar todo o processo de ensaio clínico, desde a conceção do estudo e recrutamento de doentes até à recolha e análise de dados. Eis os principais aspectos da otimização dos ensaios clínicos:

Conceção do protocolo:

Ensaios adaptativos: A implementação de concepções de ensaios adaptativos permite ajustes em tempo real aos protocolos de estudo com base na acumulação de dados, optimizando a utilização de recursos e a eficiência dos ensaios.

Métodos estatísticos: Os métodos estatísticos avançados ajudam a conceber ensaios com tamanhos de amostra, parâmetros finais e poder estatístico adequados, reduzindo a probabilidade de resultados inconclusivos.

Recrutamento e retenção de pacientes:

Análise preditiva: A modelação preditiva utilizando a análise de dados ajuda a identificar potenciais participantes em ensaios de forma mais eficiente, melhorando o recrutamento de doentes.

Abordagens centradas no paciente: O envolvimento dos doentes através de interfaces de fácil utilização, aplicações móveis e programas de apoio aos doentes melhora o recrutamento e a retenção.

Seleção e monitorização do local:

Identificação do local: A análise de dados e a aprendizagem automática ajudam a identificar locais de ensaios clínicos adequados, tendo em conta factores como a demografia dos doentes, a experiência e o desempenho anterior.

Monitorização baseada no risco: A implementação de estratégias de monitorização baseadas no risco permite uma supervisão direccionada para áreas de alto risco, reduzindo a necessidade de uma monitorização extensiva no local.

Integração da Captura Eletrónica de Dados (CED) e dos Registos de Saúde Electrónicos (RSE):

Recolha de dados simplificada: Os sistemas EDC simplificam a recolha de dados, reduzindo a necessidade de introdução manual de dados e minimizando os erros.

Integração de EHR: A integração de sistemas EHR com bases de dados de ensaios clínicos aumenta a exatidão dos dados e facilita a transferência de informações sobre os doentes entre os contextos de cuidados de saúde e os locais de investigação.

Ensaios descentralizados e virtuais:

Monitorização remota: A utilização de tecnologias de monitorização remota permite a recolha de dados em tempo real sem a necessidade de visitas físicas ao local.

Visitas domiciliárias: Os ensaios virtuais envolvem a realização de determinadas actividades do estudo à distância, minimizando a carga sobre os doentes e melhorando a acessibilidade.

Resultados relatados pelos pacientes (PROs):

Plataformas digitais: A implementação de plataformas digitais para a recolha de resultados comunicados pelos doentes aumenta a exatidão dos dados e permite a monitorização em tempo real do bem-estar dos doentes.

Dispositivos portáteis: Os dispositivos portáteis podem recolher dados de saúde contínuos, fornecendo informações valiosas sobre o estado dos doentes durante o ensaio.

Sistemas de gestão de ensaios clínicos (CTMS):

Automatização: As plataformas CTMS automatizam vários aspectos da gestão de ensaios, incluindo a seleção do local, o acompanhamento do orçamento e a conformidade regulamentar.

Informação centralizada: As plataformas centralizadas melhoram a comunicação e a colaboração entre os intervenientes no estudo, aumentando a eficiência global do ensaio.

Análise de dados e modelação preditiva:

Análise em tempo real: A análise de dados em tempo real permite a identificação precoce de tendências e potenciais problemas, possibilitando a tomada de decisões proactivas.

Modelação preditiva: Os modelos de aprendizagem automática prevêem as taxas de registo de pacientes, identificam potenciais desafios e optimizam os prazos dos ensaios.

Conformidade regulamentar e normalização:

Soluções eClinical: A implementação de soluções eClinical assegura a conformidade regulamentar e normaliza os processos de recolha de dados e de elaboração de relatórios.

Garantia de qualidade dos dados: Processos robustos de garantia de qualidade mantêm a integridade e a fiabilidade dos dados dos ensaios clínicos.

Parcerias de colaboração:

Colaboração com a indústria: A colaboração com as partes interessadas, incluindo instituições académicas, empresas farmacêuticas e agências reguladoras, promove a partilha de conhecimentos e acelera o desenvolvimento e a adoção das melhores práticas.

A otimização dos ensaios clínicos é um processo contínuo que tira partido da tecnologia, de conhecimentos baseados em dados e de esforços de colaboração para melhorar a eficiência e a eficácia da investigação clínica, contribuindo, em última análise, para um desenvolvimento de medicamentos mais rápido e mais fiável.

Descoberta de biomarcadores:

Identificação: A IA é utilizada para identificar biomarcadores associados a doenças ou respostas a tratamentos, ajudando na estratificação de doentes e orientando abordagens de medicina personalizada.

Validação: Os algoritmos de aprendizagem automática validam a relevância e o poder de previsão dos biomarcadores identificados utilizando diversos conjuntos de dados.

A descoberta de biomarcadores é um aspeto crítico da investigação biomédica e da prática clínica, envolvendo a identificação e validação de indicadores biológicos (biomarcadores) que estão associados a condições fisiológicas ou patológicas específicas. Os biomarcadores podem ser utilizados para o diagnóstico, prognóstico, previsão da resposta ao tratamento e monitorização de doenças. Eis os principais aspectos da descoberta de biomarcadores:

Tecnologias ómicas:

Genómica: A análise da informação genética, incluindo a sequenciação do ADN e do ARN, ajuda a identificar variações genéticas associadas a doenças.

Proteómica: O estudo das proteínas e dos seus níveis de expressão fornece informações sobre as alterações dos processos celulares relacionadas com a doença.

Metabolómica: A análise de pequenas moléculas (metabolitos) em amostras biológicas oferece informações sobre as vias metabólicas e as alterações associadas às doenças.

Bioinformática e análise computacional:

Integração de dados: As ferramentas bioinformáticas integram dados de várias tecnologias ómicas para identificar padrões e correlações.

Aprendizagem automática: Os modelos computacionais, incluindo os algoritmos de aprendizagem automática, ajudam a prever e validar potenciais biomarcadores com base em conjuntos de dados complexos.

Tecnologias de imagiologia:

Imagiologia médica: As técnicas de imagiologia, como a ressonância magnética (MRI), a tomografia por emissão de positrões (PET) e a tomografia computorizada (CT), podem revelar alterações estruturais e funcionais associadas a doenças.

Imagiologia molecular: Técnicas como a imagiologia molecular permitem a visualização de biomoléculas específicas nos tecidos, ajudando a identificar assinaturas moleculares.

Espectrometria de massa e perfil proteómico:

Espectrometria de massa: A espetrometria de massa é utilizada para identificar e quantificar proteínas, péptidos e metabolitos, contribuindo para a descoberta de biomarcadores.

Perfil proteómico: A análise dos padrões de expressão de proteínas em amostras biológicas ajuda na identificação de potenciais biomarcadores.

Biomarcadores circulantes:

Biópsias líquidas: A análise de biomarcadores circulantes em fluidos corporais, como o sangue ou a urina, proporciona uma abordagem minimamente invasiva para a descoberta de biomarcadores.

Exossomas e microvesículas: As pequenas vesículas libertadas pelas células, como os exossomas, transportam biomoléculas e podem servir como potenciais biomarcadores de várias doenças.

Integração de dados clínicos:

Registos de saúde electrónicos (RSE): A integração de dados clínicos de sistemas EHR com dados moleculares e ómicos melhora a identificação de biomarcadores associados a doenças específicas.

Dados demográficos dos doentes: A análise dos dados demográficos e das características clínicas dos doentes ajuda a identificar potenciais associações com biomarcadores.

Genómica funcional e tecnologia CRISPR/Cas9:

Genómica funcional: A tecnologia CRISPR/Cas9 e outras abordagens de genómica funcional permitem aos investigadores manipular a expressão genética e avaliar o papel funcional de potenciais biomarcadores.

Rastreios funcionais: Os métodos de rastreio de elevado rendimento podem identificar genes ou proteínas envolvidos em funções celulares específicas ou em processos de doença.

Estudos de validação:

Validação biológica: Os estudos experimentais validam a relevância biológica dos biomarcadores identificados, confirmando a sua associação com a doença.

Validação clínica: Estudos clínicos em grande escala avaliam o valor diagnóstico, prognóstico ou preditivo de potenciais biomarcadores em diversas populações de doentes.

Painéis e combinações de biomarcadores:

Ensaios Multiplex: A combinação de vários biomarcadores em painéis permite uma caraterização mais abrangente e exacta da doença.

Biomarcadores combinatórios: A identificação de interacções sinérgicas entre diferentes biomarcadores aumenta o poder preditivo das avaliações de diagnóstico ou prognóstico.

Aprovação regulamentar e tradução:

Utilidade clínica: Os biomarcadores devem demonstrar utilidade clínica e ser submetidos a processos de aprovação regulamentar antes de serem implementados na prática clínica de rotina.

Tradução para terapêutica: A descoberta de biomarcadores contribui para o desenvolvimento de terapias direccionadas, abordagens de medicina personalizada e novas estratégias de tratamento.

A descoberta de biomarcadores é um domínio em evolução que beneficia continuamente dos avanços da tecnologia, dos métodos de análise de dados e dos esforços de colaboração entre investigadores e profissionais de saúde. A identificação de biomarcadores fiáveis tem um grande potencial para melhorar o diagnóstico de doenças, a seleção de tratamentos e os resultados dos doentes.

PROCESSAMENTO DA LINGUAGEM NATURAL (NLP):

Extração de literatura: As técnicas de PNL extraem informações relevantes da literatura científica, relatórios de ensaios clínicos e documentos de investigação, fornecendo informações valiosas para a descoberta e o desenvolvimento de medicamentos.

Integração de conhecimentos: A PNL ajuda a integrar conhecimentos de uma vasta gama de fontes, facilitando uma compreensão abrangente da investigação existente.

O Processamento de Linguagem Natural (PLN) é um subcampo da inteligência artificial (IA) que se centra na interação entre os computadores e a linguagem humana. O objetivo da PNL é permitir que as máquinas compreendam, interpretem e gerem linguagem humana de uma forma que seja significativa e contextualmente relevante. Eis os principais aspectos do Processamento de Linguagem Natural:

Compreensão do texto:

Tokenização: A decomposição de um texto em unidades mais pequenas, como palavras ou frases, é um passo fundamental na PNL.

Marcação de parte do discurso: Identificar as partes gramaticais do discurso (por exemplo, substantivos, verbos, adjectivos) para cada palavra numa frase.

Reconhecimento de Entidades Nomeadas (NER):

Identificação de entidades: O NER envolve o reconhecimento e a classificação de entidades, tais como nomes de pessoas, organizações, locais, datas e outros termos específicos, num determinado texto.

Sintaxe e análise:

Análise: Analisar a estrutura gramatical das frases para compreender como as palavras se relacionam sintaticamente entre si.

Análise de dependência: Identificar as relações entre as palavras numa frase, estabelecendo quais as palavras que dependem de outras.

Análise semântica:

Etiquetagem semântica de funções (SRL): Atribuição de papéis a palavras numa frase para compreender as suas contribuições e relações semânticas.

Desambiguação do sentido da palavra: Determinar o significado correto de uma palavra num determinado contexto com base nas palavras que a rodeiam.

Análise de sentimento:

Extração de opiniões: Análise de texto para determinar o sentimento expresso, seja ele positivo, negativo ou neutro.

Análise de emoções: Ir além do sentimento para identificar emoções específicas transmitidas no texto.

Tradução automática:

Tradução de línguas: Tradução de texto de uma língua para outra utilizando modelos computacionais. Os exemplos incluem serviços de tradução em linha como o Google Translate.

Geração de texto:

Criação de conteúdos: Os modelos de PNL podem gerar texto semelhante ao humano com base em avisos ou contextos fornecidos, facilitando a criação de conteúdos, respostas de chatbots e muito mais.

Modelos de linguagem: Os modelos linguísticos pré-treinados, como o GPT (Generative

Pretrained Transformer), demonstraram a capacidade de gerar texto coerente e contextualmente relevante.

Sistemas de resposta a perguntas:

Sistemas de GQ: Criação de sistemas capazes de compreender e responder a questões colocadas em linguagem natural, extraindo informações relevantes de um determinado contexto.

Chatbots e assistentes virtuais:

Agentes de conversação: Desenvolver chatbots e assistentes virtuais que possam participar em conversas em linguagem natural com os utilizadores.

Reconhecimento de intenções: Compreender a intenção do utilizador com base nos seus dados e responder adequadamente.

Extração de informação:

Extração de conhecimentos: Identificação e extração de informações ou relações específicas de textos não estruturados, como a extração de factos de artigos ou documentos de investigação.

Resolução de coreferências:

Resolução de referências: Identificar quando diferentes palavras ou frases num texto se referem à mesma entidade, ajudando a manter a coerência na compreensão.

Resumo:

Sumarização de texto: Geração de resumos concisos de textos mais longos, quer sejam artigos, documentos ou outras formas de conteúdo.

As aplicações da PNL são diversas e abrangem vários sectores, incluindo os cuidados de saúde, as finanças, o serviço ao cliente e outros. À medida que a tecnologia continua a avançar, espera-se que as capacidades dos modelos de PNL aumentem, permitindo interacções mais sofisticadas entre as máquinas e a linguagem humana.

REORIENTAÇÃO DE MEDICAMENTOS:

Análise de dados existentes: Os algoritmos de IA analisam as bases de dados de medicamentos existentes e a literatura biomédica para identificar potenciais utilizações alternativas para os medicamentos existentes, acelerando a descoberta de tratamentos para novas indicações.

A reorientação de medicamentos, também conhecida como reposicionamento de medicamentos ou reprofiling, refere-se ao processo de identificação de novas utilizações terapêuticas para medicamentos existentes já aprovados ou em desenvolvimento clínico para uma indicação diferente. Em vez de desenvolver um novo fármaco a partir do zero, a reorientação de fármacos tem como objetivo aproveitar os compostos existentes com perfis de segurança estabelecidos para novas aplicações terapêuticas. Eis os principais aspectos da reorientação de medicamentos:

Identificação de medicamentos existentes:

Seleção de compostos existentes: Os investigadores analisam sistematicamente os medicamentos existentes, frequentemente medicamentos aprovados pela FDA, para identificar candidatos com potencial eficácia contra diferentes doenças.

Abordagens biológicas e computacionais: São utilizadas várias abordagens, incluindo ensaios biológicos, rastreio de elevado rendimento e métodos computacionais, para identificar medicamentos que possam apresentar novos efeitos terapêuticos.

Compreender os mecanismos de ação:

Percepções moleculares e celulares: A investigação dos mecanismos moleculares e celulares dos medicamentos existentes fornece informações sobre as suas interacções com alvos biológicos específicos.

Abordagens de biologia de sistemas: A análise dos efeitos dos medicamentos nos sistemas biológicos utilizando abordagens de biologia de sistemas ajuda a descobrir potenciais vias terapêuticas.

Exploração de utilizações não autorizadas:

Prescrições off-label: Os médicos podem prescrever medicamentos existentes off-label, ou seja, para uma utilização não aprovada pelas agências reguladoras, com base em provas emergentes ou na experiência clínica.

Estudos de observação: Os dados do mundo real e os estudos de observação contribuem para a exploração de utilizações não autorizadas e de potenciais oportunidades de reorientação.

Reposicionamento de doenças:

Ligações entre doenças: Os investigadores exploram as ligações entre doenças a nível molecular ou genético, procurando semelhanças que possam sugerir alvos terapêuticos partilhados.

Farmacologia de rede: A análise de redes e vias biológicas ajuda a identificar potenciais candidatos a medicamentos com atividade de largo espetro ou multi-doença.

Validação clínica:

Estudos retrospectivos: Investigação de dados históricos de doentes e de resultados para identificar associações entre a utilização de medicamentos existentes e efeitos clínicos positivos num contexto diferente.

Ensaios clínicos prospectivos: Realização de novos ensaios clínicos para avaliar sistematicamente a eficácia e a segurança de medicamentos reposicionados para a nova indicação.

Desenvolvimento acelerado e custos reduzidos:

Redução do prazo de desenvolvimento: O reposicionamento de medicamentos existentes pode levar a prazos de desenvolvimento mais rápidos em comparação com a descoberta de novos medicamentos.

Eficiência de custos: A utilização de medicamentos existentes com perfis de segurança estabelecidos pode reduzir significativamente os custos associados ao desenvolvimento pré-clínico e clínico inicial.

Exemplos de reutilização bem sucedida:

Aspirina: Originalmente desenvolvida como um analgésico, a aspirina é agora amplamente utilizada pelos seus efeitos antiplaquetários para prevenir eventos cardiovasculares.

Talidomida: Inicialmente desenvolvida como sedativo, a talidomida é atualmente utilizada para tratar o mieloma múltiplo e a lepra.

Sildenafil (Viagra): Originalmente desenvolvido para a hipertensão e a angina, o sildenafil foi reorientado para a disfunção erétil.

Doenças Raras e Negligenciadas:

Responder a necessidades não satisfeitas: A reorientação de medicamentos pode ser particularmente valiosa para doenças raras e negligenciadas com opções de tratamento limitadas.

Designação de medicamento órfão: As agências reguladoras podem conceder a designação de medicamento órfão a medicamentos reposicionados destinados a doenças raras, proporcionando incentivos ao desenvolvimento.

Terapias de combinação:

Efeitos sinérgicos: A combinação de fármacos com mecanismos de ação diferentes pode melhorar os resultados terapêuticos.

Abordagens combinatórias: Os medicamentos reaproveitados podem ser utilizados em combinação com os tratamentos existentes para melhorar a eficácia e combater a resistência aos medicamentos.

Considerações regulamentares:

Estratégias de reposicionamento: As agências reguladoras podem considerar estratégias de reposicionamento, e algumas estabeleceram vias para a aprovação de medicamentos reposicionados.

Aprovação rápida: Os medicamentos reaproveitados podem beneficiar de processos de aprovação acelerados, especialmente se responderem a necessidades médicas não satisfeitas.

A reorientação de medicamentos oferece uma abordagem estratégica e eficiente para a descoberta de medicamentos, maximizando o potencial dos medicamentos existentes para enfrentar novos desafios terapêuticos. Tem o potencial de oferecer novas opções de tratamento aos doentes de forma mais rápida e económica em comparação com as vias tradicionais de desenvolvimento de medicamentos.

ANÁLISE DE DADOS DO MUNDO REAL:

Geração de provas: A IA analisa dados de pacientes do mundo real a partir de registos de saúde electrónicos, dispositivos portáteis e outras fontes para gerar provas da eficácia e segurança dos medicamentos fora do contexto dos ensaios clínicos controlados.

A análise de dados do mundo real (RWD) envolve o exame e a interpretação de dados derivados de fontes do mundo real, tais como registos de saúde electrónicos (EHRs), bases de dados de pedidos de reembolso, registos de pacientes, dispositivos portáteis e outras fontes relacionadas com os cuidados de saúde. Ao contrário dos dados obtidos em ensaios clínicos controlados, os dados do mundo real fornecem informações sobre as experiências clínicas quotidianas e os resultados dos doentes em diversos contextos de cuidados de saúde. Eis os principais aspectos da análise de dados do mundo real:

Fontes de dados:

Registos de saúde electrónicos (RSE): Informações sobre a saúde dos doentes recolhidas em formato eletrónico pelos prestadores de cuidados de saúde.

Dados sobre pedidos de indemnização e faturação: Dados gerados a partir de pedidos de seguro e transacções de faturação, que fornecem informações sobre serviços e custos de cuidados de saúde.

Registos de doentes: Bases de dados estruturadas que recolhem e armazenam informações sobre doentes com condições ou características específicas.

Dados de farmácia e de laboratório: Informações sobre prescrições de medicamentos, dispensa e resultados de testes laboratoriais.

Dispositivos e sensores vestíveis: Monitorização contínua de parâmetros fisiológicos e comportamentos relacionados com a saúde em contextos reais.

Desenho do estudo:

Estudos observacionais: Analisar dados de contextos do mundo real sem intervir nos cuidados prestados aos doentes.

Os tipos de estudos observacionais incluem estudos de coorte, estudos de caso-controlo e estudos transversais.

Análises retrospectivas: Exame de dados históricos para avaliar resultados e associações.

Análises prospectivas: Recolha de dados prospectivamente para observar e analisar os resultados ao longo do tempo.

Populações de doentes:

Diversidade: Os dados do mundo real representam frequentemente uma população de doentes mais vasta e diversificada em comparação com os ensaios clínicos, reflectindo a complexidade da prestação de cuidados de saúde. **Inclusão de populações especiais:** Estudo de grupos de doentes específicos, como idosos, pessoas com comorbilidades ou minorias sub-representadas.

Medidas de resultado:

Eficácia e segurança: Avaliar a eficácia e a segurança dos tratamentos ou intervenções no mundo real.

Utilização de cuidados de saúde: Analisar os padrões de utilização de recursos de cuidados de saúde, incluindo internamentos hospitalares, visitas a serviços de urgência e serviços ambulatórios.

Resultados relatados pelo paciente (PROs): Incorporar medidas de sintomas, qualidade de vida e satisfação com o tratamento relatadas pelo paciente.

Investigação sobre a eficácia comparativa (RCE):

Comparação de tratamentos: Avaliar a eficácia relativa de diferentes tratamentos, intervenções ou estratégias de cuidados de saúde em contextos reais.

Ensaios Pragmáticos: Realização de ensaios na prática clínica de rotina para gerar provas que sejam diretamente aplicáveis à tomada de decisões no mundo real.

Economia da Saúde e Investigação de Resultados (HEOR):

Análise custo-efetividade: Avaliação do valor económico das intervenções de cuidados de saúde tendo em conta tanto os custos como os resultados.

Análise do impacto orçamental: Estimar o impacto financeiro da adoção de intervenções de saúde específicas dentro de um determinado orçamento.

Qualidade e normalização dos dados:

Garantia da qualidade dos dados: Garantir a exatidão e a exaustividade dos dados reais através de medidas de controlo de qualidade.

Terminologias padronizadas: Utilizar terminologias médicas e sistemas de codificação normalizados para melhorar a interoperabilidade e a consistência.

Aceitação regulamentar:

Utilização regulamentar: As agências reguladoras da saúde têm cada vez mais em conta as provas do mundo real nos processos de tomada de decisões regulamentares.

Vigilância pós-comercialização: Monitorização da segurança e eficácia de medicamentos e dispositivos médicos aprovados em populações reais.

Desafios e limitações:

Heterogeneidade dos dados: Os dados do mundo real podem provir de diversas fontes com variações nos formatos, codificação e qualidade dos dados.

Factores de confusão: A presença de variáveis de confusão e de enviesamentos pode afetar a validade dos estudos observacionais.

Privacidade e segurança dos dados: Garantir a proteção da privacidade dos pacientes e a conformidade com os regulamentos de segurança dos dados.

Integração com ensaios clínicos:

Ensaios híbridos: Combinação de elementos de ensaios clínicos tradicionais com provas do mundo real para aumentar a generalização dos resultados.

Ensaios clínicos práticos: Realização de ensaios em contextos do mundo real para gerar provas aplicáveis à prática clínica de rotina.

A análise de dados do mundo real desempenha um papel crucial no complemento das provas dos ensaios clínicos controlados, fornecendo informações valiosas sobre a eficácia a longo prazo, a segurança e o impacto no mundo real das intervenções nos cuidados de saúde. À medida que as metodologias e as tecnologias continuam a avançar, prevê-se que a integração dos dados do mundo real na tomada de decisões no domínio dos cuidados de saúde aumente.

PREVISÃO DE EVENTOS ADVERSOS:

Avaliação de riscos: Os modelos de IA prevêem potenciais acontecimentos adversos associados a candidatos a medicamentos, permitindo a identificação precoce e a atenuação de problemas de segurança.

A previsão de acontecimentos adversos envolve a utilização de dados e métodos analíticos para identificar e prever potenciais acontecimentos adversos associados a tratamentos médicos, intervenções ou exposição a determinados agentes. Esta abordagem proactiva visa aumentar a segurança dos doentes, identificando potenciais riscos antes de estes resultarem em danos. Eis os principais aspectos da previsão de acontecimentos adversos:

Fontes de dados:

Registos de saúde electrónicos (EHRs): Registos de saúde dos doentes que incluem informações sobre o historial médico, tratamentos, medicamentos e resultados clínicos.

Bases de dados de farmacovigilância: Repositórios de relatórios de eventos adversos apresentados por profissionais de saúde, doentes e empresas farmacêuticas.

Dados de ensaios clínicos: Dados de ensaios clínicos controlados, incluindo informações sobre acontecimentos adversos observados durante o estudo.

Dados de pedidos de indemnização e de seguros: Informação sobre serviços de cuidados de saúde e resultados derivados de pedidos de indemnização de seguros e dados de faturação.

Seleção de características:

Variáveis clínicas: Parâmetros clínicos relevantes, incluindo dados demográficos do doente, historial médico, sinais vitais e resultados laboratoriais.

Informação sobre medicação e tratamento: Detalhes sobre os medicamentos prescritos, a dosagem, a duração e outros factores relacionados com o tratamento.

Padrões temporais: Analisar o momento dos tratamentos e eventos para identificar associações entre a exposição e os resultados adversos.

Modelos de aprendizagem automática:

Aprendizagem supervisionada: Utilização de dados históricos com resultados conhecidos para treinar modelos de previsão. Os algoritmos comuns incluem regressão logística, árvores de decisão e florestas aleatórias.

Aprendizagem não supervisionada: Identificação de padrões em dados sem resultados predefinidos. Os métodos de agrupamento podem revelar associações entre exposição e acontecimentos adversos.

Aprendizagem profunda: As redes neuronais, incluindo modelos de aprendizagem profunda, podem ser utilizadas para dados complexos e de elevada dimensão.

Análise do tempo até ao evento:

Análise de Sobrevivência: Avaliação do tempo até à ocorrência de um evento adverso. As curvas de Kaplan-Meier e os modelos de riscos proporcionais de Cox são normalmente utilizados na análise de sobrevivência.

Algoritmos de deteção de sinais:

Análise de desproporcionalidade: Avaliação da probabilidade de um evento adverso estar associado a uma exposição específica, comparando as frequências de eventos observados com as esperadas.

Teste sequencial do rácio de probabilidade (SPRT): Um método estatístico iterativo para monitorizar acontecimentos adversos em tempo real.

Processamento de linguagem natural (PNL):

Extração de texto: Extração de informações de dados de texto não estruturados, como notas clínicas ou relatórios de eventos adversos, utilizando técnicas de PNL.

Análise de sentimentos: Analisar o sentimento expresso nas narrativas dos pacientes para identificar potenciais eventos adversos.

Validação e avaliação:

Validação interna: Avaliar o desempenho do modelo utilizando o mesmo conjunto de dados utilizado para a formação, muitas vezes através de técnicas como a validação cruzada.

Validação externa: Avaliação do desempenho do modelo em conjuntos de dados independentes para avaliar a generalização.

Métricas de desempenho: Utilizar métricas como a sensibilidade, a especificidade, o valor preditivo positivo (VPP) e a área sob a curva caraterística de funcionamento do recetor (AUC-ROC) para avaliar a exatidão do modelo.

Exploração interactiva de dados:

Ferramentas de visualização: Utilização de técnicas de visualização para explorar e compreender padrões nos dados, facilitando a identificação de potenciais factores de risco.

Sistemas de painéis de controlo: Criação de painéis de controlo interactivos para a monitorização em tempo real de previsões e resultados de eventos adversos.

Integração com sistemas de farmacovigilância:

Monitorização contínua: Incorporação de modelos preditivos em sistemas de farmacovigilância para monitorização contínua de eventos adversos associados a medicamentos e tratamentos.

Relatórios automatizados: Implementação de sistemas de comunicação automatizados para alertar os prestadores de cuidados de saúde, as agências reguladoras e as empresas farmacêuticas sobre potenciais preocupações de segurança.

Considerações éticas e regulamentares:

Privacidade dos doentes: Garantir a conformidade com os regulamentos de privacidade e as normas éticas quando se utilizam dados de doentes para a previsão de acontecimentos adversos.

Relatórios regulamentares: Cumprir os requisitos regulamentares para a comunicação de eventos adversos e preocupações de segurança às autoridades de saúde.

A previsão de eventos adversos contribui para a gestão proactiva dos riscos nos cuidados de saúde, permitindo a identificação precoce de potenciais problemas de segurança associados aos tratamentos médicos. A implementação de modelos preditivos e de análises avançadas nos sistemas de saúde pode melhorar a segurança dos doentes, facilitando intervenções atempadas e atenuando os riscos.

Embora a IA traga avanços significativos para a descoberta e o desenvolvimento de medicamentos, os desafios incluem a necessidade de conjuntos de dados diversificados e de elevada qualidade, a resolução de enviesamentos, a garantia da conformidade regulamentar e a promoção da colaboração entre cientistas de dados, investigadores e especialistas na matéria. A investigação e o desenvolvimento contínuos das tecnologias de IA são cruciais para maximizar o seu potencial no avanço da descoberta de medicamentos e na melhoria dos resultados dos cuidados de saúde.

Benefícios gerais:

Desenvolvimento de medicamentos mais rápido e mais barato: A IA pode reduzir significativamente o tempo e o custo de introdução de novos medicamentos no mercado, oferecendo a esperança de opções de tratamento mais rápidas para os doentes.

Medicina mais personalizada: A IA pode ajudar a desenvolver medicamentos adaptados às necessidades específicas e à composição genética de cada doente.

Melhoria da eficácia e da segurança: A IA pode identificar candidatos a medicamentos promissores com melhor eficácia e menos efeitos secundários.

Desafios e considerações:

Privacidade e segurança dos dados: A proteção dos dados dos doentes utilizados nos modelos de IA é crucial. **Explicabilidade e enviesamento:** É essencial garantir que os modelos de IA são transparentes e imparciais.

Quadros regulamentares: É necessário estabelecer regulamentos claros para a utilização da IA no desenvolvimento de medicamentos.

Embora existam desafios, o potencial da IA na descoberta, conceção e desenvolvimento de medicamentos é inegável. Com um desenvolvimento cuidadoso e uma implementação responsável, a IA poderá revolucionar o panorama dos cuidados de saúde, conduzindo a avanços no tratamento de doenças e a melhores resultados para os doentes.

Saadiya Aziz,
Professor Assistente, Samskruti College of Pharmacy, Ghatkesar, Telangana, 501301

IA para Toxicologia Preditiva

A toxicologia preditiva envolve a utilização de modelos computacionais, incluindo a IA, para avaliar a toxicidade potencial de produtos químicos e compostos. A IA desempenha um papel crucial neste domínio, tirando partido da sua capacidade de analisar grandes conjuntos de dados, identificar padrões e fazer previsões. Eis algumas formas como a IA é aplicada na toxicologia preditiva:

ANÁLISE E INTEGRAÇÃO DE DADOS:

A análise e a integração de dados são componentes fundamentais da toxicologia preditiva, e a inteligência artificial (IA) desempenha um papel crucial na extração de conhecimentos significativos de diversos conjuntos de dados. Eis algumas formas como a IA é empregue na análise e integração de dados no contexto da toxicologia preditiva:

Processamento de grandes volumes de dados:

Escalabilidade: Os algoritmos de IA, em particular os que se baseiam na aprendizagem automática, estão bem adaptados ao tratamento de grandes conjuntos de dados. Podem processar eficazmente grandes quantidades de informação, incluindo estruturas químicas, respostas biológicas e outros dados relevantes.

Extração e seleção de características:

Redução da dimensionalidade: As técnicas de IA ajudam a identificar características relevantes e a reduzir a dimensionalidade de conjuntos de dados complexos. Isto ajuda a concentrar-se nas informações essenciais e a melhorar a eficiência dos modelos preditivos.

Quimioinformática e modelação QSAR:

Relações estrutura-atividade: Os algoritmos de IA, como os modelos de aprendizagem automática, analisam as estruturas químicas e as actividades que lhes estão associadas. Os modelos de Relação Quantitativa Estrutura-Atividade (QSAR) são um subconjunto destes modelos, ligando as propriedades químicas às actividades biológicas e ajudando na previsão da toxicidade.

Integração de dados ómicos:

Integração multiómica: As ferramentas de IA podem integrar dados de várias fontes ómicas, como a genómica, a transcriptómica, a proteómica e a metabolómica. Esta integração proporciona uma visão abrangente das respostas biológicas à exposição química.

Exploração de textos e análise de literatura:

Extração de informação: As técnicas de processamento de linguagem natural (PNL), um subconjunto da IA, são utilizadas para extrair informações relevantes da literatura científica, ajudando os investigadores a manterem-se actualizados sobre as últimas descobertas em toxicologia.

Gráficos de conhecimento: Os algoritmos de IA criam gráficos de conhecimento extraindo relações e ligações de dados textuais. Estes gráficos podem ser utilizados para representar interacções complexas em sistemas biológicos.

Modelação Preditiva:

Modelos de aprendizagem automática: A IA, em particular os algoritmos de aprendizagem automática, é utilizada para criar modelos de previsão com base em vários dados. Estes modelos podem prever resultados de toxicidade e ajudar na avaliação de riscos.

Toxicogenómica:

Análise da expressão genética: As ferramentas de IA analisam os dados de expressão genética para identificar padrões e assinaturas associados a respostas toxicológicas. A integração desta informação com outros conjuntos de dados melhora a compreensão dos mecanismos moleculares.

Fusão de dados:

Fusão de dados de várias fontes: As técnicas de IA podem fundir informações de várias fontes, combinando dados experimentais, previsões computacionais e descobertas da literatura para gerar uma compreensão mais abrangente dos efeitos toxicológicos.

Visualização interactiva:

Análise visual: As ferramentas de visualização baseadas em IA ajudam os investigadores a explorar e a compreender conjuntos de dados complexos. As visualizações interactivas facilitam a identificação de tendências, padrões e valores atípicos nos dados.

Aprendizagem e adaptação contínuas:

Modelos adaptativos: Os modelos de IA podem aprender e adaptar-se continuamente à medida que novos dados ficam disponíveis. Isto permite o aperfeiçoamento e a melhoria dos modelos de previsão ao longo do tempo.

Processamento de grandes volumes de dados: A IA pode tratar grandes quantidades de dados diversos, incluindo estruturas químicas, respostas biológicas e dados ómicos (genómica, transcriptómica, proteómica). Isto permite uma análise exaustiva dos potenciais efeitos toxicológicos.

Integração de dados multi-ómicos: Os algoritmos de IA podem integrar informações de várias fontes, como a genómica, a transcriptómica e a proteómica, para proporcionar uma compreensão holística dos mecanismos toxicológicos.

A análise e integração eficazes dos dados utilizando a IA na toxicologia preditiva exigem a colaboração entre peritos em toxicologia, ciência dos dados e biologia computacional. A validação e o aperfeiçoamento contínuos dos modelos com dados experimentais são essenciais para garantir a fiabilidade e a precisão das previsões.

QUIMIOINFORMÁTICA E MODELAÇÃO QSAR:

Relação quantitativa estrutura-atividade (QSAR): As técnicas de IA, especialmente os algoritmos de aprendizagem automática, podem desenvolver modelos QSAR. Estes modelos correlacionam a estrutura química dos compostos com as suas actividades biológicas, ajudando a prever a toxicidade com base em características estruturais.

A **Relação Quantitativa Estrutura-Atividade (QSAR)** é um método de modelação computacional para revelar as relações entre as **propriedades estruturais** dos compostos químicos e as suas **actividades biológicas**. Em termos mais simples, a QSAR ajuda a prever o comportamento de uma molécula com base na sua estrutura. Este campo é crucial em vários domínios, incluindo:

- **Descoberta e desenvolvimento de medicamentos:** Ao compreender como as alterações num

Se a estrutura da molécula afetar a sua atividade, os investigadores podem conceber novos medicamentos com propriedades específicas.

- **Toxicologia:** A QSAR pode ser utilizada para prever a toxicidade potencial de novos produtos químicos antes de serem testados em animais ou seres humanos.

- **Ciências do ambiente:** A QSAR pode ser utilizada para avaliar o potencial impacto ambiental de novos produtos químicos.

Como é que a QSAR funciona?

A ideia básica subjacente à QSAR é que estruturas semelhantes tendem a ter actividades semelhantes. Para construir um modelo QSAR, os investigadores precisam primeiro de recolher dados sobre um conjunto de moléculas com actividades conhecidas. Estes dados são depois utilizados para treinar um modelo matemático que pode identificar relações entre as características estruturais das moléculas e as suas actividades. Uma vez treinado o modelo, este pode ser utilizado para prever a atividade de novas moléculas.

Existem dois tipos principais de modelos QSAR:

*   **1D-QSAR:** Estes modelos utilizam descritores baseados na fórmula química de
a molécula, tais como o número de átomos de cada tipo, a presença de certos grupos funcionais e o comprimento da cadeia de carbono mais longa.

.   **3D-QSAR:** Estes modelos utilizam descritores baseados na estrutura tridimensional
estrutura da molécula, como a forma da molécula, as distâncias entre os átomos e o potencial eletrostático em torno da molécula.

Vantagens da utilização de QSAR:

*   **Custos reduzidos:** A QSAR pode ser utilizada para analisar um grande número de moléculas
rapidamente e a baixo custo, o que pode poupar tempo e dinheiro na descoberta e desenvolvimento de medicamentos.

*   **Maior exatidão:** Os modelos QSAR podem ser muito exactos na previsão da
atividade de novas moléculas, o que pode ajudar a evitar o desenvolvimento de medicamentos com poucas probabilidades de êxito.

*   **Redução da dependência de ensaios em animais:** A QSAR pode ser utilizada para reduzir a necessidade de
para os ensaios em animais, que é uma abordagem mais ética e humana dos ensaios de segurança.

Desafios da utilização de QSAR:

*   **Qualidade dos dados:** A qualidade dos dados utilizados para treinar um modelo QSAR é fundamental para
a sua exatidão.

*   **Interpretabilidade:** Pode ser difícil entender como um modelo QSAR faz
as suas previsões, o que pode dificultar a confiança no modelo.

*   **Aceitação regulamentar:** As agências reguladoras ainda estão a desenvolver orientações para a utilização de QSAR na descoberta e desenvolvimento de medicamentos.

De um modo geral, a QSAR é uma ferramenta poderosa que pode ser utilizada para acelerar a descoberta de medicamentos, melhorar os ensaios de segurança e reduzir o impacto ambiental dos produtos químicos. No entanto, é importante estar ciente dos desafios associados à utilização da QSAR, tais como a qualidade dos dados, a interpretabilidade e a aceitação regulamentar.

Informática química: A IA ajuda a analisar bases de dados químicas, a extrair informações significativas e a identificar relações estrutura-atividade que podem indicar potenciais efeitos tóxicos.

A informática química é um domínio fascinante e em rápida evolução que faz a ponte entre a química e a informática. Aqui está uma visão geral mais abrangente com base nas suas perguntas anteriores:

O que é que se passa?

A informática química, também conhecida como quimioinformática, combina técnicas computacionais e de ciência da informação com princípios de físico-química para compreender, gerir e analisar a informação química. Engloba várias técnicas como:

Modelação molecular: Simular a estrutura 3D e o comportamento das moléculas

Aprendizagem automática: Identificação de padrões e relações em grandes conjuntos de dados

Análise de dados: Extrair informações significativas de dados químicos

Relação quantitativa estrutura-atividade (QSAR): Previsão da atividade biológica com base na estrutura molecular

Seleção virtual: Identificação de candidatos a medicamentos promissores a partir de vastas bibliotecas.

Aplicações:

As aplicações da informática química são diversas e de grande alcance, com impacto em vários domínios:

Descoberta e desenvolvimento de medicamentos: Conceber novos medicamentos com as propriedades desejadas, prever a toxicidade e otimizar os medicamentos existentes.

Ciência dos materiais: Descoberta e conceção de novos materiais com funcionalidades específicas.

Ciências do ambiente: Avaliação do impacto ambiental de produtos químicos e previsão do seu comportamento no ambiente.

Agricultura: Desenvolvimento de biopesticidas, herbicidas e fertilizantes.

Cosméticos e cuidados pessoais: Conceber produtos mais seguros e mais eficazes.

Benefícios:

A informática química oferece várias vantagens:

Redução de custos e tempo: Simular o comportamento virtualmente é mais rápido e mais barato do que os métodos tradicionais.

Maior exatidão: As ferramentas informáticas podem analisar grandes quantidades de dados para fazer previsões mais exactas.

Redução da dependência de ensaios em animais: O rastreio virtual pode identificar candidatos promissores antes dos ensaios em animais.

Práticas sustentáveis: Conceber produtos químicos com menor impacto ambiental.

Desafios:

Embora promissora, a informática química continua a enfrentar desafios:

Qualidade e disponibilidade dos dados: Conjuntos de dados grandes e de alta qualidade são cruciais para previsões exactas.

Interpretabilidade dos modelos: Compreender como os modelos fazem previsões é importante para a confiança e o desenvolvimento.

Desafios regulamentares: A integração de novos instrumentos em quadros regulamentares estabelecidos requer uma análise cuidadosa.

TOXICOGENÓMICA:

Análise da expressão genética: Os algoritmos de IA analisam os dados de expressão dos genes para identificar padrões associados à toxicidade. Isto pode ajudar a compreender os mecanismos moleculares subjacentes às respostas tóxicas.

A análise da expressão genética, como já sabe, é o estudo da forma como os genes são transcritos em moléculas funcionais como as proteínas. É um domínio crucial para a compreensão de diversos processos biológicos, desde o funcionamento normal das células até ao desenvolvimento de doenças. Uma vez que parece familiarizado com os conceitos básicos, gostaria de explorar aspectos específicos da análise da expressão genética ou aprofundar aplicações específicas? Eis algumas áreas em que o posso ajudar:

Uma compreensão mais alargada:
- Diferentes técnicas utilizadas para a análise da expressão génica, as suas vantagens e limitações (por exemplo, qPCR, RNA-seq, microarrays)
- Factores que influenciam a expressão genética (por exemplo, factores de transcrição, ambiente
condições, mutações)
- Aplicações da análise da expressão genética em vários domínios (p. ex., personalização medicina, descoberta de biomarcadores, desenvolvimento de medicamentos)

Aplicações específicas:
- Compreender as alterações da expressão genética numa determinada doença ou patologia
- Analisar dados de RNA-seq para identificar genes diferencialmente expressos
- Explorar a forma como a expressão genética é regulada num tipo de célula ou via específica

Aspectos técnicos:
- Métodos de análise de dados para dados de expressão genética
- Ferramentas e recursos informáticos para a análise da expressão genética
- Interpretação dos resultados e elaboração de conclusões significativas

Variabilidade genética: A IA pode considerar a variabilidade genética nas populações para prever como os indivíduos podem responder de forma diferente à exposição a determinadas substâncias.

Parece que fechámos o círculo na sua exploração de tópicos relacionados! A variabilidade genética é, de facto, um conceito-chave subjacente a várias áreas sobre as quais fez perguntas, incluindo a análise da expressão genética, QSAR e informática química. Então, o que é que especificamente sobre a variabilidade genética gostaria de explorar mais? Talvez tenha algumas questões pendentes ou áreas específicas de interesse dentro deste vasto tópico?

Eis alguns domínios sobre os quais posso fornecer informações:

Compreensão geral:
- Diferentes fontes de variabilidade genética (por exemplo, mutações, recombinação, alterações genéticas, etc.)
deriva)
- Importância da variabilidade genética para as populações e os organismos individuais
- Medição e quantificação da variabilidade genética
- Impacto da variabilidade genética na saúde e na doença humana

Aplicações específicas:
- O papel da variabilidade genética na resposta aos medicamentos e na medicina personalizada
- Utilizar a variabilidade genética para compreender a evolução e a genética das populações
- Aplicações da variabilidade genética na agricultura e no melhoramento vegetal
- Considerações éticas relacionadas com o estudo e a manipulação da variabilidade genética

Aspectos técnicos:
* Métodos estatísticos para a análise de dados genéticos
* Bases de dados e recursos genéticos
* Técnicas de manipulação e engenharia da variabilidade genética

VIAS DE RESULTADOS ADVERSOS (AOPS):

Previsão de AOP: A IA pode contribuir para o desenvolvimento de AOPs, que descrevem a sequência de acontecimentos desde a exposição química até aos resultados adversos. Os modelos de previsão baseados em AOP podem ajudar a avaliar a toxicidade potencial.

Previsão da AOP: Combinando o melhor dos dois mundos

Agora que explorámos vários domínios interligados, como a IA para a toxicologia preditiva, a QSAR, a informática química, a análise da expressão genética e a variabilidade genética, vamos aprofundar a **previsão da AOP**. Como parece estar interessado no seu potencial, posso fornecer informações a partir de dois pontos de vista:

Paisagem atual:
* Os AOP (Adverse Outcome Pathways) são quadros valiosos para
compreender como as substâncias químicas desencadeiam danos biológicos a nível molecular, resultando em última análise em efeitos adversos.
* A previsão de AOPs utilizando métodos computacionais é um domínio emergente com imenso potencial para revolucionar a avaliação da toxicidade.
* Estão a ser exploradas várias abordagens, incluindo:
o **Modelos QSAR:** Previsão de eventos-chave na AOP com base em modelos moleculares estrutura.
o **Aprendizagem automática:** Identificação de padrões em grandes conjuntos de dados de AOP
informações e dados experimentais.
o **Análise da expressão genética:** Analisar como a expressão do gene muda
ao longo da via AOP.
* Estes métodos ainda enfrentam desafios como limitações de dados, modelo interpretabilidade e aceitação regulamentar.

Perspectivas futuras e integração:
* Combinando os pontos fortes de diferentes abordagens através de uma abordagem **multimodal**
a integração é uma tendência prometedora.
* Imagine um cenário em que:
o Os modelos QSAR fornecem previsões iniciais de toxicidade.
o A análise da expressão génica aperfeiçoa estas previsões, considerando
variabilidade individual e contextos biológicos específicos.
o Os algoritmos de IA integram múltiplas fontes de dados (estrutura química, gene
expressão, genética populacional) para fornecer previsões de AOP mais robustas e personalizadas.
* Esta abordagem integrada poderá conduzir a:

Redução da dependência de ensaios em animais: Previsões mais exactas diminuem a necessidade de experiências com animais.

Avaliação de risco personalizada: Previsões adaptadas com base em perfis genéticos individuais.

Avaliações de segurança química mais rápidas e económicas: Simplificar o processo com métodos computacionais.

No entanto, subsistem vários obstáculos:
A qualidade e a acessibilidade dos dados nos diferentes domínios (toxicologia, genética, etc.) devem ser melhoradas.

O desenvolvimento de modelos de IA interpretáveis e fiáveis é crucial para a aceitação regulamentar.

As considerações éticas relativas à privacidade dos dados e à potencial utilização incorrecta da informação genética exigem uma atenção especial.

Não esquecer que a previsão da POA é um domínio dinâmico com rápidos avanços. A investigação e a colaboração contínuas serão essenciais para ultrapassar estes desafios e desbloquear todo o seu potencial para produtos químicos mais seguros e medicina personalizada.

RASTREIO DE ELEVADO RENDIMENTO:

Rastreio in silico: A IA permite o rastreio virtual de grandes bibliotecas químicas para identificar potenciais compostos tóxicos antes dos ensaios experimentais. Isto ajuda a definir as prioridades das substâncias para uma avaliação mais aprofundada.

O rastreio in silico, como se deve lembrar de discussões anteriores, utiliza métodos computacionais para analisar e prever a potencial interação entre pequenas moléculas (como potenciais medicamentos) e alvos biológicos (como proteínas). Congratulo-me com o facto de querer voltar a abordar este importante tópico. Que aspectos específicos do rastreio in silico gostaria de explorar melhor? Eis algumas áreas em que o posso ajudar:

Compreensão geral:
- Diferentes tipos de técnicas de rastreio in silico
(docking, farmacóforo, rastreio virtual de ligandos)
- Vantagens e limitações do rastreio in silico em comparação com o rastreio tradicional
rastreio de rendimento
- Aplicações do rastreio in silico na descoberta de medicamentos e
desenvolvimento, ciência dos materiais e outros domínios

Técnicas específicas:
- Como as ferramentas de acoplamento simulam a interação entre moléculas e alvos
- Utilização de modelos de farmacóforos para identificar moléculas estruturalmente semelhantes com
propriedades desejadas
- Técnicas de rastreio de ligandos virtuais para análise em grande escala de compostos
bibliotecas

Aplicações e estudos de caso:
- Exemplos de campanhas bem sucedidas de descoberta de medicamentos utilizando o rastreio in silico
- Utilização de métodos in silico para reorientar os medicamentos existentes para novas indicações
- Aplicações do rastreio in silico na conceção e otimização de materiais

Aspectos técnicos:
- Ferramentas de software e bases de dados utilizadas para o rastreio in silico
- Preparação e validação de dados para modelação in silico
- Avaliar e interpretar os resultados do rastreio in silico

Modelos preditivos para resultados de ensaios: Os modelos de aprendizagem automática podem prever resultados de ensaios, reduzindo a necessidade de testes experimentais extensivos.

Os modelos preditivos para resultados de ensaios são uma ferramenta poderosa em vários domínios, desde a descoberta e desenvolvimento de medicamentos até às ciências ambientais e à medicina personalizada. Tendo em conta os seus pedidos de informação anteriores sobre tópicos relacionados, posso ajudá-lo a compreender esta área com mais pormenor. Seguem-se algumas perguntas para orientar a nossa discussão:

1. **Área específica de interesse:** Que tipo de resultados de ensaio está particularmente interessado em prever? Os exemplos incluem bioensaios (medição da atividade biológica), imunoensaios (deteção de moléculas específicas) ou ensaios de toxicidade.

2. **Tipo de modelo:** Está interessado em tipos específicos de modelos de previsão, como a aprendizagem automática, modelos estatísticos ou abordagens baseadas em regras? Cada um tem as suas vantagens e limitações, consoante os dados e as necessidades específicas.

3. **Contexto de aplicação:** Conhecer a utilização prevista da previsão pode ajudar a identificar factores e desafios relevantes. Está a desenvolver um novo medicamento, a avaliar o impacto ambiental ou a personalizar planos de tratamento?

4. **Desafios específicos:** Existem obstáculos específicos que preveja no desenvolvimento ou utilização de um modelo preditivo para os resultados do ensaio escolhido? Isto pode incluir a disponibilidade de dados, a interpretabilidade do modelo ou considerações regulamentares.

- **Pontos fortes e limitações de diferentes modelos preditivos para resultados de ensaios**
- **Exemplos de aplicações bem sucedidas na sua área de interesse específica**
- **Desafios e considerações para o desenvolvimento e implementação de tais modelos**
- **Recursos e ferramentas relevantes para o desenvolvimento e avaliação de modelos**

AVALIAÇÃO DOS RISCOS:

Modelos integrados de avaliação de riscos: A IA facilita a integração de diversos tipos de dados, permitindo o desenvolvimento de modelos de avaliação de riscos abrangentes que consideram múltiplos factores que influenciam a toxicidade.

Modelos integrados de avaliação de riscos: Uma visão global

Os Modelos Integrados de Avaliação de Riscos (MIAR) são uma ferramenta valiosa para as organizações de vários sectores obterem uma compreensão holística e gerirem proactivamente os riscos potenciais. Dado o vosso interesse por este tema, é com prazer que vos apresento uma visão global, abrangendo os seus principais aspectos:

O que são as IRAM?

As IRAM são quadros que combinam diversas fontes de dados, metodologias e perspectivas para avaliar e gerir os riscos de uma forma abrangente. Vão para além das tradicionais avaliações de risco único ao

Considerar as interdependências: Reconhecer a interligação de vários riscos e a forma como estes se podem amplificar ou atenuar mutuamente.

Integração de dados diversos: Combinar dados quantitativos (por exemplo, métricas financeiras) com dados qualitativos (por exemplo, opiniões de peritos, preocupações das partes interessadas).

Utilização de várias metodologias: Empregar uma combinação de análise quantitativa, análise qualitativa e planeamento de cenários para obter uma compreensão diferenciada dos

riscos.
Vantagens das IRAMs:
Melhor identificação de riscos: As IRAMs ajudam a identificar potenciais riscos que podem ser negligenciados em avaliações isoladas.
Melhoria da tomada de decisões: Ao proporcionar uma visão mais alargada, as IRAM permitem tomar decisões mais informadas sobre a redução dos riscos e a afetação de recursos.
Maior eficiência e redução de custos: A integração de dados e processos reduz a redundância e optimiza a utilização de recursos.
Melhoria da comunicação e da colaboração: A compreensão partilhada promovida pelas IRAM facilita a comunicação e a colaboração entre departamentos.
Aplicações das IRAMs:
Gestão do risco empresarial (ERM): Avaliar e gerir todo o espetro de riscos enfrentados por uma organização.
Avaliação do impacto ambiental: Avaliação das potenciais consequências ambientais de projectos ou actividades.
Gestão do risco financeiro: Avaliar e gerir riscos financeiros como o risco de crédito, o risco de mercado e o risco operacional.
Gestão de riscos na cadeia de abastecimento: Identificar e mitigar riscos associados a fornecedores, logística e interrupções.
Desafios das IRAMs:
Integração de dados: A combinação de dados de diversas fontes pode ser complexa e exigir práticas sólidas de gestão de dados.
Desenvolvimento e validação de modelos: A construção e validação de modelos exactos e fiáveis requerem conhecimentos e recursos.
Adoção e adesão dos utilizadores: Incentivar as partes interessadas a utilizar e confiar no quadro IRAM é crucial para o seu sucesso.
Exemplos de IRAMs:
Modelo Comum Integrado de Análise de Riscos (CIRAM): Utilizado pela Frontex, a Agência Europeia da Guarda de Fronteiras e Costeira.
Estrutura de Gestão de Riscos Empresariais do COSO: Quadro amplamente adotado para a implementação da ERM.
National Institute of Standards and Technology (NIST) Cybersecurity Framework: Fornece uma abordagem abrangente para a gestão dos riscos de cibersegurança.
Olhando para o futuro:
O campo das IRAM está em constante evolução, com avanços na análise de dados, inteligência artificial e outras tecnologias que oferecem possibilidades interessantes para melhorar as capacidades de avaliação de riscos.
APRENDIZAGEM PROFUNDA PARA ANÁLISE DE IMAGENS:
Análise de imagens histopatológicas: Os algoritmos de aprendizagem profunda podem analisar imagens histopatológicas para identificar e classificar danos nos tecidos, fornecendo informações sobre os efeitos tóxicos das substâncias.
A análise de imagens histopatológicas envolve o exame e a interpretação de secções de tecido ao microscópio para estudar a presença de doenças ou anomalias.
A Inteligência Artificial (IA) desempenha um papel significativo na automatização e melhoria da análise de imagens histopatológicas. Seguem-se alguns aspectos fundamentais da análise de imagens histopatológicas com recurso à IA:

Pré-processamento de imagens:

Normalização de manchas: Os algoritmos de IA podem normalizar imagens histopatológicas para corrigir variações na coloração, garantindo a consistência entre diferentes conjuntos de dados.

Redução do ruído: As técnicas de pré-processamento ajudam a reduzir o ruído e a melhorar a qualidade das imagens histopatológicas para uma análise mais exacta.

Segmentação:

Segmentação de tecidos e células: Os algoritmos de segmentação baseados em IA identificam e delimitam regiões de interesse, como diferentes tipos de tecidos ou células individuais, em imagens histopatológicas.

Segmentação nuclear e citoplasmática: Os modelos de IA podem segmentar o núcleo e o citoplasma das células, permitindo uma análise detalhada das estruturas celulares.

Extração de características:

Características morfológicas e de textura: Os algoritmos de IA extraem características quantitativas das imagens histopatológicas, captando informações relacionadas com a textura, a forma e outras características morfológicas.

Representações de aprendizagem profunda: As Redes Neuronais Convolucionais (CNN) podem aprender automaticamente características hierárquicas a partir de imagens histopatológicas, melhorando a representação de padrões complexos.

Classificação e diagnóstico:

Classificação de doenças: Os modelos de IA, em particular as arquitecturas de aprendizagem profunda, são treinados para classificar imagens histopatológicas em diferentes categorias de doenças ou identificar anomalias específicas.

Previsão do grau e do estádio: Os algoritmos de IA podem prever a gravidade ou o estádio das doenças com base em características histopatológicas.

Deteção de objectos:

Identificação de anomalias: Os modelos de IA podem detetar anomalias específicas, como tumores ou lesões, em imagens histopatológicas. As técnicas de deteção de objectos ajudam a identificar a localização e a extensão das anomalias.

Assistência à interpretação:

Sistemas de apoio à decisão: A IA funciona como uma ferramenta valiosa para os patologistas, fornecendo apoio à decisão, ajudando na interpretação de achados histopatológicos complexos.

Sistemas de segunda opinião: A IA pode oferecer uma segunda opinião, analisando imagens histopatológicas de forma independente, ajudando os patologistas a obter diagnósticos mais exactos.

Integração multimodal:

Combinação de tipos de dados: A IA facilita a integração de dados histopatológicos com outros dados clínicos e moleculares, proporcionando uma compreensão mais abrangente das doenças.

Correlação com marcadores moleculares: Os modelos de IA podem correlacionar características histopatológicas com marcadores moleculares, contribuindo para a medicina personalizada e o planeamento do tratamento.

Controlo de qualidade:

Avaliação da qualidade das lâminas: Os algoritmos de IA podem avaliar a qualidade das lâminas histopatológicas, identificando problemas como artefactos ou má coloração que possam afetar a análise.

Normalização de lotes: A IA ajuda a padronizar e normalizar as variações na qualidade das lâminas em diferentes laboratórios.

Aprendizagem por transferência:

Transferência de conhecimentos: Os modelos de IA pré-treinados em grandes conjuntos de dados podem ser aperfeiçoados para tarefas histopatológicas específicas, tirando partido dos conhecimentos adquiridos em diversos conjuntos de dados.

A análise de imagens histopatológicas com recurso à IA tem um grande potencial para melhorar a exatidão, a eficiência e a reprodutibilidade do diagnóstico em patologia. No entanto, a colaboração entre patologistas e cientistas de dados é crucial para garantir o desenvolvimento e a implementação de soluções de IA fiáveis e clinicamente relevantes. Além disso, as considerações éticas, a interpretabilidade dos modelos de IA e a conformidade regulamentar são aspectos importantes a abordar na integração da IA nos fluxos de trabalho de histopatologia.

PLATAFORMAS DE PREVISÃO DE TOXICIDADE:

Plataformas comerciais: Várias plataformas comerciais utilizam a IA para a toxicologia preditiva, oferecendo ferramentas e modelos para a previsão da toxicidade com base em diversos tipos de dados.

Várias plataformas comerciais tiram partido da inteligência artificial (IA) e dos métodos computacionais para fornecer ferramentas e serviços de previsão e avaliação da toxicidade. Estas plataformas têm como objetivo ajudar investigadores, toxicologistas e organizações a avaliar a potencial toxicidade de produtos químicos, medicamentos e outras substâncias. Eis algumas plataformas comerciais notáveis no domínio da previsão da toxicidade:

Perfil de Efeitos Adversos da Elsevier:

Características: O Adverse Effects Profiler da Elsevier oferece informações de toxicologia preditiva, permitindo aos utilizadores avaliar os potenciais efeitos adversos dos produtos químicos. Abrange vários pontos finais e integra dados de várias fontes.

Aplicação: Amplamente utilizado na investigação farmacêutica e na avaliação da segurança química.

Piloto do gasoduto Biovia:

Características: O Pipeline Pilot da Biovia é uma plataforma informática e de análise de dados científicos que apoia a criação e a implementação de modelos preditivos. Inclui módulos para quimioinformática, modelagem QSAR e previsão de toxicidade.

Aplicação: Aplicado na descoberta de medicamentos, informática química e ciência dos materiais.

MultiCASE ToxPredict:

Características: O MultiCASE ToxPredict é uma plataforma que incorpora vários modelos QSAR para prever pontos finais de toxicidade. Abrange uma série de efeitos toxicológicos, incluindo mutagenicidade, carcinogenicidade, entre outros.

Aplicação: Utilizado em apresentações regulamentares, avaliação de riscos e avaliação da segurança química.

O QikProp de Schrödinger:

Características: O QikProp é um módulo do pacote de software da Schrödinger que prevê as propriedades farmacocinéticas e ADME (absorção, distribuição, metabolismo, excreção) dos compostos. Ajuda na avaliação das propriedades semelhantes às dos medicamentos e da toxicidade potencial.

Aplicação: Aplicado na descoberta e desenvolvimento de medicamentos para otimizar as propriedades dos compostos.

Derek Nexus da Lhasa Limited:

Características: O Derek Nexus é um sistema especializado baseado no conhecimento que prevê parâmetros de toxicidade, incluindo a mutagenicidade, a carcinogenicidade e a hepatotoxicidade. Baseia-se numa abordagem baseada em regras e em previsões estatísticas.

Aplicação: Amplamente utilizado nas indústrias farmacêutica e química para avaliação da segurança.

ToxTree da Ideaconsult Ltd:

Características: ToxTree é uma aplicação de código aberto que auxilia na previsão do perfil toxicológico de produtos químicos. Incorpora a relação estrutura-atividade (SAR) e modelos baseados em regras de peritos.

Aplicação: Utilizado na avaliação da segurança química e na conformidade regulamentar.

ToxPredict da ChemAxon:

Características: O ToxPredict da ChemAxon fornece modelos de previsão de toxicidade para vários pontos finais, incluindo mutagenicidade, sensibilização da pele e muito mais. Utiliza abordagens de quimioinformática e de aprendizagem automática.

Aplicação: Aplicado na descoberta de medicamentos, segurança química e submissões regulamentares.

Vitic Nexus da Vitic:

Características: O Vitic Nexus é uma plataforma que oferece serviços de toxicologia preditiva, combinando métodos in vitro e in silico. Abrange um vasto espetro de parâmetros toxicológicos.

Aplicação: Utilizado no desenvolvimento de medicamentos, segurança química e avaliação de riscos.

Estas plataformas variam nas suas características específicas, nos parâmetros de toxicidade abrangidos e nas metodologias subjacentes. Os investigadores e profissionais da indústria escolhem frequentemente as plataformas com base nas suas necessidades específicas, no tipo de informação de toxicidade necessária e no contexto regulamentar em que as previsões se destinam a ser utilizadas. É essencial validar e verificar cuidadosamente as previsões geradas por estas plataformas para garantir a sua fiabilidade em aplicações do mundo real.

Apesar dos avanços, continuam a existir desafios, como a necessidade de dados de treino de alta qualidade, a interpretabilidade dos modelos e a abordagem da complexidade dos sistemas biológicos. A investigação em curso é essencial para aperfeiçoar e melhorar a precisão dos modelos de toxicologia preditiva.

Mohit Chadha, Professor Associado, Faculdade de Farmácia Baba Farid, Morkrima Distt.Ludhiana-142023

Perspectivas futuras da IA nos cuidados de saúde Perspectivas futuras da Inteligência Artificial nos cuidados de saúde

Os profissionais preocupam-se com o facto de pensarem que a IA e os sistemas de aprendizagem automática vão ocupar os seus empregos nos próximos anos. Embora esta tecnologia esteja a substituir os seres humanos numa infinidade de funções em sectores como o marketing, as finanças, as telecomunicações e outros, não está a reduzir as oportunidades de emprego. De facto, a IA está a levar à criação de uma série de novas vagas de emprego que nem sequer existiam há alguns anos. No domínio dos cuidados de saúde, desempenha um papel vital, sobre o qual lerá mais adiante.

As aplicações que irá encontrar neste blogue "Inteligência Artificial nos Cuidados de Saúde - Aplicações e Utilizações da IA" são mencionadas na lista abaixo:

- O que é a Inteligência Artificial?
- O papel da IA nos cuidados de saúde
1. Diagnóstico exato do cancro
2. Diagnóstico precoce de doenças sanguíneas fatais
3. Chatbots de serviço ao cliente
4. Assistentes de saúde virtuais
5. Tratamento de doenças raras
6. Tratamento direcionado
7. Automatização de tarefas redundantes no sector da saúde
8. Gestão de registos médicos
9. Redução do erro de dosagem
10. Cirurgia assistida por robot
11. Diagnóstico de imagem automatizado
12. Deteção de fraudes
13. Participação em ensaios clínicos
14. Desenvolvimento de novos medicamentos
15. Melhoria do acesso aos cuidados de saúde
- Prós e contras da inteligência artificial nos cuidados de saúde

O que é a Inteligência Artificial?

A Inteligência Artificial é a inteligência demonstrada pelas máquinas que podem

ser

úteis para realizar várias tarefas utilizando a análise de sentimentos e a análise

natural de

Processamento de linguagem (PNL). Esta tecnologia permite que as máquinas aprendam sozinhas a partir de dados passados e de informações fornecidas, as interpretem e utilizem essas informações para realizar várias tarefas comerciais. A IA é um superconjunto de Aprendizagem Automática e Aprendizagem Profunda, e estas tecnologias têm os seus próprios conjuntos de responsabilidades ao equipar as máquinas.

O papel da IA nos cuidados de saúde

- Desde as doenças crónicas, como o cancro, até à radiologia, a IA está a ser utilizada para implementar invenções eficientes e precisas que ajudarão a cuidar dos doentes que sofrem destas doenças e, esperemos, a encontrar uma cura para elas. A IA oferece várias vantagens em relação aos métodos tradicionais de análise e de tomada de decisões clínicas. Os algoritmos de IA tornam os sistemas mais precisos, uma vez que têm a oportunidade de compreender os dados de treino, o que ajuda os seres humanos a obterem conhecimentos sem precedentes sobre a variabilidade dos tratamentos, os processos de cuidados, os diagnósticos e os resultados dos doentes.

Diagnóstico exato do cancro

A IA oferece uma das melhores **ferramentas** de aprendizagem automática e **de inteligência artificial** no domínio dos cuidados de saúde, que permite aos patologistas efetuar diagnósticos precisos. A IA reduz os erros durante o processo de diagnóstico do cancro e oferece uma gama de novas técnicas para o tratamento médico individual. Com uma maior precisão no diagnóstico dos doentes com cancro, a maior parte deles pode ser tratada ou curada numa fase em que não se torna fatal, salvando inúmeras vidas.

Diagnóstico precoce de doenças sanguíneas fatais

A Inteligência Artificial revela-se uma ajuda imensa quando se trata de diagnosticar doenças relacionadas com o sangue, possivelmente fatais, numa fase precoce. Com a ajuda de microscópios melhorados por IA, os médicos podem agora procurar substâncias e bactérias nocivas em amostras de sangue, tais como Staphylococcus, E. coli. etc., a um ritmo muito mais rápido do que a velocidade da análise manual. Os cientistas utilizaram mais de 25.000 imagens de amostras de sangue para que as máquinas pudessem aprender a encontrar as bactérias nocivas. A IA permitiu que as máquinas aprendessem a identificar estas bactérias no sangue e a prever a sua presença nas novas amostras com uma precisão de 95%, reduzindo a fatalidade por uma grande margem.

Assistentes de saúde virtuais

Os assistentes de saúde virtuais são responsáveis por uma série de coisas, incluindo responder às questões de rotina dos doentes através de chamadas e mensagens de correio eletrónico, gerir a informação médica dos doentes e cobrir dados sensíveis, marcar consultas com os médicos, enviar aos doentes lembretes de acompanhamento e de consultas clínicas, etc.

Esta é criada através da integração de sistemas com computação cognitiva, realidade aumentada e gestos corporais e de fala. É uma das aplicações de IA mais úteis no domínio dos cuidados de saúde que oferece uma experiência personalizada aos doentes em termos de gestão da sua saúde e de resolução das suas dúvidas. Reduz a frequência das visitas aos hospitais, beneficiando tanto os pacientes como os especialistas em saúde.

Tratamento de doenças raras

A BERG é uma plataforma biotecnológica de fase clínica baseada em IA que trabalha no mapeamento de doenças para acelerar a descoberta e a criação de medicamentos e vacinas avançados e inovadores, alterando a abordagem dos cuidados de saúde. Utiliza a investigação e desenvolvimento (I&D), juntamente com a biologia interrogativa, que permite aos profissionais médicos criar produtos robustos para os doentes que lutam contra doenças raras.

A BERG apresentou também a sua descoberta para o tratamento da doença de Parkinson. Esta doença é um distúrbio no cérebro que resulta em rigidez, tremores e problemas na realização de tarefas simples como o equilíbrio, a coordenação e a marcha. Os sintomas da doença de Parkinson começam lentamente e agravam-se com o tempo, tornando-a numa das piores doenças. O BERG utiliza a Inteligência Artificial para estabelecer as ligações entre as substâncias químicas do corpo humano que não eram conhecidas anteriormente.

Isto prova que a utilização da IA está a ajudar imenso o sector da saúde e continuará a fazê-lo no futuro.

Tratamento direcionado

Com a ajuda de tecnologias como a Aprendizagem Profunda e a IA, a BenevolentAI tornou-se capaz de fornecer o tratamento correto aos doentes necessários no momento certo, resultando numa melhor seleção dos doentes e oferecendo informações. A empresa está a trabalhar para obter a licença dos seus medicamentos e criar medicamentos portáteis para doenças raras.

Automatização de tarefas redundantes no sector da saúde

Outro papel importante da Inteligência Artificial e das suas ferramentas nos cuidados de saúde é o facto de automatizar tarefas redundantes e morosas. Isto permite que os administradores tenham algum tempo livre para trabalhar noutras tarefas importantes e necessárias. Olive é uma plataforma baseada em IA que automatiza vários processos, tais como a verificação da elegibilidade de pedidos de indemnização médica não adjudicados, a transferência dos dados médicos necessários para os respectivos profissionais médicos, etc. Olive integra-se facilmente com as ferramentas e o software existentes de um hospital, eliminando a necessidade de tempos de inatividade e integrações dispendiosas.

Gestão de registos médicos

Os cuidados de saúde estão entre as próximas fronteiras de Big Data que precisam de ser domadas. Tal como uma agulha num palheiro, dados importantes e valiosos podem perder-se na enorme pilha de dados, levando à perda de milhares de milhões de dólares por ano para a indústria. Além disso, sem conseguir ligar pontos de dados significativos, o desenvolvimento de um diagnóstico correto e de novos medicamentos e fármacos abranda.

A ciência dos dados no sector dos cuidados de saúde fez com que várias organizações de cuidados de saúde recorressem à IA para travar a hemorragia de dados. A IA permite-lhes decompor os dados e ligar os dados necessários que anteriormente demoravam anos a processar.

Redução de erros de dosagem

Mesmo uma única dose extra de um medicamento ou de um fármaco pode ter consequências terríveis para o organismo de um doente, razão pela qual é importante que este tome a quantidade correcta de medicamentos, tal como prescrito. Caso contrário, pode haver repercussões graves. Com a ajuda da Inteligência Artificial, a indústria poderá reduzir a margem de erros prováveis na medicação.

Cirurgia assistida por robot

A cirurgia assistida por robô ganhou muita popularidade recentemente. Vários hospitais estão a implementar a robótica que os ajuda a realizar tarefas que exigem precisão, controlo e flexibilidade. É utilizada em tarefas, incluindo a cirurgia de coração aberto, que excedem as capacidades humanas.

Os robôs integrados com braços mecânicos, câmaras e instrumentos cirúrgicos necessários aumentam os conhecimentos, as competências e a experiência dos médicos, criando uma nova forma de cirurgia. Isto permite que os cirurgiões se sentem na consola de um computador e controlem os braços mecânicos do robô, enquanto este oferece uma visão ampliada e tridimensional do local da cirurgia que é impossível de ver com os seus próprios olhos.

As cirurgias assistidas por robôs implementados com IA resultam em menos complicações, comparativamente menos dor para os pacientes e uma taxa de recuperação mais rápida.

Diagnóstico de imagem automatizado

As aplicações de IA facilitam a decifração de imagens para efetuar análises. Utilizando tecnologias e programas de aprendizagem profunda, estes sistemas de IA equipam-se com algoritmos que oferecem uma leitura mais rápida de imagens complexas, incluindo as de tomografias computorizadas e ressonâncias magnéticas. O sistema automatizado de diagnóstico por imagem oferece um melhor desempenho aos médicos, proporcionando melhores diagnósticos de doenças. Além disso, é uma ferramenta vital quando se trata de combater a escassez de radiologistas e outros profissionais médicos nos hospitais. Nos últimos anos, a IA tem feito enormes progressos na imagiologia médica.

Deteção de fraudes

Embora existam vários doentes à procura de serviços médicos eficazes que permitam poupar custos, verifica-se também um aumento exponencial da taxa de casos de fraude. Este facto fez com que a maioria das organizações médicas e os pacientes sofressem enormes prejuízos. Com a ajuda de soluções baseadas em IA, estas tentativas de fraude foram reduzidas de forma maciça, uma vez que estas ferramentas permitem uma navegação elaborada através dos processos e a deteção de fraudes.

Participação em ensaios clínicos

Nos ensaios clínicos, é necessário recolher e organizar uma grande quantidade de dados para obter a teoria correcta para uma determinada doença e respetivo tratamento. Com a ajuda de aplicações de IA, os hospitais tornam-se capazes de facilitar uma abordagem orientada para os resultados dos respectivos ensaios clínicos.

Para estes ensaios, a IA permite que as redes neuronais prevejam a bioatividade e as características de cada doente.

As plataformas de IA têm ajudado os investigadores a encontrar os candidatos certos para testar medicamentos em desenvolvimento para várias doenças e perturbações. Nestes casos, é indispensável selecionar os candidatos certos e, graças à IA, o sector dos cuidados de saúde assistiu a um aumento estatístico do sucesso dos ensaios clínicos com maior rapidez e menor investimento.

Desenvolvimento de novos medicamentos

A criação de novos medicamentos para ensaios clínicos exige muito tempo e dinheiro. A vantagem única da tecnologia de Inteligência Artificial permite que os profissionais de saúde analisem os medicamentos pré-existentes e os utilizem para redesenhar a medicação de forma a poderem lutar contra doenças específicas. Isto torna mais barato o desenvolvimento de novos medicamentos.

Melhoria do acesso aos cuidados de saúde

A Inteligência Artificial levou ao desenvolvimento de vários softwares médicos que oferecem serviços de saúde interactivos e personalizados, como consultas médicas a qualquer hora. Os doentes têm um acesso melhor e mais fácil aos hospitais quando necessário, e os **chatbots de IA** ajudam-nos ainda mais. Se os problemas forem menores, os pacientes recebem automaticamente a recomendação da respetiva medicação e, se for necessária uma consulta médica, esta é sugerida aos pacientes.

Até agora, aprendeu 15 utilizações da Inteligência Artificial nos cuidados de saúde. Agora, vai ler sobre alguns dos prós e contras desta tecnologia no domínio dos cuidados de saúde.

Prós e contras da inteligência artificial nos cuidados de saúde

Deve haver um equilíbrio em tudo, incluindo nas utilizações da IA. Embora esta tecnologia tenha várias vantagens no domínio dos cuidados de saúde, também tem algumas falhas. Para além das vantagens, vai ficar a conhecer os desafios da IA nos cuidados de saúde no quadro abaixo.

Melhoria do diagnóstico	Complicações na aprendizagem da IA
Serve as comunidades rurais melhor	Uma mudança difícil de adaptar
Melhores decisões clínicas	Necessita de assistência humana
Simplifica vários processos	Requer a implementação da IA correcta plataforma

Racionaliza vários processos Requer a implementação da IA correcta plataforma

Dr. Om M. Bagade Departamento de Farmácia, Escola de Farmácia da Universidade de Vishwakarma, Pune-411048, Maharashtra, Índia.

O papel da IA nas perturbações do estilo de vida

1. Inteligência Artificial (IA): Introdução ao conceito

"É a ciência e a conceção de fazer máquinas astutas, particularmente programas de computador astutos. Está relacionada com a tarefa comparativa de utilizar computadores para obter insights humanos, mas a IA não precisa de ser limitada a estratégias perceptíveis." (Anderson J et al., 2018). (IA), a capacidade de um PC virtual ou de um PC gerido de forma automatizada para realizar tarefas normalmente relacionadas com criaturas astutas. O período de tempo é rotineiramente atualizado para o empreendimento de desenvolver estruturas abençoadas com os métodos intelectuais de trabalho das pessoas, o que incorpora a capacidade de raciocinar, descobrir o significado, generalizar ou investigar a partir de encontros anteriores. Desde o avanço do computador virtual na década de 1940, foi estabelecido que as estruturas de computador podem ser modificadas para realizar tarefas excecionalmente complicadas, como, por exemplo, encontrar provas para hipóteses numéricas ou apostar no xadrez com capacidade surpreendente. Ainda assim, não obstante a persistência de impulsos na velocidade de preparação do computador e na capacidade de memória, não existem pacotes que moldem a adaptabilidade humana em nomes de espaços mais extensos ou em obrigações que exijam um conhecimento comum de toda uma parcela. Por outro lado, alguns pacotes alcançaram os graus de execução geral de profissionais e especialistas humanos na atuação, sem dúvida, de obrigações especiais, em arranjo que os insights manufaturados sobre essa sensação mantida são encontrados em pacotes tão diversos quanto a determinação lógica, pc procurar motores e reconhecimento de voz ou caligrafia (Bentley. P et al., 2014; Britannica, 2023; Christiansen, 2017).

2. Implicações sociais da Inteligência Artificial (IA)

O efeito dos conhecimentos manufacturados na sociedade é amplamente discutido. Muitos defendem que a IA fará progredir a qualidade da nossa vida quotidiana, ao ocupar-se de horários e tarefas complexas mais do que as pessoas, tornando a vida mais simples, mais segura e mais produtiva. Outros afirmam que a IA apresenta perigos de proteção perigosos, compõe o preconceito através da normalização dos indivíduos, desenraíza os trabalhadores e aumenta o desemprego (Tucci. L. et al., 2022; Liu. S. et al., 2019)

3. Compreender a IA fraca vs. IA forte: classificações e características

A IA fraca - também conhecida como IA contratual ou bits de conhecimento restritos (ANI) - é a IA que está organizada e centrada para executar uma tarefa específica. A IA ligeira reforça a maior parte da IA que nos envolve atualmente. Este tipo de IA não é fraco, pelo que "restringir" pode ser mais exato. Envolve aplicações significativamente sólidas, como o Siri da Apple, o Alexa da Amazon, o Watson da IBM e os carros autónomos.

A IA forte inclui conhecimentos comuns falsificados (AGI) e superconhecimentos falsos (ASI). As percepções comuns fabricadas (AGI) ou IA comum podem ser um quadro hipotético de IA em que as máquinas têm percepções semelhantes às humanas. Pode ter uma mentalidade segura com a capacidade de compreender os problemas, aprender e organizar-se a longo prazo. A Manufactured Super Insights (ASI), também designada por super inteligência, supera os conhecimentos e as capacidades do cérebro humano. A IA eficaz ainda é completamente hipotética, sem ilustrações funcionais atualmente, mas isso não significa que os analistas de IA não estejam a trabalhar no seu aperfeiçoamento. Por outro lado, os principais casos de ASI podem vir da sua ficção científica, como o computador rebelde sobre-humano de 2001, o seu parceiro HAL.space journey.890 (Anderson J et al., 2018; McCarthy. J., 2019).

Quadro 1: Avaliação do impacto da Inteligência Artificial na sociedade: Prós e contras (Vaishya. R. et al., 2020; Amann. J. et al., 2020).

Vantagens de ter uma IA	Desvantagens de ter uma IA
A IA melhora a vida quotidiana, oferecendo comodidade e prazer. - As aplicações de mapas com IA podem desviar o itinerário de acidentes de trânsito, poupando tempo e frustração. - As aplicações de fitness alimentadas por IA registaram um aumento durante a pandemia de COVID-19, proporcionando opções de treino em casa quando os ginásios fecharam.	**A IA irá causar desemprego em massa e afetar o nível de vida de muitas pessoas.** - A IA e a robótica estão cada vez mais a substituir os trabalhadores humanos, uma vez que são rentáveis e não requerem benefícios. - Os especialistas prevêem uma perda generalizada de postos de trabalho, agravando a desigualdade de rendimentos e o desemprego.
• Os dispositivos de IA para vestir podem monitorizar e melhorar o desempenho em actividades como o ioga, o golfe e o basebol. • Nos cuidados de saúde, a IA pode simplificar a papelada, analisar os dados de saúde para detetar padrões e dar aos médicos mais tempo para cuidados personalizados. • Altifalantes inteligentes como o Echo da Amazon utilizam a IA para ajudar a acalmar os bebés e a monitorizar o seu bem-estar.	• Tecnologias como o self-checkout já conduziram a perdas significativas de postos de trabalho em sectores como o retalho. • COVID-19acceleratedautomation , especialmente em fast food, retalho e hotéis. • A automatização contribuiu para a redução dos salários e para o agravamento da desigualdade de rendimentos nos últimos 40 anos.
A IA pode proporcionar acessibilidade às pessoas com deficiência. -A IA é normalmente integrada em smartphones e dispositivos domésticos para melhorar a funcionalidade. -Os assistentes virtuais podem transcrever conversas em tempo real, ajudando as pessoas com dificuldades de comunicação. -Os comandos de voz com assistentes virtuais ajudam as pessoas com pouca destreza manual. -Apps como o Voiceitt transcrevem e normalizam vozes para pessoas com deficiências da fala. -O Wheelmap oferece aos utilizadores informações sobre a acessibilidade de cadeiras de rodas. -Projectos avançados de IA combinados com robótica são desenvolvidos para ajudar	**A IA irá repetir e exacerbar o racismo humano.** -A tecnologia de reconhecimento facial revela preconceitos raciais, sendo mais precisa com rostos de homens brancos e propensa a identificar erradamente as mulheres negras. -Boston e São Francisco proibiram a utilização do reconhecimento facial pela polícia devido a preocupações com preconceitos raciais. -Um software de inteligência artificial como o Compass, utilizado nos tribunais dos EUA, tende a classificar os arguidos negros como sendo de alto risco com mais frequência do que os arguidos brancos. -A China utiliza a IA de reconhecimento facial para vigiar os muçulmanos uigures. -Os algoritmos de IA em linha têm dificuldade em detetar e censurar insultos raciais, como se viu em incidentes recentes com descrições de

pessoas com deficiência.	produtos da Amazon. -Os algoritmos de IA apresentam preconceitos, associando mais fortemente a violência a termos como "muçulmano" do que a outros termos religiosos.
A inteligência artificial pode melhorar a segurança no trabalho. • A IA atenua os acidentes de trabalho causados por stress, fadiga e doença. • Os robôs com IA podem executar ou ajudar em tarefas perigosas, aumentando a segurança no local de trabalho. • Os drones utilizados para inspecções em ambientes de trabalho perigosos conduziram a uma melhoria de 50% na segurança dos empreiteiros. • Programas de IA como o AI-SAFE automatizam as verificações do equipamento de proteção individual (EPI), reduzindo os erros humanos e prevenindo os acidentes de trabalho. • No contexto da COVID-19, os controlos de EPI assistidos por IA são cruciais para evitar a propagação do vírus e os surtos.	**A inteligência artificial apresenta riscos perigosos para a proteção de dados.** -A tecnologia de reconhecimento facial permite a vigilância passiva sem que a pessoa vigiada se aperceba. -Na Rússia, está a ser utilizado para monitorizar e prender manifestantes que apoiam Alexei Navalny, o que faz temer um aumento da vigilância e das detenções. -O novo sistema de pagamento por reconhecimento facial do metro de Moscovo está a suscitar preocupações quanto a uma eventual utilização indevida. -Ring, uma empresa de campainhas com IA, estabeleceu uma parceria com mais de 400 departamentos de polícia, permitindo-lhes solicitar imagens das câmaras das campainhas dos utilizadores. -Em 2019, criminosos exploraram a tecnologia de IA para se fazerem passar por CEO de uma empresa de energia britânica, tentando roubar 240 000 dólares.

4. Aprendizagem automática (ML): Uma visão geral

A aprendizagem automática pode ser um departamento de conhecimentos manufacturados (IA) e de ciências informáticas que se centra na utilização de informações e cálculos para imitar a forma como as pessoas aprendem e avançam com exatidão ao longo do tempo. A IBM tem uma longa história com a aprendizagem automática. Um deles, Arthur Samuel, é conhecido por ter cunhado o termo "aprendizagem automática" a partir do seu trabalho com as damas. Robert Neely, um autoproclamado ás do desenho, disse que em 1962 jogou a diversão num computador IBM 7094 e perdeu para o computador. Este ato parece insignificante em comparação com o que é concebível hoje em dia, mas é considerado um ponto de viragem importante no domínio da perceção da contrafação. Nas últimas décadas, os progressos mecânicos na capacidade e no controlo da preparação permitiram a criação de alguns objetos inventivos alimentados pela aprendizagem automática. B. Motor de proposta da Netflix e carros autónomos (Akbar. A. et al., 2021). A aprendizagem automática é uma parte vital do campo em desenvolvimento da ciência da informação. Utilizando estratégias factuais, os cálculos são preparados para classificar ou antecipar e revelar bits-chave de conhecimento em empreendimentos de mineração de informações. Estes conhecimentos conduzem a escolhas dentro de aplicações e organizações, num mundo perfeito que afecta os principais marcadores de desenvolvimento. À medida que a enorme informação continua a crescer e a desenvolver-se, o pedido de vitrina para investigadores de informação irá aumentar. Deve ajudá-lo a distinguir as questões comerciais mais importantes e a informação para lhes dar resposta (Baskin. I. I. et al., 2016; Barak. A. et al., 2008; Bose. S. et al., 2009). Os cálculos de aprendizagem automática (ML) são regularmente construídos utilizando sistemas que aceleram o avanço do arranjo, como o Inside: B. TensorFlow e PyTorch. (Buch, V. H. et al., 2018).

5. Explorar diferentes tipos de abordagens de aprendizagem automática

Os modelos de aprendizagem automática existem em muitas variedades e são definidos pela presença ou ausência de influência humana nos dados em bruto, por exemplo, se fornecem recompensas, feedback específico ou utilizam etiquetas.

5.1. Aprendizagem supervisionada:

Na aprendizagem supervisionada, um algoritmo aprende a partir de dados rotulados, o que significa que os dados de entrada são emparelhados com a saída correcta. O algoritmo utiliza estes dados rotulados para aprender a função de mapeamento da entrada para a saída. Durante o treino, o algoritmo ajusta os seus parâmetros para minimizar a diferença entre o resultado previsto e o resultado efetivo. Esta abordagem é normalmente utilizada em tarefas como a classificação e a regressão, em que o objetivo é prever uma etiqueta ou um valor contínuo com base em características de entrada. Os conjuntos de dados utilizados foram previamente etiquetados e classificados pelo utilizador para que os algoritmos possam verificar a correção do seu desempenho (Calaprice-Whitty. D. et al., 2020).

5.2. Aprendizagem não supervisionada:

A aprendizagem não supervisionada é um tipo de aprendizagem automática em que o algoritmo aprende a partir de dados não rotulados sem quaisquer resultados predefinidos ou variáveis-alvo. Em vez disso, procura encontrar padrões, relações ou estruturas nos dados por si próprio. Ao contrário da aprendizagem supervisionada, não existe qualquer orientação explícita ou feedback fornecido ao algoritmo durante a formação. Em vez disso, o algoritmo explora os dados para descobrir percepções ou agrupamentos ocultos, o que o torna útil para tarefas como agrupamento, deteção de anomalias ou redução da dimensionalidade. Os conjuntos de dados brutos utilizados não são rotulados e os algoritmos identificam padrões e relações nos dados sem a assistência do utilizador (Christiansen. M. P. et al., 2017).

5.3. Aprendizagem semi-supervisionada:

Os conjuntos de dados contêm informações organizadas e não estruturadas que conduzem os cálculos a conclusões autónomas. Ao combinar os dois tipos de informação num conjunto de dados em preparação, os cálculos de aprendizagem automática podem aprender a nomear informações não rotuladas.

5.4. Apoiar a aprendizagem:

A aprendizagem com apoio refere-se a um subconjunto de abordagens de aprendizagem automática em que o algoritmo é ajudado ou apoiado por um perito humano ou por outro modelo de aprendizagem automática. Na aprendizagem de apoio, o sistema aprende com o feedback fornecido por um professor ou uma fonte externa para melhorar o seu desempenho. Este feedback pode incluir sinais de correção, dicas ou orientações para orientar o processo de aprendizagem para os resultados desejados. A aprendizagem de apoio é particularmente útil em cenários em que os dados rotulados são escassos ou quando a tarefa de aprendizagem é complexa e requer assistência adicional para uma formação precisa. O conjunto de dados dá entrada para o cálculo e emprega um "quadro de recompensa/penalidade" que aprende com o seu envolvimento no pedido através de tentativa e erro.

Por fim, existe o conceito de *aprendizagem profunda*. Normalmente, uma região moderna de aprendizagem automática que aprende naturalmente a partir de conjuntos de informações sem apresentar regras ou informações humanas. Isto requer uma enorme soma de informação bruta para preparar. Quanto mais informação obtiver, melhor será a sua demonstração de presciência (Cooke. J. R. et al., 2009; Curioni-Fontecedro. A., 2017).

6. Aprendizagem automática (ML) vs. Inteligência Artificial (IA): Clarificar as distinções

A aprendizagem automática e a IA estão tão intimamente relacionadas que tentar fazer a distinção entre as duas pode ser problemático. Na realidade, os cálculos de aprendizagem automática são um subconjunto dos cálculos de percepções falsas, e não o contrário.

Para perceber o contraste entre a aprendizagem automática e os falsos conhecimentos, é fundamental perceber o que cada assunto envolve. A IA alude a software e formas planeadas para imitar a forma como as pessoas pensam e tratam os dados. Isto inclui visão por computador, preparação de dialeto normal, autonomia mecânica, estruturas de trabalho de veículos independentes e, claro, aprendizagem automática. As falsas percepções permitem que os gadgets memorizem e reconheçam dados para compreender os problemas e captar conhecimentos críticos em diferentes gamas.

A aprendizagem automática, por outro lado, alude particularmente a dispositivos de instrução para aprender dados fornecidos num conjunto de dados sem intercessão humana manual. Esta abordagem de conhecimentos falsos emprega cálculos de aprendizagem automática que podem aprender com as informações ao longo do tempo para aumentar a exatidão e a produtividade do programa geral de aprendizagem automática. Existem numerosas abordagens à aprendizagem automática, contando com os modelos de aprendizagem profunda ditos prévios (Das,. S. Dey. R. & Nayak. A. K., 2021; Ellahham, S. et al., 2019; Hamet. P. & Tremblay. J., 2017).

7. Mecanismos de aprendizagem automática: Processos e princípios

7.1. Processo de tomada de decisão:

Os cálculos de aprendizagem automática são normalmente utilizados para formar expectativas ou classificações. Com base nalgumas informações de entrada, que podem ou não ser rotuladas, o algoritmo faz induções em torno de desenhos dentro das informações.

O processo de decisão nos mecanismos de aprendizagem automática envolve várias etapas fundamentais:

1) Recolha e preparação de dados.
2) Seleção de um modelo adequado.
3) Treinar o modelo com dados.
4) Avaliação do seu desempenho.
5) Afinação dos seus parâmetros.
6) Implementação do modelo para fazer previsões.

7.2. Função de erro:

A função de erro, também conhecida como função de perda ou função de custo, é um componente crucial nos algoritmos de aprendizagem automática. Mede a disparidade entre o resultado previsto e o resultado real para um determinado conjunto de entradas durante a fase de formação. O objetivo da função de erro é quantificar o desempenho do modelo, avaliando as suas previsões em relação à verdade terrestre. Os parâmetros do modelo são ajustados iterativamente com base no resultado da função de erro, para minimizar essa disparidade e melhorar a precisão do modelo.

Os diferentes algoritmos utilizam várias funções de erro adaptadas aos seus objectivos e características específicos, como o erro quadrático médio, a perda de entropia cruzada ou a perda de articulação. O trabalho de erro avalia as previsões do modelo. Na eventualidade de ter um caso conhecido, utilizará o trabalho de erro para fazer comparações e decidir a precisão da sua demonstração.

7.3. Processo de otimização do modelo:

Na eventualidade de o programa se ajustar aos focos de informação dentro do conjunto de preparação superior, os pesos são equilibrados para diminuir a inconsistência entre os casos conhecidos e os indicadores do programa. O cálculo refaz essa alça de "avaliação e otimização", atualizando os pesos de forma independente até que uma vantagem de exatidão esteja por vir (Haddad. T. C. et al., 2018; Hughes. J. et al., 2011; Lakhani, P. & Sundaram, B., 2017).

A otimização do modelo na aprendizagem automática envolve o refinamento dos parâmetros e da arquitetura para melhorar o desempenho:

1) Ajuste os hiperparâmetros, como a taxa de aprendizagem e a regularização.
2) Utilizar a validação cruzada para avaliar o desempenho em subconjuntos de dados.
3) Aplicar a regularização para evitar o sobreajuste.
4) Otimizar parâmetros através de métodos de descida de gradiente.
5) Selecionar o melhor modelo com base nas métricas de avaliação.
6) Utilizar métodos de conjunto para melhorar a previsão.

8. Aprendizagem profunda: Desvendando as profundezas das redes neurais

A aprendizagem profunda pode ser um subconjunto da aprendizagem automática, basicamente sistemas neuronais com três ou mais camadas. Estes sistemas neuronais tentam reproduzir o funcionamento do cérebro humano, mas não correspondem exatamente à forma como este funciona, permitindo-lhe "memorizar" a partir de grandes quantidades de dados. Um arranjo neural de camada única ainda pode fazer previsões, mas será possível otimizar e aumentar a precisão incluindo camadas cobertas.

A aprendizagem profunda está na base de numerosas aplicações e administrações de inteligência artificial (IA), fazendo progredir a robotização e realizando tarefas explicativas e físicas sem mediação humana. A inovação da aprendizagem profunda está por detrás de artigos e administrações regulares (tais como colegas informatizados, comandos de TV activados por voz e localização de extorsão de cartões de crédito) e de inovações modernas (tais como carros autónomos) (Lester. S. C. et al., 2009).

9. Compreender o funcionamento interno da aprendizagem profunda

Os sistemas neurais de aprendizagem profunda (sistemas neurais falsos) tentam imitar o cérebro humano através de uma combinação de entradas de informação, pesos e inclinações. Estes componentes trabalham em conjunto para reconhecer, classificar e representar com precisão os objectos na sua informação.

Um arranjo neural profundo é composto por diferentes camadas de hubs interligados, cada um deles baseado na camada anterior para refinar e otimizar a expetativa ou a classificação. Este fluxo de computação através do arranjo é chamado de engendramento para a frente.

As camadas de entrada e de saída de um arranjo neural profundo são designadas por camadas óbvias. A camada de entrada é o local onde os modelos de aprendizagem profunda recebem informações para tratamento e a camada de saída é a expetativa ou classificação final.

Outro método, chamado retropropagação, emprega um algoritmo como a descida angular para calcular o erro dentro das expectativas e, depois disso, inverter as camadas para preparar o espetáculo, alterando assim os pesos e as inclinações do trabalho. incremento. A utilização conjunta de forward e backpropagation permite que uma organização neural forme previsões e corrija erros da mesma forma. Com o tempo, os cálculos serão cada vez mais precisos (Lester. S. C. et al., 2009; Mak. K. K. & Pichika. M. R., 2019).

9.1. As Redes Neuronais Convolucionais (CNNs) são basicamente utilizadas em aplicações de visão computacional e classificação de imagens para distinguir destaques e designs em imagens para capacitar tarefas como reconhecimento e reconhecimento de protestos. Em 2015, a CNN venceu as pessoas pela primeira vez numa tarefa de reconhecimento de perguntas.

9.2. As Redes Neuronais Recorrentes (RNN) funcionam com dados sequenciais ou de séries temporais e são, por isso, normalmente utilizadas em aplicações de reconhecimento de linguagem natural e de fala (Mintz. Y. & Brodie. R., 2019; Paul, D. et al., 2020).

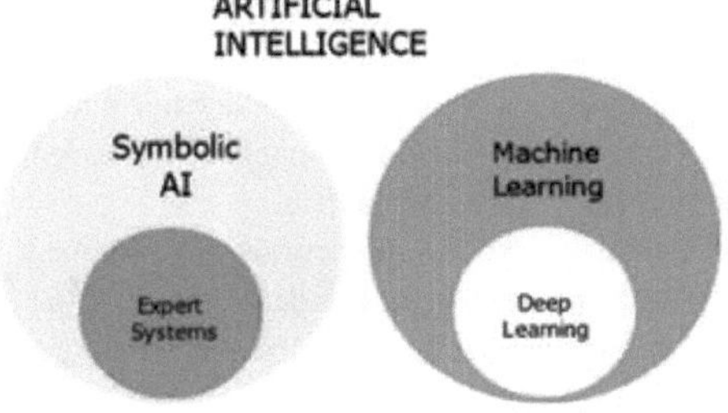

ARTIFICIAL
INTELIGÊNCIA

Máquina simbólica
IA   Aprendizagem
Especialista   Profundo
Sistemas Aprendizagem

FIG.1 : Panorâmica da inteligência artificial

10. Considerações jurídicas sobre a implementação da IA nos cuidados de saúde

De uma perspetiva genuína, o endereço desenvolve se e até que ponto a capacidade de explicação da IA é exigida por lei. Seguindo o esboço de outras partes, como a organização aberta, de facto, devem ser cumpridos pré-requisitos mais elevados de simplicidade e rastreabilidade no que diz respeito aos cuidados de saúde e aos doentes individuais. Como indicado acima, as abordagens de experiências falsas, como a aprendizagem automática e a aprendizagem significativa, têm o potencial de fazer avançar a qualidade dos cuidados de saúde.

De um ponto de vista verdadeiramente azul, isto sugere que os dados e a sua recolha, capacidade, transmissão, tratamento e análise devem estar em conformidade com todas as leis, regulamentos e outras necessidades legais. Por outro lado, a lei e a sua interpretação e autorização devem ser continuamente alteradas de acordo com os mais recentes impulsos de fabrico. Sem dúvida, com todas essas necessidades evidentes, o endereço permanece se a aplicação de cursos de ação e dispositivos baseados em IA está à altura da tarefa.

Por outras palavras, os especialistas e os doentes necessitam de informações não porque sejam quase os medicamentos dados, mas também quase as propriedades e características fundamentais desses medicamentos e as dúvidas essenciais de cada um, a filiação básica de outros cúmplices requer compreensão e explicabilidade de cálculos e modelos. Do ponto de vista do direito ocidental, reconhecemos três gamas centrais de deveres: (Peyser. T. et al., 2014; ProCon, 2023)

(1) Autorizado;

(2) certificação e apoio como dispositivo útil; Food and Sedate Administration/FDA e Therapeutic Contraption Regulation/MDR) e

(3) Compromisso. Por lei, as informações sobre a prosperidade da pessoa podem ser organizadas depois de a pessoa ter concordado com a sua utilização.

Na ausência de leis comuns que progridam na utilização de dados e informações pessoais, este consentimento ensinado é o padrão para a utilização atual de informações de compreensão em aplicações de IA. Na maior parte das vezes, é especialmente problemático, uma vez que o consentimento tem de ser demonstrado durante o processo. Uma vantagem caraterística da IA é que pode reconhecer planos de ponta ou encontrar biomarcadores não utilizados sem a necessidade de pré-seleção de características. Esta vantagem extraordinária pode não ser totalmente concretizada quando se restringe a objectivos específicos, como os que são necessários para o consentimento ensinado. Para induzir o consentimento para estratégias sintomáticas ou comerciais, a lei exige dados separados e abrangentes e a compreensão dessas formas. O mínimo que o profissional pode oferecer é a tomada após esclarecer duas directrizes (Quaglini. S. 2003; Richardson. J. P. et al., 2021).

(1) Visão especializada da IA, o que toma como entrada, o seu efeito no ambiente e o que produz como rendimento; e

(2) Preparar um mapeamento que produza o rendimento, aprendendo com as ilustrações.

Seja como for, deve ser notório que é excecionalmente problemático caraterizar a priori o âmbito dos dados para o seu CDSS baseado em IA e deve ser ajustado a cada caso de utilização, exigindo esclarecimentos por parte dos administradores.

O MDR não controla expressamente a exigência de explicabilidade, particularmente para dispositivos terapêuticos que utilizam percepções fabricadas e aprendizado de máquina. Em qualquer caso, a responsabilidade e a franqueza são muito necessárias aqui, e o avanço do xAI pode energizar administradores e órgãos informados para alterar o controle e sua tradução da mesma maneira. Em resumo, tanto o FDA quanto o MDR, a partir de agora, exigem uma explicação decentemente pouco clara.

Dados sobre a rastreabilidade, a simplicidade e a explicabilidade do avanço dos modelos ML/DL que fornecem dados terapêuticos. Esses pré-requisitos serão mantidos de forma mais completa no futuro, exigindo que os produtores de dispositivos / software terapêuticos baseados em IA forneçam modelos, informações e compreensão para o treinamento e teste da alça de melhoria geral. Além disso, gostaria de dizer que há uma disputa atual sobre aproximadamente se a Direção Comum de Garantia de Informações da União Europeia (GDPR) exigirá a utilização de IA razoável em dispositivos que funcionam com informações silenciosas. Mais uma vez, não podemos descartar a possibilidade de que o detalhamento até agora equívoco seja alterado no futuro em favor de uma formulação explicativa.

A escolha baseada na IA, que pode salvar vidas, como os medicamentos modernos contra o cancro e os anti-microbianos, requer regras e protecções legais para evitar impedimentos existenciais com direitos persistentes e independência. Neste contexto, defendemos que a explicabilidade é uma propriedade fundamental e que a execução é adequada, por assim dizer, no caso de a explicabilidade não poder ser dada. Em suma, a alta exigência de clarificação legítima e a abertura da caixa escura tornam-se fundamentais, demonstrando ser um ponto de viragem na aplicação da IA na medicação (Tanaka. J. W. et al., 2010; Vaishya. R. et al., 2020; Xin, Y. Man. W. & Yi. Z., 2021).

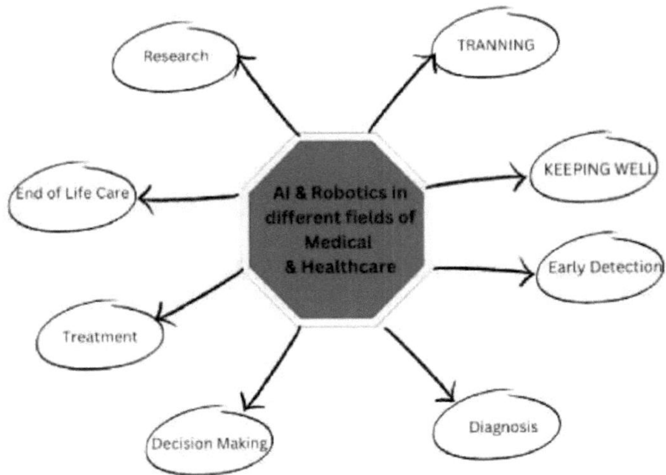

FIG 2: role of A.I. in healthcare

11. Perspectivas médicas sobre o papel da IA nos cuidados de saúde

De uma perspetiva útil, a questão essencial que se coloca é: qual é a diferença entre a escolha clínica baseada na IA e a desobediência expressiva configurada, como o inquérito avançado sobre testes de consultório?

Adicionalmente, consegue o funcionamento interno dos testes clínicos, como é habitualmente o caso com outros testes ilustrativos, como os de imagem, pelo que não é considerado um procedimento de caixa negra. Por outro lado, estas metodologias não conseguem clarificar o resultado aproximado de um único teste. O nível essencial de capacidade de clarificação permite-nos induzir como os sistemas chegam às suas conclusões. Em comparação com os testes de instalações de investigação, sabendo quais as respostas naturais e bioquímicas que conduzem ao surgimento, preparadas para fornecer classificações de importância que retratam quais as entradas básicas para CDSS baseados em IA.

Dadas essas contemplações, esclarecer a capacidade pode ser um fator-chave para compreender o CDSS baseado em IA na nitidez clínica, já que a certeza nessas estruturas pode ser configurada. Aqui, é imperativo observar que qualquer utilização de CDSS baseado em IA pode impactar o especialista. Desta forma, é significativamente imperativo estabelecer uma documentação transparente de como a proposição é feita (Yu. K. H. Beam. A. L. & Kohane. I. S., 2018; Basit. A. et al., 2020).

12. A perspetiva dos doentes sobre a IA que os trata

Olhando para o tema da capacidade de explicação do ponto de vista do doente, coloca-se a questão de saber se a utilização de um suporte de escolha alimentado por IA é coerente com a estima caraterística dos cuidados centrados no doente. Os cuidados centrados no doente apontam para a abordagem e consideração dos valores e necessidades dos doentes.

Considera os doentes como cúmplices dinâmicos na prestação de cuidados e salienta o seu direito à livre escolha e ao controlo sobre as opções de tratamento. Uma componente essencial dos cuidados centrados no doente é a tomada de decisões partilhada, que visa distinguir o tratamento mais adequado para as circunstâncias pessoais do doente.

Como já foi dito, a explicabilidade é a representação visual ou a explicação em linguagem comum da forma como as diferentes variáveis contribuíram para a avaliação final das hipóteses. Seja como for, para decifrar os esclarecimentos e os resultados concebíveis determinados pelo sistema, a compreensão depende da capacidade do médico para obter esses esclarecimentos e comunicá-los de forma exacta e compreensível. Conectados de forma adequada, as estruturas de retorno de escolha de IA lógica não podem, por assim dizer, oferecer assistência aos pacientes que se sentem muito mais educados e educados, mas também promover um reconhecimento de risco mais preciso. Além disso, isso aumentará a motivação de compreensão para participar de uma tomada de decisão compartilhada e agir sobre dados relevantes para o risco (Bohr. A. et al., 2020; Briganti. G. et al., 2020; Chaka. C., 2023).

13. Aplicações administrativas

Além disso, existem inúmeras aplicações administrativas para os cuidados de saúde. A utilização da IA não é um espaço progressivo em comparação com os cuidados silenciosos, mas pode ser uma eficácia imperativa. Estes são necessários nos cuidados de saúde. A USA Nurture gasta 25% de seu tempo de trabalho em obrigações administrativas e regulatórias da inovação com maior probabilidade de ser importante para esse objetivo é a RPA para diferentes aplicativos de saúde, incluindo manuseio de cobrança, relatórios clínicos, administração do ciclo de renda e registros de supervisão restauradora. Além disso, alguns educadores terapêuticos estão a testar com chatbots para compreender a interação, o bem-estar mental e o bem-estar e a telemedicina. Estas aplicações baseadas na PNL são valiosas para trocas básicas, tais como medicina de amortecimento ou arranjo. Seja como for, no seu estudo de 500 clientes nos Estados Unidos, os seus 5 chatbots de cuidados de saúde mais utilizados que os pacientes comunicaram preocupações em torno de Revelar dados privados, examinar condições complexas de bem-estar e destituição Cliente vizinho. (Hughes. J. et al., 2011).

FIG.4 : Utilização potencial da inteligência artificial nos cuidados de saúde

14. Aplicações de IA a nível da população em produtos relacionados com os cuidados de saúde

Estas aplicações incorporam provas reconhecíveis de grupos que podem necessitar de intervenção para evitar o avanço da infeção, sendo particularmente viáveis no tratamento de infecções constantes. Baseado em IA Dada a sua capacidade de determinar fragmentos de conhecimento a partir de grandes volumes, podem ser oferecidos instrumentos de assistência Encontrar desenhos na sua informação e revelar padrões prescientes em combinação com Estão a ser criadas capacidades de investigação e aparelhos para IA em grande escala. Utilize fontes de informação clínica não tradicionais, como o movimento versátil do telefone Espere o avanço da praga e ocupe ativos vitais Direitos onde você mais gostaria, no momento adequado informações do telefone celular Já foi utilizado para demonstrar a praga da cólera no Haiti desde 2010. A febre da dengue eclodiu no Paquistão em 2013. Em 2016, a Malásia tornou-se a principal nação. O mundo emprega o aplicativo de previsão do flagelo da dengue Dengue Flare-up Expectation Patform. Utilizar a IA para analisar a geologia, o clima, o clima e outros parâmetros. Efeitos colaterais dos casos de dengue para prever pontos de acesso para medidas preventivas, como: Além disso, a IA pode ser utilizada para mostrar as mudanças nas taxas de frequência. doenças não transmissíveis Por exemplo, foi criada uma demonstração de aprendizado de máquina Criado para prever o peso infantil e propor uma chance fora do padrão Corpulência Componentes que os especialistas em saúde podem começar a considerar declaração (Kulkarni et al., 2024; Khan et al., 2020).

Quadro: 2 Inteligência artificial em ensaios clínicos (McGee et al., 1990; Mitra, 1996).

S. Não	Nome	Tipo	Doença tipo	Papel	Ensaios clínicos	Ensaios clínicos
1	O papel dos diferentes métodos de imagem no diagnóstico de Pólipos da vesícula biliar	Intervenção	Pólipo de Vesícula biliar	Exatidão do diagnóstico diferencial pré-operatório das lesões de poliploidia da vesícula biliar	Dispositivo: TC abdominal de alta resolução Dispositivo: Ultrassonografia com contraste Procedimento: Colecistectomia	**NCT02 762227**
2	Nova radiação de microbolhas estimulada por ultrassom guiada por MRI Tratamento para Doentes com Parede torácica e Cancro da mama localmente avançado	Intervenção	Peito Cancro	O novo tratamento de microbolhas estimulado por ultra-sons e guiado por RMN melhora a eficácia da radiação humanos	As doentes com cancro da mama localmente avançado e tumores da parede torácica serão submetidas a tratamento com ultra-sons guiados por RMN.	**NCT04 431674**
				receber radioterapia de feixe externo efectuada com um aparelho de	tratamento com microbolhas estimuladas combinado	

				radioterapia	com radioterapia	
3	A utilização de Focado Ultrassom e Microbolha Infusão para AlteringBrain Perfusão e o SangueCérebro Barreira	Intervenção	Grau baixo Glioma de Cérebro	A capacidade dos ultra-sons focalizados combinados com microbolhas para abrir a barreira hemato-encefálica tem o potencial de revolucionar a administração de agentes terapêuticos ao cérebro, permitindo uma administração mais localizada e eficiente	O tratamento por ultrassom durará 1 hora ou 20 minutos no total para o dispositivo DWL. Uma infusão de microbolhas Defnity será efectuada por via intravenosa durante dez a trinta minutos, de acordo com a aplicação de rotina aprovada. O Defnity irá	NCT04 063514
					ser 1,3 ml adicionados a 50 ml de soro fisiológico e infundidos a uma velocidade não superior a 4 mL/minuto	
4	Microbolhas e Ultrassom em Ensaio sobre o AVC	Intervenção	Aguda Isquémico Acidente vascular cerebral	Ultrassom transcraniano de 2 MHz combinado com administração intravenosa de as microbolhas melhoram a recanalização precoce em doentes com AVC isquémico[4] agudo causado por oclusão proximal da artéria cerebral	Radiação: Ultrassom 2-MHz, ultrassom transcraniano de baixa intensidade Fármaco: Levovist D-Galactose e palmito palmítico intravenoso[4] g	NCT00 222040

			média tratados com		
			alteplase no prazo de 3 h após sintoma início		
5	Cavitação de microbolhas para Melhorar a radioembolização do carcinoma hepatocelular	Intervenção	Carcinoma hepatocelular Cancro do fígado	A cavitação localizada de microbolhas desencadeada por ultra-sons não invasivos tem sido tem sido mostrar sensibilizar o tecido maligno para radioterapia ao induzir a apoptose das células endoteliais vasculares	Os doentes recebem microesferas de proteína A do tipo perfutren IV durante 10 minutos e são submetidos a CEUS durante 60 minutos às 16 horas após a radioemboliza ção e aproximadame nte 7 e 14 dias após a radioemboliza ção com ítrio Y-90	**NCT03 199274**
6	Administração orientada de quimioterapia com ultra-sons	Intervenção	Colorrectal Cancro Metástases hepáticas	As oscilações do agente de contraste de ultra-sons (US)	Metástases hepáticas aleatorizadas para receberem sonoporação	**NCT03 458975** [10]
	e Microbolhas (SONCHIMIO)			As microbolhas, ao serem activadas por ondas de US, geram uma modulação da permeabilidade das barreiras biológicas, amplificando assim o extravasamento de fármacos/marca dores	n (ondas US + microbolhas gasosas). O doente continua a receber a quimioterapia sistémica habitual	

				fluorescentes através de um processo conhecido como sonoporação		

15. A medicina e a máquina

Estas aplicações incorporam provas reconhecíveis de grupos que podem necessitar de intervenção para evitar o avanço da infeção, sendo particularmente viáveis no tratamento de infecções constantes. Baseado na IA Dada a sua capacidade de determinar fragmentos de conhecimento a partir de grandes volumes, podem ser oferecidos instrumentos de assistência Encontrar desenhos na sua informação e revelar padrões prescientes em combinação com Estão a ser criadas capacidades de investigação e aparelhos para IA em grande escala. Utilize fontes de informação clínica não tradicionais, como o movimento versátil do telefone Espere o avanço da praga e ocupe ativos vitais Direitos onde você mais gostaria, no momento adequado informações do telefone celular Já foi utilizado para demonstrar a praga da cólera no Haiti desde 2010. A febre da dengue eclodiu no Paquistão em 2013. Em 2016, a Malásia tornou-se a principal nação. Aplicativo de previsão de flagelo de dengue de emprego mundial Plataforma de Expectativa de Flare-up de Dengue. Utilizar a IA para analisar a geologia, o clima, o clima e outros parâmetros.

Além disso, a IA pode ser utilizada para mostrar taxas de frequência variáveis. doenças não transmissíveis Para este caso, foi criada uma demonstração de aprendizagem automática para prever o peso infantil e propor uma hipótese não-padrão de Corpulência Componentes que os especialistas em cuidados de saúde podem começar a considerar declaração (Pawlicki, Choras, & Kozik, 2018).

16. Aplicação da inteligência artificial na I&D de produtos farmacêuticos

Para desvendar o método de investigação e de aperfeiçoamento, são reconhecidas duas fases fundamentais: (1) a fase inicial e (2) a fase final da investigação e do aperfeiçoamento.

Uma fase inicial de investigação e avanço compreende a transformação do pensamento num plano e a implementação de um modelo que é testado em relação ao instrumento de trabalho teórico caracterizado no âmbito da investigação inicial sobre a fase. Foi incluído no modelo e avançou iterativamente durante o teste do modelo. São utilizados formulários simples de geração laboratorial para fornecer os valores utilizados na avaliação inicial dos artigos. Para além dos destaques específicos do produto, os desafios essenciais são o plano ponto a ponto do artigo e a execução correcta do modelo com uma preparação adaptável. Normalmente não é o centro do avanço tardio, na realidade chegando ao ponto em que a administração do ciclo de vida do item é considerada uma das contemplações vitais mais importantes (Quaglini, 2003).

17. A medicina e a máquina: Sinergias entre a IA e os cuidados de saúde

A promoção de escolhas clínicas com base em fragmentos de informação recolhidos a partir de dados passados está no cerne da farmácia baseada em provas. De um modo geral, as técnicas genuínas aproximaram esta tarefa caracterizando os planos de dados como condições lógicas, por exemplo, o retrocesso direto implica a "linha de melhor ajuste". Através da aprendizagem automática (ML), os conhecimentos falsos fornecem estratégias que revelam associações complexas que não podem ser reduzidas com êxito a uma condição. Por exemplo, as estruturas neuronais comunicam com os dados através de vários neurónios interligados ou, talvez, tal como o cérebro humano. Isso permite que os sistemas de ML abordem a compreensão de questões complexas de forma razoável como um profissional faria, pesando cuidadosamente a demonstração para tirar conclusões ensinadas. De forma alguma como um único especialista, esses sistemas podem, ao mesmo tempo, rastrear e planejar rapidamente um todo sem limites de entrada. Para mostrar desprezo pela realidade de que os conhecimentos falsos podem ser um campo vasto, este artigo centra-se, por assim dizer, nos métodos de ML devido à sua utilização omnipresente em aplicações clínicas básicas. (Xin, Man, & Yi, 2021).

18. Inteligência Artificial Médica (MedAI): Definição do âmbito de aplicação

Previsão da bioatividade através da IA.

A qualidade de uma molécula calma depende do seu favoritismo para a sua proteína alvo ou recetor.

As moléculas calmas que não se relacionam ou não mostram afeto com a proteína-alvo não estão aptas a provocar uma resposta de acomodação. Por conseguinte, o preconceito definitivo fármaco-alvo (DTBA) é fundamental para prever a naturalidade do fármaco-alvo. As técnicas baseadas na IA podem avaliar o favoritismo definitivo de um sedativo tendo em conta as propriedades ou semelhanças entre o sedativo e o seu alvo.

Considera uma combinação de propriedades das proteínas calmantes e alvo como dados de entrada e prevê a qualidade da interação entre as duas. Para os fármacos e os alvos, a representação Smiles e a composição de recolha de proteínas (PSC) são utilizadas para a representação, de forma independente (Kahn, 1992; Kim et al., 2020).

19. Redicção da bioatividade utilizando a IA: implicações para a descoberta de medicamentos

Os testes in vitro baseados em células são regularmente utilizados como estudos-piloto e, consequentemente, como estudos de criaturas para distinguir a nocividade dos compostos, aumentando assim os custos de revelação.

Para diminuir os custos, podem ser utilizados alguns aparelhos baseados na Web, como o LimTox, o pkCSM, o admetSAR e o Toxtree. (Kulkarni et al., 2024; Khan et al., 2020).

Quadro 3: diferentes ferramentas de IA para a química e os cuidados de saúde (LOVEDAY, 2000).

Ferramentas	Detalhes	URL do sítio Web
DeepChem	Modelo MLP que utiliza um sistema de IA baseado em python para encontrar um candidato adequado na descoberta de medicamentos	https://github.com/deepchem/deepchem
DeepTox	Software que prevê a toxicidade de um total de 12 000 medicamentos	www.bioinf.jku.at/research/DepTox
DeepNeuralNetQSAR	Sistema baseado em Python orientado por ferramentas computacionais que ajudam a detetar a atividade molecular de compostos	https://github.com/Merck/DeepNeuralNet-QSAR
ORGÂNICO	Uma ferramenta de geração molecular que ajuda a criar moléculas com as propriedades desejadas	https://github.com/aspuru- guzik-group/ORGANIC
PotencialNet	Utiliza NNs para prever a afinidade de ligação dos ligandos	https://pubs.acs.org/doi/full/10.1021/acscentsci.8b00507
Atingir o Dexter	Técnica ML para prever moléculas que	http://hitdexter2.zbh.uni-

	possam responder a ensaios bioquímicos	hamburg.de
DeltaVina	Uma função de pontuação para a correção da afinidade de ligação de um medicamento	https://github.com/chengwang 88/deltavina
Neurógrafo impressão digital	Ajuda a prever as propriedades de novas moléculas	https://github.com/HIPS/neural -impressão digital
AlfaFold	Prevê estruturas 3D de proteínas	https://deepmind.com/blog/alp hafold [13]

20. A opinião das pessoas sobre a forma como a IA as trata

Em todo o caso, muitos vêem uma oportunidade promissora para que os conhecimentos fabricados expulsem a vergonha reparadora, como o cancro da pele, e, na verdade, examinem os sinais imperativos de um doente.

E para a maior parte dos americanos (15%) que vêem a parcialidade racial e étnica como um problema de bem-estar, as questões de vergonha e de mau tratamento estão a melhorar em vez de se tornarem mais lamentáveis à medida que a IA se torna mais disponível. Uma percentagem muito mais elevada (51%) afirma que sim. Isto inclui o diagnóstico de infecções e a sugestão de tratamentos aos doentes.

Os jovens adultos, os homens e os indivíduos com instrução superior estão mais abertos à utilização da IA nos cuidados de saúde. Enquanto alguns são positivos em relação à utilização da IA nos cuidados de saúde, o medo permanece no ar avassalador. Em diferenciação, a maior parte (63%) ou aqueles que nunca ouviram falar de IA (70%) disseram que ficaram estranhos quando seus fornecedores de saúde utilizaram IA. pegar.

Um terço afirma que a questão se mantém em grande medida inalterada (LOVEDAY, 2000).

21. Reação das pessoas à pergunta

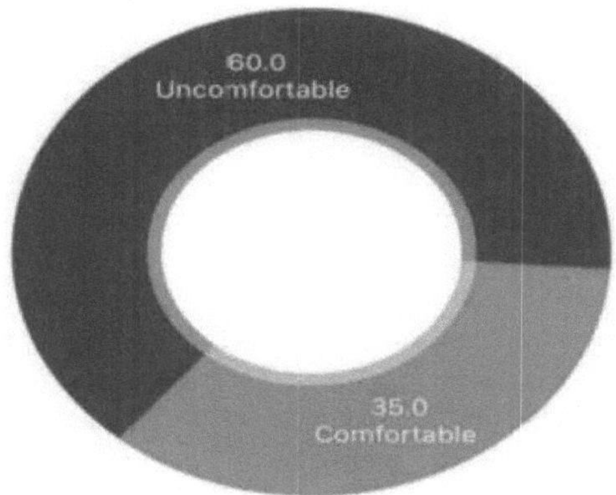

FIG:4.1 Síntese do inquérito realizado pelo PES INSTITUTE (P. Como se sentiria se o seu prestador de cuidados de saúde confiasse na IA para os seus cuidados médicos)

22. Reação das pessoas à pergunta

A medida conduziria a__ resultados em termos de saúde para os doentes

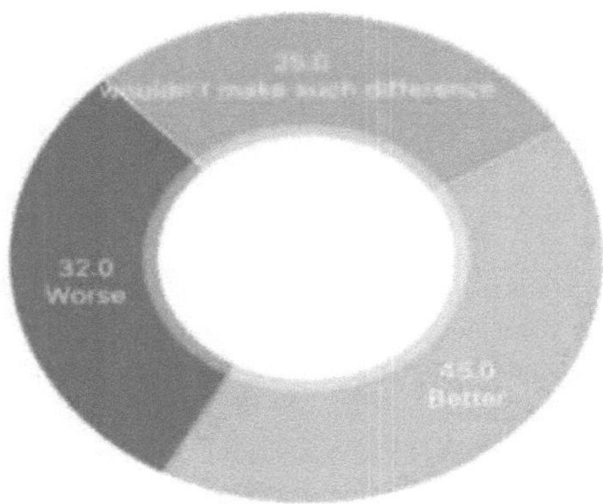

FIG:4.2 Síntese do inquérito efectuado pelo INSTITUTO PES (P. Conduziria a__ resultados de saúde para os doentes)

23. Desafios técnicos no desenvolvimento da IA

As estratégias baseadas na aprendizagem automática dependem intensamente da acessibilidade de grandes quantidades de informação de preparação de alta qualidade, pelo que se deve ter o cuidado de reunir informações de agentes da população compreensiva de intrigados (McGee et al., 1990; Mitra, 1996).

Por exemplo, uma demonstração elaborada com base nas informações de um hospital não pode ser generalizada para outro, uma vez que as informações de diferentes situações de cuidados de saúde podem conter diversos tipos de inclinações e comoções.

A execução de um ambiente informático para reunir, armazenar e partilhar os EHRs e outras informações delicadas sobre restauração continua a ser um desafio. A utilização generalizada de um quadro deste tipo exige, em todo o caso, o desenvolvimento de aplicações interoperáveis que cumpram as directrizes para a apresentação de informações clínicas. A integração profunda e coerente de informações sobre aplicações e locais de cuidados de saúde continua a ser escassa e moderadamente lenta. Quase todas as aplicações restaurativas detalhadas da IA foram realizadas utilizando informações de revisão recolhidas para investigação e confirmação de princípios. As reflexões prospectivas permitem reconhecer melhor as vulnerabilidades dos modelos de IA em situações clínicas heterogéneas e turbulentas do mundo real (Pawlicki, Choras, & Kozik, 2018; Quaglini, 2003).

24. IA no fabrico de produtos farmacêuticos

À medida que as formas de fabrico se tornam mais complexas e as exigências de viabilidade alargada e de qualidade aumentam, os sistemas de fabrico de ponta procuram trocar dados humanos por máquinas, alterando assim continuamente as técnicas de fabrico. A junção da IA ao fabrico parece impulsionar a indústria farmacêutica. Dispositivos como o CFD utilizam a estratégia do solucionador de Navier-Stokes com média de Reynolds. Esta estratégia considera aproximadamente os impactos do desenvolvimento e extensão em engenhocas distintas (como tanques mistos) e tira proveito da mecanização de várias operações farmacêuticas.

O Meta Classificador e o Classificador de Comprimidos são dispositivos de IA que oferecem ajuda para escolher referências de qualidade para o extremo e assinalar falhas concebíveis no fabrico de comprimidos. Um auto-evidente foi registado delineando um sistema que pode escolher a combinação perfeita de calma e regime de dosagem para cada calma utilizando um processador que obtém informações calmas e planeja o acordo transdérmico especificado adequadamente (Riaño et al., 2019; Ross et al., 2011).

25. IA na gestão de produtos farmacêuticos

A localização do anúncio é o método de criar uma identidade do artigo no anúncio para atrair os compradores a adquiri-lo, tornando-se um elemento fundamental em quase todas as técnicas de comércio para as empresas criarem a sua personalidade única. Esta abordagem foi utilizada na apresentação da marca pioneira Viagra, em que a empresa se centrou não no tratamento da disfunção erétil dos homens, mas também noutras questões que influenciam a qualidade de vida. Com a ajuda da tecnologia e do comércio eletrónico como palco, tornou-se mais simples para as empresas promoverem um reconhecimento comum da sua marca no espaço aberto.

Faz a diferença decidir técnicas de promoção de artigos com base em números exactos de pedidos de clientes (Shortliffe, 1991).

26. Nanorrobôs baseados em IA para administração de medicamentos

Os nanorrobôs incorporam essencialmente um reforço seguro da informação, supervisionado por avanços informáticos, tais como circuitos de coordenadas, sensores, fontes de controlo e IA. São modificados para manter uma distância estratégica de colisões, distinguir, reconhecer, juntar-se a alvos e, eventualmente, sair do corpo. Os progressos nos nanobots permitirão que emigrem para locais-alvo com base em condições fisiológicas, como o pH, fazendo progressos na adequação e diminuindo os impactos secundários sistémicos. O avanço dos nanorrobôs implantáveis planeados para o transporte controlado de sedativos e de qualidade requer a reflexão sobre parâmetros como a titulação das medições, a descarga mantida e a descarga controlada, e a descarga de medicamentos inclui NN, raciocínio fofo e integrador.

27. Aplicações da IA no desenvolvimento de medicamentos

A tarefa de encontrar drogas frutíferas não utilizadas é problemática e, mais criticamente, a parte mais problemática da melhoria dos sedativos. Normalmente causado pela medida colossal do chamado espaço químico, avaliado em 1060 partículas. Os avanços incorporados na IA acabaram por se tornar dispositivos flexíveis que podem ser utilizados de forma omnipresente em diversas fases do melhoramento dos medicamentos, como a preparação da tomada de decisões para a inscrição de doentes em ensaios clínicos. Essas aplicações potenciais de IA oferecem aberturas para combater os aspectos de desperdício e vulnerabilidades características das estratégias tradicionais de avanço de medicamentos, ao mesmo tempo em que minimizam a inclinação e os impedimentos humanos na preparação. Outras aplicações de IA no aprimoramento de sedativos incorporam a antecipação de átomos semelhantes a drogas, propriedades farmacológicas, propriedades de proteínas, viabilidade, combinações de sedativos, conexões de alvo de drogas e caminhos de engenharia potenciais para reaproveitamento de sedativos. incluído. A era dos biomarcadores não utilizados e dos alvos úteis, a farmácia personalizada baseada em marcadores ómicos e a divulgação de afiliações entre fármacos e doenças irão, além disso, capacitar a prova distintiva de vias de sinalização modernas e alvos que utilizam o exame de abandono. O DL tem sido surpreendentemente frutífero na proposta de candidatos a medicamentos poderosos e na previsão precisa de suas propriedades e perigos potenciais de nocividade. Evite problemas anteriores no avanço de medicamentos - analisar enormes conjuntos de dados e selecionar compostos com erros padrão insignificantes requer custos caros de P&D e mais de US $ 2.5 bilhões em tempo e mais de 10 anos. As estratégias de IA que consomem muito tempo tornam isso concebível atualmente. A inovação da IA pode ser usada para conduzir investigações não utilizadas para reforçar a prova reconhecível do alvo do medicamento moderno, plano sedado criterioso e reaproveitamento sedado (Widman, 1991).

28. IA na síntese de compostos semelhantes a medicamentos

As moléculas semelhantes a medicamentos são compostos que obedecem à **lei de Lipinski**

(i)   peso molecular <1.

(ii) dador de ligações de hidrogénio <5;

(iii) aceitador de ligações de hidrogénio <10;

(iv) LogP calculado (cLogP) <1. 5.

A união retro é amplamente utilizada pelos químicos para a mistura de partículas semelhantes a fármacos. O passo essencial dentro da abordagem retrosintética é analisar recursivamente os compostos alvo e alterá-los progressivamente em pequenas partes ou peças de construção que podem ser obtidas ou criadas com sucesso. O passo minucioso consiste em reconhecer as reacções que transformam estas partes em compostos-alvo. A etapa minuciosa é a mais problemática, uma vez que é difícil para o cérebro humano inquirir sobre o grande número de reacções comuns relacionadas disponíveis no interior da composição para selecionar a reação concebível mais importante. A fase 3N do MCTS demonstrou ser muito mais rápida e predominante em relação aos sistemas normais de retrosíntese assistida por computador. Esta disposição foi capaz de sugerir percursos viáveis num tempo, em geral, breve e sem etapas indevidas. Em todo o caso, as estimativas quantitativas das extensões enantioméricas ou diastereoméricas e a progressão dos gráficos concebidos para as coisas características são necessidades dispensadas (Xing, Giger, & Min, n.d.).

29. Prever o modo de ação dos compostos utilizando a IA

O potencial dos estágios de IA para esperar impactos no alvo e fora do alvo e o perfil de segurança in vivo de compostos algumas vezes depois de serem sintetizados é energizante para aqueles incluídos dentro da alça de aprimoramento calmo, especialmente químicos restauradores. dentes. A disponibilidade de tal organizador diminuirá o tempo de aprimoramento da cura, os custos de P&D e o salário. Casos de tais fases são DeepTox (prever a nocividade de compostos não utilizados) e Pro (prever a nocividade potencial em ensaios clínicos). Um conjunto de afiliações dadas. A b-lapachona esperada como modulador alostérico e reversível da 5-lipoxigenase (5-LO). As expectativas são apoiadas utilizando um grau valioso de 5-LO. Outro instrumento de IA:

As associações entre estrutura e atividade de leitura (RASAR), que relacionam a estrutura nuclear e as propriedades nocivas através da análise de bases de dados químicas colossais, têm sido muito úteis para esperar com precisão a nocividade dos compostos escuros (Xing, Giger, & Min, n.d.; Xin, Man, & Yi, 2021).

30. IA no reposicionamento de medicamentos

Com a IA, a estratégia de reutilização tranquila torna-se mais bloqueada e sensata. O conceito de aplicação de terapêuticas existentes a doenças de ponta é produtivo, uma vez que os medicamentos de ponta são qualificados para organizar a inscrição em ensaios da Organização II para sinais distintos, sem a necessidade de passar por ensaios clínicos da Organização I ou ensaios toxicológicos. é. Os procedimentos in silico para prever as propriedades farmacológicas dos fármacos e a sua reorientação utilizando dados transcriptómicos de diferentes sistemas naturais e estados por aplicações DL têm sido ponto por ponto. As GANs são um avanço espantoso que permite às empresas de DL criar imagens fotorrealistas a partir de retratos académicos. Assim, para além de analisar os seus dados, esta fase pode realizar algumas tarefas invulgares como: Foram feitos esforços para obter dados a priori para ajudar químicos talentosos e úteis a reconhecer candidatos promissores e estáveis, utilizando electroencefalógrafos móveis para avaliar as respostas a estruturas nucleares e propriedades numéricas. Para além disso, também exploramos sinais de inclinação nos tipos de partículas de medicamentos preferidos pelos químicos que não são claros na escolha da molécula concebida pela IA. (Xin, Man, & Yi, 2021).

31. Parcerias entre a indústria farmacêutica e as empresas de IA

Na área da saúde, especialmente em 2016 e 2017, várias empresas farmacêuticas estão a contribuir para empresas de IA e a formar meandros conjuntos para formar uma rebelião prevalecente na área da saúde. Isto consolida o avanço dos diagnósticos e biomarcadores, o reconhecimento de alvos sedados e a produção de medicamentos não utilizados. A passagem dos cuidados de saúde farmacêuticos comuns para os cuidados de saúde com IA do dia a dia está centrada nas bases de dados. Este exame principal de dados combinado com ML ou DL é caracterizado em cálculos. Desta forma, contribuirá inconcebivelmente para a IA de contagem farmacêutica de ponta avançada. A Exscientia é uma empresa de IA especializada na divulgação da calma fenotípica. O exame humano de conjuntos de dados extremamente complexos para divulgação de calma fenotípica de alto conteúdo foi removido e ultrapassado pela IA. Os planos estáveis de progresso rápido podem ser feitos de forma viável, testando cada composto de fabrico recente e comparando-o com a execução esperada e outros iotas. Organizações entre a indústria farmacêutica e as empresas de IA A rápida atribuição de IA nestas colaborações delineou a centralidade do avanço da IA para examinar espaços organizados muito maiores e descobrir iotas sem precedentes com propriedades que ultrapassam as das partículas padrão. É diretamente concebível. HTS de rotina porque era (Bohr & Memarzadeh, 2020)".

Quadro 4: São apresentadas ferramentas assistidas por computador baseadas em IA utilizadas na descoberta de medicamentos (Bohr & Memarzadeh, 2020; Briganti & Moine, 2020).

Ferramentas assistidas por computador utilizadas na descoberta de medicamentos	Sítios Web	Descrição
Chemputer	https://zenodo.org/record/1481731	Estabelecimento mais normalizado para a comunicação da síntese química
ODDT	https://github.com/oddt/	Para utilização em quimioinformática e modelação molecular
ORGÂNICO	https://github.com/aspuru-guzik-group/ORGANIC	Ferramenta de geração molecular para criar moléculas com as características desejadas
DeepChem	https://github.com/deepchem/deepchem	Uma ferramenta de IA baseada em python para previsões de descoberta de medicamentos
DeepNeuralNet-QSAR	https://github.com/Merck/DeepNeuralNet-QSAR	Previsões da atividade molecular
Gráfico neural Impressões digitais	https://github.com/HIPS/neural	impressão digital Previsão da propriedade de novas moléculas

Atingir o Dexter	https://github.com/HIPS/neural-impressão digital	Modelos de aprendizagem automática para a previsão de moléculas que possam responder a ensaios bioquímicos
NNScore	http://rocce-vm0.ucsd.edu/data/sw/hosted/nnscore/	Análise da função de pontuação baseada em redes neuronais para interacções proteína-ligando
DeepTox	www.bioinf.jku.at/research/DeepTox	Previsão da toxicidade e biocompatibilidade
PotencialNet	https://pubs.acs.org/doi/full/10.1021/acscentsci.8b00507	Afinidade de ligação do ligando previsão baseada numa rede neural convolucional de grafos
REINVENTAR	https://github.com/MarcusOlivecrona/REINVENT	Conceção molecular de novo utilizando RNN e aprendizagem por reforço
DeltaVina	https://github.com/chengwang88/deltavina	Uma função de pontuação para a correção da afinidade de ligação proteína-ligante
AlphaFold	https://deepmind.com	Previsão da estrutura 3D da proteína

32. Papel da IA nas perturbações do estilo de vida

Estão a surgir novas abordagens para avaliar e melhorar o bem-estar, impulsionadas pelos avanços tecnológicos e pela abundância de dados sobre saúde e comportamento. Isto desencadeou o conceito de um sistema de saúde inteligente, que utiliza a monitorização remota dos doentes para otimizar a atribuição de recursos e dar prioridade a cuidados personalizados e preventivos. Este sistema tem como objetivo incentivar estilos de vida saudáveis e prevenir o aparecimento de doenças.

A emergência de métodos orientados para a IA no domínio do bem-estar está a facilitar a tomada de decisões e comportamentos de saúde mais bem informados. Esta discussão centra-se na implementação da IA em várias dimensões do bem-estar, orientando os leitores para análises exaustivas do papel da IA no bem-estar em geral ou em áreas específicas. Organizamos as aplicações da IA nos cuidados de saúde com base em factores de bem-estar para demonstrar como a IA melhora a avaliação, as estratégias de intervenção e a compreensão dos mecanismos relacionados. Além disso, salientamos a forma como as tecnologias e fontes de dados existentes estão a ser aproveitadas para promover a saúde personalizada, incluindo a monitorização do bem-estar. Com base na literatura existente, esta secção categoriza o bem-estar em aspectos físicos, mentais e sociais, com subdivisões adicionais que englobam dieta, fitness, atividade física (AF), sono, saúde sexual e reprodutiva (SRH), saúde mental, factores comportamentais, determinantes ambientais e sociais da saúde (SDOH) e ferramentas de rastreio remoto.

32.1. Dieta

A alimentação desempenha um papel crucial no bem-estar físico, afectando o risco de doenças como a obesidade, a diabetes e as perturbações metabólicas, que, por sua vez, influenciam as taxas de mortalidade geral e cardiovascular. A tecnologia de IA pode ajudar a adaptar as intervenções para apoiar os indivíduos na manutenção de hábitos alimentares mais saudáveis. Uma abordagem de Anselma et al. introduziu um quadro de IA concebido para tratar os desvios dos planos de dieta. Ao contrário dos sistemas tradicionais de planeamento linear de refeições, este quadro oferece flexibilidade, recompensando as escolhas saudáveis e ajustando as recomendações com base na ingestão real de alimentos pelos utilizadores, promovendo assim a adesão aos objectivos alimentares.

32.2. Aptidão física e atividade física

Uma atividade física (AF) insuficiente acarreta riscos de doenças metabólicas, problemas cardiovasculares e cancro. Os investigadores têm explorado a utilização de dispositivos portáteis e smartphones para monitorizar os níveis de AF. A avaliação dos gastos energéticos (EEs) é crucial para avaliar se alguém cumpre as directrizes recomendadas para a AF. Montoye et al. realizaram um estudo que comparou a precisão de diferentes posicionamentos do acelerómetro - anca, coxa e ambos os pulsos - na previsão do EE utilizando redes neuronais (NN) com 44 participantes. Estes participantes realizaram 14 actividades de diferentes intensidades durante 90 minutos num laboratório. Os EEs previstos foram depois comparados com os medidos pelo analisador metabólico portátil Oxycon. Foram treinadas NNs separadas para cada localização do acelerómetro. Embora todos os modelos tenham mostrado uma elevada precisão (correlação R > 0,80), os acelerómetros da coxa produziram as estimativas mais precisas (correlação R = 0,90) para a EE. Este estudo destaca o potencial das NN para estimar com precisão a EE a partir de dados de acelerómetros. A investigação futura poderá alargar estes resultados a contextos do mundo real, oferecendo recomendações personalizadas de AF adaptadas a necessidades específicas.

32.3. Dormir

Para além da alimentação e da atividade física, o sono desempenha um papel crucial no bem-estar geral. É um fenómeno multifacetado afetado por factores biológicos, comportamentais e ambientais. A aplicação de algoritmos de IA a dados recolhidos a partir de sensores, dispositivos portáteis e estudos epidemiológicos pode revolucionar a investigação sobre o sono, oferecendo informações valiosas sobre a saúde. Ao reunir dados destas diversas fontes, os investigadores podem identificar variações individuais nos comportamentos de sono e adaptar intervenções para distúrbios do sono. Com a ajuda de tecnologias de saúde inteligentes, como os dispositivos portáteis, a monitorização do sono torna-se simples e contínua, fornecendo informações valiosas sobre os padrões de sono e o seu impacto. Muitos dispositivos portáteis disponíveis no mercado podem medir com precisão aspectos como a duração, o horário e a qualidade do sono.

32.4. Saúde sexual e reprodutiva

Semelhante ao bem-estar, a Saúde Sexual e Reprodutiva (SSR) engloba o bem-estar físico, mental e social relacionado com a sexualidade e os sistemas reprodutivos. O acompanhamento das alterações fisiológicas ao longo do tempo pode permitir avaliações de saúde mais adaptadas. Por exemplo, Penders et al. utilizaram tecnologia vestível para monitorizar quatro factores de estilo de vida (atividade física, sono, stress e dieta/gestão do peso) durante a gravidez. Além disso, está provado que a utilização de dispositivos móveis e portáteis alivia as emoções negativas associadas à SSR, oferecendo opções de cuidados à distância.

32.5. Saúde mental

A saúde mental, um aspeto crucial do bem-estar geral, engloba o bem-estar emocional, psicológico e social e é influenciada por vários factores, como a biologia, os acontecimentos da vida e os antecedentes familiares. O stress psicológico, que contribui significativamente para doenças como a depressão e a ansiedade, desencadeia reacções fisiológicas. A monitorização dos níveis de stress é essencial para avaliar com precisão o estado mental de uma pessoa. Embora os sintomas de stress variem entre indivíduos, as respostas fisiológicas comuns, como o aumento da frequência cardíaca e a transpiração, ocorrem universalmente.

Gjoreski et al. propuseram um método de deteção de stress que envolve três condições: (1) utilização da pulseira Empatica E4 para recolher dados fisiológicos (frequência cardíaca, atividade electrodérmica, volume sanguíneo, intervalos entre batimentos e temperatura da pele), (2) acompanhamento da atividade através do acelerómetro do dispositivo e (3) recolha de informações contextuais através de registos de stress e de avisos fornecidos por smartphones para uma avaliação ecológica momentânea. Foram utilizados algoritmos de inteligência artificial, incluindo naive Bayes, k-nearest neighbors, máquinas de vectores de apoio, árvores de decisão e florestas aleatórias, para desenvolver modelos de deteção de stress com base em factores contextuais em intervalos de 20 minutos. (Cho et al., 2021).

Conclusão

Esta investigação de insights falsificados (IA) na área da saúde e seu impacto na administração do modo de vida, uma obra de arte bordada de resultados e desafios concebíveis se desenrola. Mergulhamos no funcionamento desconcertante da IA, suas diferentes formas e seu potencial para revolucionar os cuidados de saúde, desde a determinação clínica até a divulgação de medicamentos. Para além disso, considerámos as sugestões morais, legais e sociais de confiar o nosso bem-estar a máquinas inteligentes.

Por um lado, a IA apresenta um constrangimento transformador. A sua capacidade para analisar conjuntos de dados intermináveis, reconhecer concepções e criar expectativas oferece aberturas excepcionais para cuidados farmacêuticos e preventivos personalizados. Imaginemos um futuro em que os cálculos feitos com recurso à IA possam antecipar com precisão a sua probabilidade de contrair uma doença, provocando uma mediação precoce e possivelmente poupando vidas. Ou imagine companheiros de IA que se adaptam à sua contagem de calorias e ao seu exercício físico com base em informações fisiológicas em tempo real, envolvendo-o na supervisão proactiva do seu bem-estar.

O efeito na administração do modo de vida é igualmente significativo. As aplicações alimentadas por IA podem acabar por ser treinadores avançados, orientando-nos para propensões mais vantajosas com base nas nossas necessidades e inclinações especiais. Imaginemos colaboradores inteligentes a fornecer planos dietéticos personalizados, a prescrever exercícios físicos ajustados aos nossos níveis de bem-estar e a publicitar métodos de atenção plena para supervisionar o impulso. Tais mediações têm o potencial de nos empurrar para escolhas mais benéficas, fazendo progressos no nosso bem-estar geral. Desta forma, à medida que avançamos, o avanço e a execução fiáveis da IA nos cuidados de saúde são significativos. Sistemas morais vigorosos, cálculos directos e uma supervisão humana progressiva são fundamentais para garantir que a IA serve a melhor interface da humanidade. Devemos cultivar a colaboração entre analistas, clínicos, formuladores de políticas e o aberto para explorar a moral e a sociedade.

Referências:

1. Anderson, J., & Rainie, L. (2018). Improvements Ahead: How Humans and AI Might Evolve Together in the next Decade [Como os seres humanos e a IA podem evoluir juntos na próxima década]. Centro de Investigação Pew: Internet, Science & Tech. https://www.pewresearch.org/internet/2018/12/10/improvements-ahead-how-humans-and-ai-might-evolve-together-in-the-next-decade/

2. Bentley, P., Ganesalingam, J., Carlton Jones, A. L., Mahady, K., Epton, S., Rinne, P., et al. (2014). Previsão do resultado da trombólise do AVC usando o aprendizado de máquina do cérebro CT. NeuroImage: Clinical, 4, 635-640. https://www.ncbi.nlm.nih.gov/pmc/articles/PMC4024956/

3. Britannica. (n.d.). Qual é o impacto da tecnologia de inteligência artificial (IA) na sociedade? Recuperado em 13 de outubro de 2023, de https://www.britannica.com/question/What-is-the-impact- of-artificial-intelligence-AI-technology-on-society

4. Christiansen, M. P., Garg, S. K., Brazg, R., Bode, B. W., Bailey, T. S., Slover, R. H., et al. (2017). Precisão de um sensor de glicose contínuo subcutâneo de quarta geração. Diabetes Tecnologia& Therapeutics, 19(8), 446-456. https://www.ncbi.nlm.nih.gov/pmc/articles/PMC5567873/

5. IBM. (n.d.). O que é a Inteligência Artificial (IA)? Obtido em https://www.ibm.com/topics/artificial-intelligence#:~:text=While%20a%20number%20of%20definitions

6. Laskowski, N., & Tucci, L. (2022). O que é a Inteligência Artificial (IA)? TechTarget. https://www.techtarget.com/searchenterpriseai/definition/AI-Artificial-Intelligence

7. Liu, S., Li, Y., Zeng, X., Wang, H., Yin, P., Wang, L., et al. (2019). Carga de doenças cardiovasculares na China, 1990-2016. JAMA Cardiology, 4(4), 342.

8. Management Solutions. (n.d.). Inteligência Artificial Explicável. Recuperado de https://www.managementsolutions.com/en/microsites/whitepapers/explainable-artificial-intelligence

9. McCarthy, J. (2019). O que é a IA? / Perguntas básicas. Stanford.edu. http://jmc.stanford.edu/artificial-intelligence/what-is-ai/index.html

10. Vaishya, R., Javaid, M., Khan, I. H., & Haleem, A. (2020). Aplicações de Inteligência Artificial (IA) para a pandemia COVID-19. Diabetes e Síndrome Metabólica: Clinical Research & Reviews, 14(4), 337-339. https://www.ncbi.nlm.nih.gov/pmc/articles/PMC7195043/

11. Amann, J., Blasimme, A., Vayena, E., Frey, D., & Madai, V. I. (2020). Explicabilidade para inteligência artificial em saúde: uma perspetiva multidisciplinar. BMC Medical Informatics andDecisionMaking , 20(1). https://bmcmedinformdecismak.biomedcentral.com/articles/10.1186/s12911-020-01332-6

12. Akbar, A., Pillalamarri, N., Jonnakuti, S., & Ullah, M. (2021). Inteligência artificial e orientação da medicina na bolha. Cell & Bioscience, 11(1).

13. Baskin, I. I., Winkler, D., & Tetko, I. V. (2016). Um renascimento das redes neurais na descoberta de medicamentos. Opinião de especialistas em descoberta de medicamentos, 11(8), 785-795.

14. Barak, A., Hen, L., Boniel-Nissim, M., & Shapira, N. (2008). A Comprehensive Review and a Meta-Analysis of the Effectiveness of Internet-Based Psychotherapeutic Interventions [Uma revisão abrangente e uma meta-análise da eficácia das intervenções psicoterapêuticas baseadas na Internet]. Journal of Technology in Human Services, 26(2-4), 109-160.

15. Bose, S., Chen, Y. Y., Connolly, J. L., de Baca, M. E., Fitzgibbons, P. L., Lester, S. C., et al. (2009). Protocol for the Examination of Specimens From Patients With Ductal Carcinoma In Situ of the Breast (Protocolo para o Exame de Espécimes de Pacientes com Carcinoma Ductal In Situ da Mama). Archives of Pathology & Laboratory Medicine, 133(1), 15-25.

16. Buch, V. H., Ahmed, I., & Maruthappu, M. (2018). Inteligência artificial na medicina:

tendências atuais e possibilidades futuras. Jornal Britânico de Clínica Geral, 68(668), 143-144.

17. Calaprice-Whitty, D., Galil, K., Salloum, W., Zariv, A., & Jimenez, B. (2020). Melhorando a triagem de participantes de ensaios clínicos com inteligência artificial (IA): A Comparison of the Results of AI-Assisted vs Standard Methods in 3 Oncology Trials (Uma Comparação dos Resultados de Métodos Assistidos por IA vs Métodos Padrão em 3 Ensaios Oncológicos). Therapeutic Innovation & Regulatory Science, 54(1), 69-74.

18. Christiansen, M. P., Garg, S. K., Brazg, R., Bode, B. W., Bailey, T. S., Slover, R. H., et al. (2017). Precisão de um sensor de glicose contínuo subcutâneo de quarta geração. Diabetes Technology & Therapeutics, 19(8), 446-456.

19. Cooke, J. R., Ayalon, L., Palmer, B. W., Loredo, J. S., Corey-Bloom, J., Natarajan, L., et al. (2009). Sustained Use of CPAP Slows Deterioration of Cognition, Sleep, and Mood in Patients with Alzheimer's Disease and Obstructive Sleep Apnea: A Preliminary Study (Um estudo preliminar). Journal of Clinical Sleep Medicine, 5(04), 305-309.

20. Curioni-Fontecedro, A. (2017). Uma nova era da oncologia através da inteligência artificial. ESMO Open, 2(2), e000198.

21. Das, S., Dey, R., & Nayak, A. K. (2021). Inteligência Artificial em Farmácia. Indian Journal of Pharmaceutical Education and Research, 55(2), 304-318.

22. Ellahham, S., Ellahham, N., & Simsekler, M. C. E. (2019). Aplicação da Inteligência Artificial no Contexto da Segurança dos Cuidados de Saúde: Opportunities and Challenges. American Journal of Medical Quality, 35(4), 106286061987851.

23. Hamet, P., & Tremblay, J. (2017). Inteligência artificial na medicina. Metabolismo, 69(Suppl 69), S36-S40.

24. Haddad, T. C., Helgeson, J., Pomerleau, K., Makey, M., Lombardo, P., Coverdill, S., et al. (2018). Impacto de um sistema de correspondência de ensaios clínicos de computação cognitiva numa prática ambulatória de oncologia. Jornal de Oncologia Clínica, 36(15_suppl), 6550-6550.

25. Hughes, J., Rees, S., Kalindjian, S., & Philpott, K. (2011). Principles of Early Drug Discovery. British Journal of Pharmacology, 162(6), 1239-1249.

26. Lakhani, P., & Sundaram, B. (2017). Aprendizagem profunda na radiografia de tórax: Classificação automatizada de tuberculose pulmonar usando redes neurais convolucionais. Radiologia, 284(2), 574-582.

27. Lester, S. C., Bose, S., Chen, Y. Y., Connolly, J. L., de Baca, M. E., Fitzgibbons, P. L., et al.
(2009). Protocol for the Examination of Specimens From Patients With Ductal Carcinoma In Situ of the Breast (Protocolo para o exame de amostras de doentes com carcinoma ductal in situ da mama). Archives of Pathology & Laboratory Medicine, 133(1), 15-25.

28. Mak, K. K., & Pichika, M. R. (2019). Inteligência artificial no desenvolvimento de medicamentos: situação atual e perspectivas futuras. Drug Discovery Today, 24(3), 773-780.

29. Mintz, Y., & Brodie, R. (2019). Introdução à inteligência artificial na medicina. Minimally Invasive Therapy & Allied Technologies, 28(2), 73-81.

30. Paul, D., Sanap, G., Shenoy, S., Kalyane, D., Kalia, K., & Tekade, R. K. (2020). Inteligência artificial na descoberta e desenvolvimento de medicamentos. Drug Discovery Today, 26(1).

31. Peyser, T., Dassau, E., Breton, M., & Skyler, J. S. (2014). O pâncreas artificial: estado atual e perspectivas futuras na gestão da diabetes. Anais da Academia de Ciências de Nova

Iorque, 1311(1), 102-123.

32. ProCon. (2023). Inteligência Artificial (IA) - Os 3 principais prós e contras. https://www.procon.org/headlines/artificial-intelligence-ai-top-3-pros-and-cons/

33. Quaglini, S. (2003). Inteligência Artificial em Medicina Europa AIME '01. Inteligência Artificial em Medicina, 29(1-2), 1-3.

34. Richardson, J. P., Smith, C., Curtis, S., Watson, S., Zhu, X., Barry, B., et al. (2021). Apreensões dos pacientes sobre o uso de inteligência artificial na área da saúde. npj Digital Medicine, 4(1), 1-6.

35. Tanaka, J. W., Wolf, J. M., Klaiman, C., Koenig, K., Cockburn, J., Herlihy, L., et al. (2010). Utilização de jogos computorizados para ensinar competências de reconhecimento facial a crianças com perturbação do espetro do autismo: o programa Let's Face It! Journal of Child Psychology and Psychiatry, 51(8), 944952.

36. Vaishya, R., Javaid, M., Khan, I. H., & Haleem, A. (2020). Aplicações de Inteligência Artificial (IA) para a pandemia COVID-19. Diabetes e Síndrome Metabólica: Clinical Research & Reviews, 14(4), 337-339.

37. Xin, Y., Man, W., & Yi, Z. (2021). A tendência de desenvolvimento da inteligência artificial na medicina: Uma análise patentométrica. Inteligência Artificial nas Ciências da Vida, 1, 100006.

38. Yu, K. H., Beam, A. L., & Kohane, I. S. (2018). Inteligência artificial na área da saúde. Nature Biomedical Engineering, 2(10), 719-731.

39. Basit, A., Zafar, M., Liu, X., Javed. A. R., Jalil, Z., & Kifayat, K. (2020). Uma pesquisa abrangente de técnicas de deteção de ataques de phishing habilitadas para IA. Sistemas de Telecomunicações, 76(1). https://link.springer.com/article/10.1007/s11235-020-00733-2

40. Bohr, A., & Memarzadeh, K. (2020). Inteligência artificial em dados de saúde. Imprensa académica.

41. Briganti, G., & Moine, O. L. (2020). Inteligência Artificial em Medicina: Today and Tomorrow. Frontiers in Medicine, 7(27). https://doaj.org/article/545901a728d74d42af5cde4874bfbd30

42. Chaka, C. (2023). Deteção de conteúdo de IA em respostas geradas pelo ChatGPT, YouChat e Chatsonic: O caso de cinco ferramentas de deteção de conteúdo de IA. Journal of Applied Learning and Teaching, 6(2). https://journals.sfu.ca/jalt/index.php/jalt/article/view/861/621

43. Hughes, J., Rees, S., Kalindjian, S., & Philpott, K. (2011). Principles of Early Drug Discovery. British Journal of Pharmacology, 162(6), 1239-1249. Basit, A., Zafar, M., Liu,

44. X., Javed, A. R., Jalil, Z., & Kifayat, K. (2020). Uma pesquisa abrangente de técnicas de deteção de ataques de phishing habilitadas para IA. Sistemas de Telecomunicações, 76(1). https://link.springer.com/article/10.1007/s11235-020-00733-2

45. Bohr, A., & Memarzadeh, K. (2020). Inteligência artificial em dados de saúde. Imprensa académica.

46. Briganti, G., & Moine, O. L. (2020). Inteligência Artificial em Medicina: Today and Tomorrow. Frontiers in Medicine, 7(27). https://doaj.org/article/545901a728d74d42af5cde4874bfbd30

47. Chaka, C. (2023). Deteção de conteúdo de IA em respostas geradas pelo ChatGPT, YouChat e Chatsonic: O caso de cinco ferramentas de deteção de conteúdo de IA. Journal of Applied Learning and Teaching, 6(2).

https://journals.sfu.ca/jalt/index.php/jalt/article/view/861/621

48. Hughes, J., Rees, S., Kalindjian, S., & Philpott, K. (2011). Principles of Early Drug Discovery. British Journal of Pharmacology, 162(6), 1239-1249.

49. Kahn, M. G. (1992). Workshop de inteligência artificial em medicina. Artificial Intelligence in Medicine, 4(5), 409-411.

50. Kim, A., Park, M., & Lee, D. H. (2020). AI-IDS: Aplicação de aprendizagem profunda à deteção de intrusão na Web em tempo real. IEEE Access, 8, 70245-70261.

51. Kulkarni, S., Jaiprakash Dwived, Dinda Pramanta, & Tanaka, Y. (2024). Inteligência computacional de ponta para sistemas IoT habilitados para IA. CRC Press eBooks.

52. Khan, S., Barve, K. H., & Kumar, M. S. (2020). Avanços recentes na patogénese, diagnóstico e tratamento da doença de Alzheimer. Current Neuropharmacology, 18(11).

53. LOVEDAY, B. (2000). Managing Crime: Police Use of Crime Data as an Indicator of Effectiveness. International Journal of the Sociology of Law, 28(3), 215-237.

54. McGEE, R., FEEHAN, M., WILLIAMS, S., PARTRIDGE, F., SILVA, P. A., & KELLY, J.
(1990) . DSM-III Disorders in a Large Sample of Adolescents (Perturbações do DSM-III numa grande amostra de adolescentes). Journal of the American Academy of Child & Adolescent Psychiatry, 29(4), 611-619.

55. Mitra, D. (1996). Massively parallel artificial intelligence. Inteligência Artificial em Medicina, 8(3), 323-324.

56. Pawlicki, M., Michal Choras, & Kozik, R. (2018). Implementações recentes de computação granular e sua viabilidade no domínio da cibersegurança. Disponibilidade, fiabilidade e segurança.

57. Quaglini, S. (2003). Inteligência Artificial em Medicina Europa AIME '01. Inteligência Artificial em Medicina, 29(1-2), 1-3.

58. Riaño, D., Szymon Wilk, Annette Ten Teije, & Springerlink (Online Service. (2019). Inteligência Artificial em Medicina: 17ª Conferência sobre Inteligência Artificial em Medicina, AIME 2019, Poznan, Polónia, 26-29 de junho de 2019, Proceedings. Springer International Publishing.

59. Ross, A. C., Manson, J. E., Abrams, S. A., Aloia, J. F., Brannon, P. M., Clinton, S. K., et al. (2011). O relatório de 2011 sobre as doses de referência dietética para cálcio e vitamina D do Instituto de Medicina: O que os clínicos precisam de saber. The Journal of Clinical Endocrinology & Metabolism, 96(1), 53-58.

60. Shortliffe, E. H. (1991). Artificial Intelligence in Medicine: Weighing the Accomplishments, Hype, and Promise. Yearbook of Medical Informatics, 28(01), 257-262.

61. Shortliffe, E. H. (1993). A adolescência da IA em medicina: Irá o campo atingir a maioridade nos anos 90? Artificial Intelligence in Medicine, 5(2), 93-106.

62. Widman, L. E. (1991). A history of medical informatics. Artificial Intelligence in Medicine, 3(6), 360-361.

63. Xing, L., Giger, M. L., & Min, J. K. (Eds.). (n.d.). Artificial intelligence in medicine: Base técnica e aplicações clínicas. Academic Press.

64. Xin, Y., Man, W., & Yi, Z. (2021). A tendência de desenvolvimento da inteligência artificial na medicina: Uma análise patentométrica. Inteligência Artificial nas Ciências da Vida, 1, 00006.

66. Kahn, M. G. (1992). Workshop de inteligência artificial em medicina. Artificial Intelligence in Medicine, 4(5), 409-411.

67. Kim, A., Park, M., & Lee, D. H. (2020). AI-IDS: Aplicação de aprendizagem profunda à deteção de intrusão na Web em tempo real. IEEE Access, 8, 70245-70261.

68. Kulkarni, S., Jaiprakash Dwived, Linda Pramanta, & Tanaka, Y. (2024). Computação de borda
Inteligência para sistemas IoT com IA. CRC Press eBooks.

69. Khan, S., Barve, K. H., & Kumar, M. S. (2020). Avanços recentes na patogénese, diagnóstico e tratamento da doença de Alzheimer. Current Neuropharmacology, 18(11).

70. LOVEDAY, B. (2000). Managing Crime: Police Use of Crime Data as an Indicator of Effectiveness. International Journal of the Sociology of Law, 28(3), 215-237.

71. McGEE, R., FEEHAN, M., WILLIAMS, S., PARTRIDGE, F., SILVA, P. A., & KELLY, J. (1990). DSM-III Disorders in a Large Sample of Adolescents (Perturbações do DSM-III numa grande amostra de adolescentes). Journal of the American Academy of Child & Adolescent Psychiatry, 29(4), 611-619.

72. Mitra, D. (1996). Massively parallel artificial intelligence. Inteligência Artificial em Medicina, 8(3), 323-324.

73. Pawlicki, M., Michal Choras, & Kozik, R. (2018). Implementações recentes de computação granular e sua viabilidade no domínio da cibersegurança. Disponibilidade, fiabilidade e segurança.

74. Quaglini, S. (2003). Inteligência Artificial em Medicina Europa AIME '01. Inteligência Artificial em Medicina, 29(1-2), 1-3.

75. Riaño, D., Szymon Wilk, Annette Ten Teije, & Springerlink (Online Service. (2019). Inteligência Artificial em Medicina: 17ª Conferência sobre Inteligência Artificial em Medicina, AIME 2019, Poznan, Polónia, 26-29 de junho de 2019, Proceedings. Springer International Publishing.

76. Ross, A. C., Manson, J. E., Abrams, S. A., Aloia, J. F., Brannon, P. M., Clinton, S. K., et al. (2011). O relatório de 2011 sobre as doses de referência dietética para cálcio e vitamina D do Instituto de Medicina: O que os clínicos precisam de saber. The Journal of Clinical Endocrinology & Metabolism, 96(1), 53-58.

77. Shortliffe, E. H. (1991). Artificial Intelligence in Medicine: Weighing the Accomplishments, Hype, and Promise. Yearbook of Medical Informatics, 28(01), 257-262.

78. Shortliffe, E. H. (1993). A adolescência da IA em medicina: Irá o campo atingir a maioridade nos anos 90? Artificial Intelligence in Medicine, 5(2), 93-106.

79. Widman, L. E. (1991). A history of medical informatics. Artificial Intelligence in Medicine, 3(6), 360-361.

80. Xing, L., Giger, M. L., & Min, J. K. (Eds.). (n.d.). Artificial intelligence in medicine: Base técnica e aplicações clínicas. Academic Press.

81. Xin, Y., Man, W., & Yi, Z. (2021). A tendência de desenvolvimento da inteligência artificial na medicina:
Uma análise patentométrica. Inteligência Artificial nas Ciências da Vida, 1, 100006. Basit, A., Zafar, M.,

82. Liu, X., Javed, A. R., Jalil, Z., & Kifayat, K. (2020). Uma pesquisa abrangente de técnicas de deteção de ataques de phishing habilitadas para IA. Sistemas de Telecomunicações, 76(1). https://link.springer.com/article/10.1007/s11235-020-00733-2

83. Bohr, A., & Memarzadeh, K. (2020). Inteligência artificial em dados de saúde. Imprensa académica.

84. Briganti, G., & Moine, O. L. (2020). Inteligência Artificial em Medicina: Today and

Tomorrow. Frontiers in Medicine, 7(27). https://doaj.org/article/545901a728d74d42af5cde4874bfbd30

85. Peter Jaeho Cho, Karnika Singh, Jessilyn Dunn, Capítulo 9 - Papéis da inteligência artificial no bem-estar, vida saudável e deteção de estado saudável, Editor(es): Lei Xing, Maryellen L. Giger, James K. Min, Inteligência Artificial em Medicina, Academic Press, 2021, Páginas 151-172, ISBN 9780128212592, https://doi.org/10.1016/B978-0-12-821259-2.00009-0. (https://www.sciencedirect.com/science/article/pii/B9780128212592000090)

Dr. Amit Singh
Professor,
Departamento de Microbiologia
Universidade de Ciências Médicas de Uttar Pradesh, Saifai , Etawah

IA na previsão de uma epidemia/pandemia

A Inteligência Artificial (IA) desempenha um papel crucial na previsão e gestão de epidemias e pandemias, tirando partido da análise de dados, de modelos de aprendizagem automática e de técnicas computacionais. Eis as principais formas como a IA é utilizada na previsão de epidemias e pandemias:

Deteção precoce e vigilância:

Extração e análise de dados: Os algoritmos de IA analisam grandes quantidades de dados, incluindo publicações nas redes sociais, artigos noticiosos e relatórios de saúde, para identificar sinais precoces de potenciais surtos.

Extração e análise de dados: Descobrindo insights da era da informação

A extração e análise de dados são dois domínios intimamente relacionados, mas distintos, que se ocupam da extração de informações significativas de grandes conjuntos de dados. Embora partilhem alguns pontos em comum, têm também abordagens e objectivos únicos.

Extração de dados:

* **Foco:** Descobrir padrões, tendências e relações ocultas nos dados.
* **Técnicas:** Aprendizagem de regras de associação, classificação, agrupamento, decisão árvores.
* **Objectivos:** Identificar informação previamente desconhecida, prever o futuro tendências, compreender sistemas complexos.
* **Aplicações:** Deteção de fraudes, segmentação de clientes, mercado investigação, descoberta científica.

Análise de dados:

* **Foco:** Transformar e interpretar dados para resolver problemas específicos ou responder a perguntas definidas.
* **Técnicas:** Análise estatística, visualização, limpeza de dados, dados transformação.
* **Objectivos:** Tirar conclusões, avaliar hipóteses, comunicar conhecimentos efetivamente.
* **Aplicações:** Inteligência empresarial, previsão financeira, risco gestão, investigação científica, investigação em ciências sociais.

Principais diferenças:

* **Exploração vs. Explicação:** A extração de dados é mais exploratória, procurando padrões inesperados, enquanto a análise de dados está mais centrada na resposta a questões específicas.
* **Descoberta vs. tomada de decisões:** A extração de dados tem como objetivo descobrir informações desconhecidas, enquanto a análise de dados traduz os dados em informações accionáveis.
* **Técnicas:** A extração de dados utiliza técnicas mais especializadas como o agrupamento (clustering) e aprendizagem de regras de associação, enquanto a análise de dados assenta fortemente em

métodos estatísticos e ferramentas de visualização.

O poder da combinação:

Tanto a extração como a análise de dados são ferramentas poderosas, e a sua utilização combinada pode revelar um potencial ainda maior. A extração de dados pode identificar padrões interessantes que a análise de dados pode depois explorar e explicar com mais pormenor. Por outro lado, a análise de dados pode orientar os esforços de extração de dados, centrando-se em áreas de interesse específicas.

Desafios e considerações:

- **Qualidade dos dados:** A qualidade dos seus dados tem um impacto significativo nos resultados de ambos

processos.

- **Considerações éticas:** Preocupações com a privacidade e a segurança dos dados

a recolha e a utilização devem ser abordadas.

- **Interpretabilidade:** Assegurar que os seus modelos e análises são compreensíveis e

transparente para evitar preconceitos e interpretações erróneas.

De um modo geral, a extração e a análise de dados são ferramentas poderosas para transformar a vasta quantidade de informação disponível hoje em dia em conhecimentos accionáveis. Compreender as suas diferenças, pontos fortes e limitações é crucial para aproveitar eficazmente o seu poder em vários domínios.

Vigilância sindrómica: A monitorização de dados em tempo real sobre sintomas comunicados por indivíduos pode ajudar a detetar padrões invulgares que podem indicar o início de uma epidemia.

Vigilância Sindrómica: Sistema de alerta precoce para a saúde pública

A vigilância sindrómica surgiu como uma ferramenta valiosa para os funcionários da saúde pública, actuando como um sistema de alerta precoce para potenciais surtos e ameaças à saúde. Ao contrário dos métodos tradicionais que se baseiam em diagnósticos confirmados, a vigilância sindrómica segue indicadores de doença antes de os diagnósticos estarem disponíveis, oferecendo um avanço crucial nos esforços de resposta.

O que é que se passa?

A vigilância sindrómica centra-se na recolha e análise de dados sobre **síndromes de saúde**, que são grupos de sintomas que podem indicar várias doenças subjacentes. Estes dados podem provir de diversas fontes, incluindo:

- **Visitas ao serviço de urgência:** Monitorização das tendências em

febre, tosse, vómitos, etc., podem assinalar potenciais surtos de doenças respiratórias, doenças transmitidas por alimentos ou outras ameaças à saúde.

- **Vendas em farmácias:** Aumento das vendas de medicamentos de venda livre para fins específicos

Os sintomas podem fornecer pistas precoces sobre problemas de saúde emergentes.

- **Tendências de pesquisa na Internet:** Analisar as pesquisas online de sintomas ou doenças

podem oferecer informações adicionais sobre os problemas de saúde pública.

- **Redes sociais:** A análise de sentimentos nas plataformas de redes sociais pode detetar aumento das discussões sobre doenças ou preocupações de saúde invulgares.

Benefícios:

- **Deteção precoce:** A identificação de potenciais surtos nas suas fases iniciais permite para intervenções mais rápidas, atenuando potencialmente a sua propagação e impacto.

- **Preparação melhorada:** A análise de dados pode ajudar a prever as necessidades de recursos e
identificar populações de alto risco, facilitando uma melhor preparação para os esforços de resposta.
- **Melhoria do direcionamento:** Ao identificar síndromes específicas e
locais, os recursos podem ser afectados de forma mais eficiente e eficaz às áreas de interesse.
- **Relação custo-eficácia:** A vigilância sindrómica pode ser implementada com menos dispendioso em comparação com os métodos de vigilância tradicionais que se baseiam em diagnósticos confirmatórios.

Desafios:

- **Qualidade e limitações dos dados:** Dados incompletos ou inexactos podem conduzir a falsas
alarmes ou surtos perdidos.
- **Especificidade:** Os dados sindrómicos, por si só, não podem confirmar a especificidade diagnósticos, necessitando de uma investigação mais aprofundada e de testes de confirmação.
- **Preocupações com a privacidade:** Equilibrar a necessidade de dados de saúde pública com a privacidade individual
a privacidade é crucial.
- **Considerações éticas:** Necessidade de potenciais enviesamentos na recolha e análise de dados
a ser cuidadosamente abordado.

Exemplos:

- Nos EUA, o Programa Nacional de Vigilância Sindrómica (NSSP) recolhe dados
de várias fontes para monitorizar potenciais ameaças à saúde em todo o país.
- Durante a pandemia de gripe H1N1 de 2009, a vigilância sindrómica ajudou
detetar o surto mais cedo do que os métodos tradicionais, permitindo medidas de resposta mais rápidas.
- Em Singapura, os dados de vigilância sindrómica dos serviços de urgência são
usado para rastrear surtos de dengue.

Em geral, a vigilância sindrómica tornou-se uma ferramenta essencial para a preparação e resposta da saúde pública. Ao reconhecer os seus benefícios e desafios e ao melhorar continuamente a qualidade dos dados, os métodos e as considerações éticas, pode desempenhar um papel fundamental na proteção da saúde pública face à evolução das ameaças à saúde.

Modelação Epidemiológica:

Modelação preditiva: Os modelos de aprendizagem automática e os métodos estatísticos são aplicados para prever a propagação de doenças infecciosas com base em dados históricos, demográficos e factores ambientais.

Modelos de compartimentos: Os modelos compartimentais baseados em IA, como o SEIR (Susceptible-Exposed-Infectious-Removed), ajudam a simular e a prever a dinâmica da transmissão de doenças.

Análise geoespacial:

Cartografia e visualização: As ferramentas de IA analisam dados geoespaciais para criar mapas interactivos que ilustram a propagação de doenças, identificam pontos críticos e ajudam na atribuição de recursos.

Análise do padrão de deslocação: A compreensão dos padrões de mobilidade humana ajuda a prever o potencial movimento de agentes infecciosos e a planear estratégias de contenção.

Sistemas de monitorização e de alerta rápido:

Deteção remota: As imagens de satélite e as tecnologias de teledeteção contribuem para a monitorização de factores ambientais que podem influenciar a transmissão de doenças infecciosas.

Internet das coisas (IoT): As redes de sensores e os dispositivos IoT podem fornecer dados em tempo real sobre as condições ambientais e os parâmetros de saúde, ajudando nos sistemas de alerta precoce.

Vigilância e notificação de doenças:

Sistemas de notificação automatizados: A IA pode automatizar a análise de dados de cuidados de saúde, incluindo registos de saúde electrónicos e resultados laboratoriais, para identificar e notificar casos de doenças infecciosas.

Vigilância Sentinela: Implantação de sistemas de IA para monitorizar populações ou locais específicos para detetar e comunicar tendências invulgares.

Desenvolvimento de medicamentos e vacinas:

Identificação de alvos: A IA acelera a identificação de potenciais alvos de medicamentos e vacinas candidatas através da análise de dados genómicos, estruturas proteicas e interacções entre o hospedeiro e o agente patogénico.

Rastreio virtual: Os métodos de rastreio virtual baseados na IA ajudam a identificar os medicamentos existentes que podem ser reorientados para o tratamento de doenças infecciosas emergentes.

Atribuição e gestão de recursos:

Análise preditiva: Os modelos de IA prevêem a procura de recursos de cuidados de saúde, incluindo camas de hospital, ventiladores e material médico, ajudando as autoridades a planear a atribuição de recursos.

Algoritmos de otimização: Os algoritmos de otimização baseados em IA ajudam a conceber estratégias para a utilização eficiente de recursos durante uma pandemia.

Comunicação pública e comunicação de riscos:

Processamento de linguagem natural (PNL): As ferramentas de PNL baseadas em IA analisam o sentimento do público e os relatórios dos media, fornecendo informações sobre as percepções e preocupações do público.

Chatbots e assistentes virtuais: Os chatbots alimentados por IA oferecem informações em tempo real, respondem a perguntas e fornecem orientações ao público, reduzindo a desinformação.

Localização de contactos e gestão de casos:

Aplicações móveis e vestíveis: As aplicações orientadas para a IA e os wearables ajudam no rastreio de contactos, na monitorização dos sintomas e na gestão dos casos de pessoas infectadas.

Aprendizagem automática para a previsão de contactos: A modelação preditiva ajuda a identificar potenciais contactos e a avaliar o risco de transmissão.

Sequenciação do genoma do vírus:

Vigilância genómica: A IA é utilizada para analisar sequências do genoma viral, identificar mutações e acompanhar a evolução do vírus, fornecendo informações sobre o seu comportamento e potenciais impactos na saúde pública.

A vigilância genómica é uma ferramenta poderosa para acompanhar e compreender a evolução de agentes patogénicos como vírus, bactérias e parasitas. Ao analisar o código genético destes organismos, os cientistas podem:

Acompanhar a propagação de agentes patogénicos:

* Identificar as diferentes estirpes e variantes que circulam numa população.
* Monitorizar a circulação destas estirpes nas zonas geográficas.
* Compreender os padrões de transmissão e prever potenciais surtos.

Identificar ameaças novas e emergentes:

* Detetar rapidamente novos agentes patogénicos ou mutações invulgares em agentes patogénicos conhecidos.
* Avaliar a potencial gravidade e transmissibilidade destas ameaças.
* Informar as intervenções de saúde pública e o desenvolvimento de vacinas.

Melhorar o tratamento e a prevenção:

* Identificar mutações de resistência a medicamentos em agentes patogénicos, orientando as decisões de tratamento.
* Compreender os mecanismos de virulência dos agentes patogénicos e desenvolver terapias.
* Monitorizar a eficácia das vacinas e identificar a necessidade de actualizações.

Eis alguns exemplos de como a vigilância genómica está a ser utilizada:

* **COVID-19:** Acompanhar o aparecimento e a propagação de novas variantes como a Delta
e Omicron tem sido crucial para informar as medidas de resposta em matéria de saúde pública.
* **Vírus Zika:** Identificação de populações específicas de mosquitos responsáveis pelo Zika
A transmissão ajudou a orientar os esforços de controlo.
* **Surtos de origem alimentar:** Detetar a origem da contaminação bacteriana nos alimentos
ajuda a prevenir a propagação futura.

A vigilância genómica tem várias vantagens:

* **Elevada especificidade:** Pode diferenciar entre estirpes estreitamente relacionadas de agentes patogénicos.
* **Resultados rápidos:** Pode fornecer dados em tempo real para informar decisões rápidas.
* **Escalabilidade:** Pode ser aplicado a conjuntos de dados em grande escala para monitorização global.

No entanto, também existem desafios:

* **Infraestrutura de dados:** Requer sistemas robustos para a amostragem
recolha, sequenciação e análise de dados.
* **Preocupações com a privacidade:** Considerações éticas relativas à partilha de dados e
a privacidade individual deve ser abordada.
* **Interpretação:** A análise complexa de vastos dados genómicos requer conhecimentos especializados e
recursos.

Globalmente, a vigilância genómica é um domínio em rápida evolução com potencial para revolucionar a preparação e a resposta da saúde pública. Se forem ultrapassados os desafios e garantida uma implementação responsável, pode oferecer informações valiosas sobre a prevenção e o controlo das doenças infecciosas.

As aplicações de IA na previsão de epidemias e pandemias aumentam a capacidade dos sistemas e autoridades de saúde para responder rapidamente, tomar decisões informadas e afetar recursos de forma eficaz. Os avanços contínuos nas tecnologias de IA contribuem para melhorar a precisão e a eficiência das estratégias de previsão e resposta a epidemias.

Exemplos de IA em ação:

- **pandemia de COVID-19:** Foram desenvolvidos vários modelos de IA para prever casos números, prever os pontos críticos e avaliar a eficácia das intervenções.

A pandemia de COVID-19 tem sido um importante teste ao potencial da IA na previsão e gestão de epidemias. Eis uma análise mais aprofundada das suas aplicações e impactos específicos:

Previsão do número de casos e da sua propagação:

- Vários modelos de IA, como o IHME COVID-19 Forecast e o Nowcasting
e o Short-term Forecasting System do CDC, utilizaram várias fontes de dados (mobilidade, hospitalizações, etc.) para prever o número de casos, os pontos críticos e as necessidades de recursos. Embora os resultados variassem, forneceram informações valiosas para o planeamento governamental e a atribuição de recursos.

- Os avanços na IA permitiram actualizações e cenários em tempo real
modelização, permitindo às autoridades adaptar as estratégias em função da evolução das condições.

Avaliação das intervenções e da eficácia das vacinas:

- A IA analisou dados de ensaios clínicos e estudos do mundo real para avaliar o
eficácia de diferentes intervenções, como o mascaramento, os confinamentos e o distanciamento social.

- Ao analisar os dados sobre o lançamento de vacinas, os modelos de IA contribuíram para compreender
eficácia da vacina em várias populações e previsão de tendências futuras.

Identificação de grupos e zonas de alto risco:

- A IA combinou dados das redes sociais, dados demográficos e padrões de mobilidade para
identificar populações e áreas mais susceptíveis a surtos, facilitando intervenções específicas e medidas preventivas.

- Isto ajudou a afetar mais recursos, como testes e material médico
eficazmente.

Desafios e limitações:

- A qualidade e a exaustividade dos dados, especialmente no início da pandemia, afectaram a
precisão de algumas previsões.

- Os modelos complexos carecem frequentemente de interpretabilidade, o que dificulta a confiança e a transparência
nas suas previsões.

- Surgiram considerações éticas relativamente a potenciais enviesamentos e à atribuição justa de
recursos com base em informações baseadas em IA.

De um modo geral, embora a pandemia tenha realçado o potencial da IA na resposta a surtos, também sublinhou a necessidade de:

- Melhoria contínua da qualidade dos dados e dos métodos de recolha.
- Desenvolvimento de modelos de IA mais interpretáveis e transparentes.
- Abordar as preocupações éticas e garantir a equidade na utilização da IA para fins

públicos

intervenções no domínio da saúde.

No futuro, a IA pode desempenhar um papel crucial:

* Deteção precoce e contenção de futuros surtos.
* Otimizar a atribuição de recursos e as intervenções de saúde pública.
* Medicina personalizada e abordagens de tratamento para doenças infecciosas.
* **Surtos de gripe:**

Os modelos de IA têm sido utilizados para prever o momento e a gravidade da gripe sazonal estações.

IA na previsão de surtos de gripe: Promessas e desafios

Os surtos de gripe representam um encargo anual significativo para a saúde pública, tornando a previsão exacta crucial para preparar os sistemas de saúde e minimizar as perturbações. A IA surgiu como uma ferramenta promissora nesta luta, oferecendo várias vantagens em relação aos métodos tradicionais:

Análise de dados melhorada: A IA pode analisar grandes quantidades de dados de diversas fontes,

incluindo:

* **Dados de vigilância:** Casos de gripe, hospitalizações, consultas médicas.
* **Dados sobre a mobilidade:** Padrões de deslocação, movimento da população.
* **Dados das redes sociais:** Sentimento do público, potenciais avisos de surtos.
* **Dados ambientais:** Temperatura, humidade, precipitação.

Estes diversos pontos de dados traçam um quadro mais abrangente da propagação da gripe em comparação com o facto de se basear apenas nos números históricos de casos.

Modelação sofisticada: Os algoritmos de IA podem desenvolver modelos complexos que captam a natureza dinâmica dos surtos de gripe, considerando múltiplos factores e as suas interacções. Isto permite previsões mais exactas e matizadas em comparação com os métodos estatísticos tradicionais.

Actualizações em tempo real: Ao contrário dos modelos estáticos, as previsões de IA podem ser continuamente actualizadas com novos dados, permitindo previsões quase em tempo real e informando medidas de resposta rápida.

Identificação de áreas de alto risco: Os modelos de IA podem identificar áreas geográficas ou populações com maiores riscos de surtos, ajudando em intervenções direccionadas e na atribuição de recursos.

No entanto, continuam a existir desafios:

Qualidade e disponibilidade dos dados: A exatidão das previsões da IA depende em grande medida da qualidade e da exaustividade dos dados utilizados. Dados incompletos ou inexactos podem conduzir a resultados tendenciosos ou enganadores.

Interpretabilidade do modelo: Os modelos complexos de IA podem ser difíceis de interpretar, o que dificulta a compreensão da lógica subjacente às suas previsões. Este facto pode prejudicar a confiança e limitar a sua aplicação prática.

Considerações éticas: Os modelos de IA têm de ser concebidos e utilizados de forma ética, evitando preconceitos e assegurando a equidade nas suas previsões e recomendações, especialmente na afetação de recursos.

Exemplos de IA em ação:

* **O serviço de IA da Hitachi** no Japão utiliza a aprendizagem automática para fazer previsões regionais

prevalência da gripe com semanas de antecedência.

- **A ferramenta de IA do Stevens Institute of Technology** incorpora dados de localização para

melhorar as previsões de surtos e identificar potenciais padrões de propagação.

- **A investigação em Chongqing, China,** combinou dados ILI com dados do Twitter e

obteve erros de previsão mais baixos em comparação com a utilização apenas de dados históricos.

De um modo geral, a IA tem um enorme potencial para melhorar a previsão de surtos de gripe. Reconhecer tanto as suas promessas como as suas limitações é crucial para maximizar os seus benefícios e garantir um desenvolvimento e uma utilização responsáveis para a proteção da saúde pública.

- **Surto do vírus Zika:**

A análise de dados de viagens efectuada pela IA ajudou a prever a propagação do vírus Zika pelos continentes.

A IA na previsão do surto do vírus Zika: Lições aprendidas

O surto do vírus Zika de 2015-2016 serviu como um campo de testes inicial para a IA na previsão e gestão de doenças infecciosas emergentes. Embora a IA não tenha sido o único herói, ofereceu informações valiosas e destacou as principais áreas de melhoria.

Contribuições da IA:

- **Avisos precoces:** Alguns modelos de IA, analisando dados de viagens e o clima

previu a propagação do Zika da América do Sul para outras regiões, alertando as autoridades de saúde pública.

- **Identificação de áreas de alto risco:** Algoritmos de aprendizagem automática combinados com diversos

dados (demografia, clima, distribuição dos mosquitos) para identificar as áreas com maiores riscos de transmissão, orientando a afetação de recursos e os esforços de intervenção.

- **Análise mais rápida:** A IA facilitou a análise rápida de grandes conjuntos de dados, incluindo

sequências genéticas e dados de vigilância de doenças, acelerando a investigação e a compreensão dos surtos.

Desafios encontrados:

- **Limitações dos dados:** Dados incompletos ou inexactos, especialmente no início da

O surto de febre aftosa dificultou a exatidão e a generalização do modelo.

- **Interpretabilidade limitada:** Os modelos complexos eram por vezes difíceis de

explicam, levantando preocupações sobre a transparência e a confiança nas suas previsões.

- **Considerações éticas:** Potenciais enviesamentos nos dados ou algoritmos requerem cuidado

avaliação para garantir uma afetação justa dos recursos e evitar a discriminação.

Lições aprendidas:

- **A qualidade dos dados é fundamental:** Dados de alta qualidade e em tempo real são cruciais para

criar modelos fiáveis de IA para a previsão de surtos.

- **A interpretabilidade é fundamental:** Modelos de IA explicáveis são essenciais para ganhar confiança

e compreender a lógica subjacente às previsões.

- **A ética é importante:** Considerações éticas na recolha de dados, modelo o desenvolvimento e a implantação são cruciais para garantir a equidade e o bem-estar social.

Seguir em frente:

* **Melhoria das infra-estruturas de dados:** Investir numa recolha de dados sólida e
a partilha de sistemas é vital para futuras aplicações de IA na resposta a surtos.
* **Desenvolvimento de IA explicável:** Esforços para criar uma IA transparente e
modelos de IA compreensíveis facilitarão a confiança e a adoção em contextos de saúde pública.
* **Quadros éticos:** Estabelecer directrizes éticas claras para o desenvolvimento da IA
e a utilização em emergências de saúde pública é crucial para garantir aplicações responsáveis.

Embora o surto de Zika tenha realçado o potencial da IA, também enfatizou a necessidade de um desenvolvimento e implementação responsáveis. Ao enfrentar estes desafios e aprender com as experiências passadas, a IA pode tornar-se uma ferramenta valiosa para prever e gerir futuros surtos, acabando por proteger a saúde pública de forma mais eficaz.

Limitações e desafios:

* **Qualidade e disponibilidade dos dados:** A exatidão das previsões da IA depende em grande medida
na qualidade e exaustividade dos dados utilizados para treinar os modelos. Dados incompletos ou inexactos podem conduzir a resultados tendenciosos ou enganadores.
* **Interpretabilidade do modelo:** Os modelos complexos de IA podem ser difíceis de
interpretar, tornando difícil compreender a lógica subjacente às suas previsões. Este facto pode prejudicar a confiança e limitar a sua aplicação prática.
* **Considerações éticas:** Os modelos de IA têm de ser concebidos e utilizados
eticamente, evitando preconceitos e garantindo a equidade nas suas previsões e recomendações.

De um modo geral, a IA tem um enorme potencial para melhorar a previsão de epidemias e pandemias. No entanto, é crucial reconhecer as limitações e garantir o desenvolvimento e a utilização responsáveis desta tecnologia para maximizar os seus benefícios para a saúde pública.

**Anchal Gupta, Demonstradora, Faculdade de Enfermagem,
Universidade de Ciências Médicas de Uttar Pradesh, Saifai-206130**

A ascensão da Inteligência Artificial nas aplicações de saúde.

O aumento da inteligência artificial (IA) nas aplicações de cuidados de saúde tem sido um desenvolvimento transformador e promissor nos últimos anos. As tecnologias de IA têm o potencial de melhorar significativamente vários aspectos dos cuidados de saúde, incluindo o diagnóstico, o tratamento, a descoberta de medicamentos, a medicina personalizada e as tarefas administrativas. Eis algumas áreas-chave em que a IA está a ter impacto nos cuidados de saúde:

Diagnóstico por imagem:

A IA tem demonstrado um grande potencial na análise de imagens médicas, como radiografias, ressonâncias magnéticas e tomografias computorizadas. Os algoritmos de aprendizagem automática podem ajudar na deteção precoce de doenças como o cancro, identificar anomalias e fornecer diagnósticos mais precisos e rápidos.

O diagnóstico por imagem é um componente crucial dos cuidados de saúde modernos, ajudando na deteção, diagnóstico e monitorização de várias condições médicas. A inteligência artificial (IA) tem feito progressos significativos no domínio do diagnóstico por imagem, oferecendo soluções inovadoras para melhorar a precisão, a eficiência e a velocidade da análise de imagens. Eis algumas formas como a IA está a ter impacto na imagiologia de diagnóstico:

Interpretação de imagens: Os algoritmos de IA podem analisar imagens médicas, como radiografias, tomografias computorizadas, ressonâncias magnéticas e ultra-sons, com elevada precisão. Os modelos de aprendizagem automática podem detetar e realçar anomalias, ajudando os radiologistas a efetuar diagnósticos mais precisos. Isto pode levar à deteção precoce de doenças e a melhores resultados de tratamento.

Diagnóstico assistido por computador (CAD): Os sistemas CAD, alimentados por IA, trabalham em conjunto com os radiologistas para fornecer uma segunda opinião sobre as imagens médicas. Estes sistemas podem ajudar a identificar potenciais anomalias ou áreas de preocupação, reduzindo as hipóteses de descuido e melhorando a precisão do diagnóstico.

Segmentação automatizada: Os algoritmos de IA podem segmentar e delinear automaticamente estruturas ou regiões de interesse em imagens médicas. Isto pode ser particularmente valioso em tarefas como a delimitação de tumores, a segmentação de órgãos e a medição do tamanho de anomalias.

Imagiologia quantitativa: A IA pode fornecer análises quantitativas de dados de imagiologia, extraindo medidas precisas e características quantitativas de imagens médicas. Esta informação pode ser valiosa para acompanhar a progressão da doença, a resposta ao tratamento e avaliar o estado geral do doente.

Análise preditiva: A IA na imagiologia de diagnóstico está a ser utilizada para análises preditivas, ajudando a prever potenciais problemas de saúde com base em dados de imagiologia. Isto pode contribuir para uma intervenção precoce e planos de tratamento personalizados.

Reconstrução de imagens: As técnicas de IA são utilizadas para melhorar a qualidade da imagem e reduzir o ruído nas imagens médicas. Isto é especialmente útil em cenários em que é necessária uma imagiologia de baixa dose ou quando se lida com condições de imagiologia difíceis.

Otimização do fluxo de trabalho: A IA pode otimizar o fluxo de trabalho nos departamentos de diagnóstico por imagem, automatizando tarefas de rotina, como a classificação de imagens, o pré-processamento e a elaboração de relatórios. Isto permite que os profissionais de saúde se concentrem mais em casos complexos e nos cuidados ao paciente.

Integração com registos de saúde electrónicos (EHR): A IA no diagnóstico por imagem pode ser integrada nos registos de saúde electrónicos, permitindo uma troca de informações sem descontinuidades e melhorando a acessibilidade aos dados dos pacientes. Isto facilita uma compreensão mais abrangente do historial médico de um paciente.

Embora a IA se tenha revelado muito promissora na imagiologia de diagnóstico, há desafios a enfrentar, incluindo a necessidade de conjuntos de dados grandes e diversificados para treinar algoritmos robustos, garantindo a conformidade regulamentar e abordando questões éticas como a privacidade dos doentes.

À medida que a tecnologia continua a avançar, a colaboração entre a IA e os profissionais de saúde na imagiologia de diagnóstico é suscetível de conduzir a uma maior precisão do diagnóstico, a tempos de execução mais rápidos e, em última análise, a melhores resultados para os doentes. A investigação e o desenvolvimento contínuos neste domínio são essenciais para concretizar todo o potencial da IA no diagnóstico por imagem.

Análise preditiva:

A IA permite a análise de grandes conjuntos de dados para identificar padrões e tendências que podem ajudar a prever surtos de doenças, resultados dos doentes e potenciais complicações. Isto pode reforçar os cuidados preventivos e melhorar a gestão dos doentes.

A análise preditiva é uma técnica de análise avançada que utiliza dados, algoritmos estatísticos e modelos de aprendizagem automática para identificar a probabilidade de resultados futuros com base em dados históricos. No contexto dos cuidados de saúde, a análise preditiva desempenha um papel significativo na previsão dos resultados dos doentes, da progressão da doença e de potenciais complicações. Eis alguns dos principais aspectos e aplicações da análise preditiva nos cuidados de saúde:

Deteção precoce de doenças: Os modelos de análise preditiva podem analisar os dados dos pacientes, tais como registos de saúde electrónicos (EHR), imagens médicas e informações genéticas, para identificar padrões associados às fases iniciais das doenças. Isto permite aos profissionais de saúde intervir de forma proactiva, conduzindo a uma deteção e tratamento precoces.

Estratificação do risco: A análise preditiva ajuda a estratificar as populações de pacientes com base no seu risco de desenvolver determinadas condições ou complicações. Ao identificar indivíduos de alto risco, os prestadores de cuidados de saúde podem afetar recursos de forma mais eficiente, direcionar intervenções preventivas e oferecer planos de cuidados personalizados.

Previsão de readmissão de pacientes: Os modelos preditivos podem avaliar a probabilidade de um doente ser readmitido no hospital após a alta. Ao identificar os doentes com maior risco de readmissão, os prestadores de cuidados de saúde podem implementar intervenções para evitar complicações e garantir melhores cuidados após a alta.

Previsão da resposta ao tratamento: A análise preditiva pode ajudar a prever como os pacientes responderão a tratamentos específicos. Esta abordagem personalizada ajuda os profissionais de saúde a adaptar os planos de tratamento, optimizando os resultados terapêuticos e minimizando os potenciais efeitos secundários.

Otimização de recursos: As organizações de cuidados de saúde podem utilizar a análise preditiva para prever as admissões de pacientes, as visitas às urgências e a utilização de recursos. Isto permite uma melhor atribuição de recursos, a otimização do pessoal e uma maior eficiência operacional global.

Gestão da saúde da população: A análise preditiva contribui para a gestão da saúde da população, identificando tendências e factores de risco em grandes populações de doentes. Isto permite aos prestadores de cuidados de saúde implementar intervenções específicas e medidas preventivas a nível comunitário.

Deteção e prevenção de fraudes: No sector financeiro dos cuidados de saúde, a análise preditiva é utilizada para identificar potenciais casos de fraude ou abuso na faturação e nas reclamações. Ao analisar padrões e anomalias, as organizações podem detetar actividades fraudulentas e tomar medidas preventivas.

Adesão à medicação: Os modelos de análise preditiva podem prever a adesão dos doentes aos regimes de medicação prescritos. Esta informação é valiosa para os profissionais de saúde intervirem e apoiarem os doentes no cumprimento dos seus medicamentos.

É essencial notar que a implementação bem sucedida da análise preditiva nos cuidados de saúde assenta em conjuntos de dados de elevada qualidade, diversificados e geridos de forma segura. As preocupações com a privacidade, a interoperabilidade dos dados e as considerações éticas também desempenham um papel crucial para garantir a utilização responsável e eficaz da análise preditiva nos cuidados de saúde.

À medida que a tecnologia continua a evoluir, a análise preditiva é muito promissora para melhorar os resultados dos doentes, otimizar as operações de cuidados de saúde e contribuir para a mudança para abordagens de cuidados de saúde mais proactivas e personalizadas.

Descoberta e desenvolvimento de medicamentos:

A IA está a simplificar o processo de descoberta de medicamentos, analisando vastos conjuntos de dados para identificar potenciais candidatos a medicamentos, prever a sua eficácia e otimizar as suas estruturas moleculares. Isto tem o potencial de acelerar o desenvolvimento de medicamentos e reduzir os custos.

A inteligência artificial (IA) teve um impacto significativo no domínio da descoberta e desenvolvimento de medicamentos, revolucionando as abordagens tradicionais de identificação e conceção de novos medicamentos. O processo de desenvolvimento de medicamentos é complexo, dispendioso e moroso, mas as tecnologias de IA estão a simplificar várias fases para acelerar a descoberta de novas terapêuticas. Eis algumas das principais formas em que a IA está a influenciar a descoberta e o desenvolvimento de medicamentos:

Identificação e validação de alvos: Os algoritmos de IA podem analisar dados biológicos, incluindo genómica, proteómica e bases de dados bibliográficas, para identificar potenciais alvos de medicamentos. Os modelos de aprendizagem automática ajudam a dar prioridade aos alvos com base na sua probabilidade de sucesso e relevância para doenças específicas.

Conceção e otimização de medicamentos: A IA permite a rápida conceção e otimização de candidatos a medicamentos através da previsão de estruturas moleculares com propriedades farmacológicas óptimas. Os modelos generativos e as técnicas de aprendizagem profunda contribuem para a geração de novos compostos semelhantes a medicamentos, poupando tempo e recursos nas fases iniciais do desenvolvimento de medicamentos.

Triagem de alto rendimento (HTS): A robótica e a automação orientadas por IA, juntamente com análises avançadas, simplificam o processo de HTS. Os algoritmos de IA podem analisar grandes conjuntos de dados gerados a partir de ensaios de rastreio, identificando potenciais candidatos a medicamentos com as actividades biológicas desejadas.

Previsão de interacções medicamentosas: Os modelos de IA podem prever potenciais interacções entre medicamentos, ajudando a avaliar a segurança e os potenciais efeitos secundários das combinações.

Isto é crucial em cenários de polifarmácia, em que os doentes podem estar a tomar vários medicamentos.

Otimização de ensaios clínicos: A IA contribui para a otimização da conceção dos ensaios clínicos através da análise de diversos conjuntos de dados para identificar populações de doentes adequadas, prever as respostas dos doentes e otimizar os protocolos dos ensaios. Isto pode conduzir a ensaios clínicos mais eficientes e económicos.

Descoberta de biomarcadores: A IA ajuda na identificação de biomarcadores associados a doenças específicas ou a respostas a medicamentos. Esta informação é valiosa para a estratificação dos doentes, a medicina personalizada e a monitorização da eficácia do tratamento em ensaios clínicos.

Processamento de linguagem natural (PNL): As tecnologias NLP são utilizadas para extrair informações relevantes da literatura científica, notas clínicas e documentos de investigação. Isto ajuda os investigadores a manterem-se actualizados com as últimas descobertas e a incorporarem dados relevantes nos esforços de descoberta de medicamentos.

Reaproveitamento de medicamentos: A IA pode analisar as bases de dados de medicamentos existentes e a literatura biomédica para identificar potenciais utilizações alternativas para os medicamentos existentes. O reaproveitamento de medicamentos pode acelerar o desenvolvimento de tratamentos para novas indicações.

A integração da IA na descoberta e desenvolvimento de medicamentos tem o potencial de reduzir significativamente o tempo e o custo associados à introdução de novos medicamentos no mercado. No entanto, subsistem desafios, incluindo a necessidade de dados robustos, a superação de enviesamentos nos conjuntos de dados de treino e a abordagem de considerações regulamentares.

À medida que as tecnologias de IA continuam a avançar e surgem mais colaborações entre investigadores, empresas farmacêuticas e especialistas em tecnologia, é provável que o processo de descoberta e desenvolvimento de medicamentos se torne mais eficiente, inovador e adaptado às necessidades individuais dos doentes.

Medicina personalizada:

Os algoritmos de IA podem analisar os dados individuais dos doentes, incluindo a genética, o estilo de vida e o historial médico, para adaptar os planos de tratamento e os medicamentos às necessidades específicas de cada doente. Esta abordagem melhora a eficácia do tratamento e reduz as reacções adversas.

A medicina personalizada, também conhecida como medicina de precisão, é uma abordagem inovadora ao tratamento médico que tem em conta as variações individuais nos genes, ambientes e estilos de vida dos doentes. O objetivo da medicina personalizada é adaptar as decisões e intervenções médicas às características específicas de cada doente, optimizando a eficácia do tratamento e minimizando os efeitos secundários. Eis os principais aspectos e aplicações da medicina personalizada:

Medicina genómica: Uma das pedras angulares da medicina personalizada é a genómica. Os avanços nas tecnologias de sequenciação de ADN permitiram a identificação de variações genéticas que podem influenciar a resposta de um indivíduo a medicamentos, a suscetibilidade a doenças e a saúde em geral. A compreensão do perfil genético de um paciente permite planos de tratamento mais direccionados e personalizados.

Farmacogenómica: Este ramo da medicina personalizada centra-se na forma como a composição genética de um indivíduo influencia a sua resposta aos medicamentos. Ao analisar as variações genéticas, os prestadores de cuidados de saúde podem prever a forma como um doente é suscetível de metabolizar e responder a medicamentos específicos. Esta informação orienta a seleção de medicamentos e dosagens, minimizando as reacções adversas e optimizando os resultados terapêuticos.

Descoberta de biomarcadores: A medicina personalizada baseia-se na identificação de biomarcadores - indicadores que podem prever a presença, progressão ou resposta a uma doença. Os biomarcadores podem incluir marcadores genéticos, proteínas ou outras assinaturas moleculares. A deteção destes biomarcadores ajuda no diagnóstico precoce da doença e na adaptação das estratégias de tratamento.

Terapias direccionadas: A medicina personalizada envolve frequentemente o desenvolvimento e a utilização de terapias direccionadas. Estes tratamentos são concebidos para visar seletivamente vias moleculares específicas envolvidas na doença, minimizando os danos nas células saudáveis.

As terapias dirigidas são habitualmente utilizadas no tratamento do cancro, mas estão a expandir-se para outros domínios médicos.

Imunoterapia: No tratamento do cancro, a medicina personalizada levou ao desenvolvimento de imunoterapias que utilizam o sistema imunitário do organismo para atingir e destruir as células cancerígenas. Estas terapias são frequentemente adaptadas ao perfil imunitário do indivíduo e às características específicas do seu tumor.

Diagnóstico e imagiologia: As técnicas avançadas de diagnóstico, como a imagiologia molecular e a imagiologia funcional, contribuem para a medicina personalizada, fornecendo informações pormenorizadas sobre a fisiologia de um indivíduo e as características das doenças. Esta informação ajuda a planear e a monitorizar abordagens de tratamento personalizadas.

Estratificação de doentes: A medicina personalizada envolve a categorização dos doentes em subgrupos com base nas suas características individuais, permitindo estratégias de tratamento mais precisas e eficazes. Esta estratificação ajuda a identificar os que respondem e os que não respondem a intervenções específicas.

Integração e análise de dados: A medicina personalizada baseia-se na integração de diversos tipos de dados, incluindo dados genéticos, registos clínicos e informações sobre o estilo de vida. A análise avançada e a aprendizagem automática são utilizadas para analisar estes conjuntos de dados complexos, extraindo informações significativas para decisões de tratamento personalizadas.

Embora a medicina personalizada seja muito promissora, os desafios incluem a necessidade de conjuntos de dados extensos e diversificados, considerações éticas relacionadas com a privacidade e o consentimento, e a integração destas abordagens na prática clínica de rotina. A investigação em curso, os avanços tecnológicos e os esforços de colaboração entre os prestadores de cuidados de saúde, os investigadores e as partes interessadas da indústria contribuirão para o desenvolvimento contínuo e a adoção da medicina personalizada.

Assistentes virtuais de saúde e chatbots:
Os chatbots alimentados por IA e os assistentes de saúde virtuais estão a ser utilizados para envolver os doentes, responder a questões médicas e fornecer informações básicas sobre

cuidados de saúde. Isto ajuda a melhorar a experiência do paciente e a prestar assistência atempada.

Os assistentes virtuais de saúde e os chatbots são aplicações inovadoras da inteligência artificial e do processamento de linguagem natural no sector da saúde. Estas tecnologias têm como objetivo melhorar a participação dos doentes, fornecer informações atempadas e melhorar a experiência geral dos cuidados de saúde. Eis alguns dos principais aspectos e aplicações dos assistentes virtuais de saúde e dos chatbots:

Marcação de consultas e lembretes: Os assistentes de saúde virtuais e os chatbots podem ajudar os pacientes a marcar consultas, definir lembretes para as próximas visitas médicas e fornecer as informações necessárias sobre os pormenores da consulta, como o local e as instruções de preparação.

Informação e educação sobre saúde: Os chatbots podem fornecer informações de saúde precisas e relevantes aos utilizadores, oferecendo orientação sobre várias condições médicas, sintomas, tratamentos e medidas preventivas. Isto ajuda os pacientes a tomar decisões informadas sobre a sua saúde e bem-estar.

Lembretes de medicação e adesão: Os assistentes de saúde virtuais podem enviar lembretes de medicação e fornecer informações sobre a dosagem, potenciais efeitos secundários e a importância da adesão aos medicamentos prescritos. Isto promove uma melhor gestão e adesão à medicação.

Verificador de sintomas e triagem: Os chatbots equipados com algoritmos de verificação de sintomas podem ajudar os utilizadores a avaliar os seus sintomas e fornecer recomendações de triagem inicial. Isto ajuda os utilizadores a determinar se precisam de cuidados médicos imediatos ou se as medidas de autocuidado são suficientes.

Tele-saúde e consultas à distância: Os assistentes virtuais de saúde podem facilitar as consultas de telessaúde, ajudando os utilizadores a agendar consultas virtuais, fornecendo informações sobre como estabelecer a ligação e oferecendo orientação antes da consulta. Isto melhora a acessibilidade aos serviços de saúde, especialmente em áreas remotas ou mal servidas.

Orientação sobre bem-estar e estilo de vida: Os chatbots podem oferecer conselhos personalizados sobre como manter um estilo de vida saudável, incluindo recomendações para dieta, exercício e gestão do stress. Também podem fornecer mensagens motivacionais e apoio para incentivar mudanças de comportamento positivas.

Acompanhamento pós-alta: Os assistentes de saúde virtuais podem interagir com os doentes após a alta hospitalar, fornecendo instruções pós-alta, monitorizando o progresso da recuperação e oferecendo apoio. Isto ajuda a reduzir as taxas de readmissão e assegura uma transição mais suave do hospital para casa.

Apoio à saúde mental: Os chatbots podem oferecer apoio à saúde mental, fornecendo informações sobre as condições de saúde mental, oferecendo estratégias de sobrevivência e encaminhando os utilizadores para os recursos adequados. Alguns chatbots foram concebidos para fornecer apoio emocional através de conversas e da monitorização das tendências de humor.

Acessibilidade linguística: Os assistentes virtuais de saúde podem ser programados para comunicar em várias línguas, tornando a informação e o apoio aos cuidados de saúde mais acessíveis a diversas populações.

Integração de EHR: Os assistentes de saúde virtuais podem integrar-se nos registos de saúde electrónicos (EHR) para aceder a informações relevantes do doente, como o historial médico e os medicamentos prescritos. Isto permite interacções mais personalizadas e com conhecimento do contexto.

Embora os assistentes virtuais de saúde e os chatbots ofereçam inúmeras vantagens, é essencial abordar as preocupações relacionadas com a privacidade dos dados, a segurança e a necessidade de uma comunicação clara sobre as capacidades e limitações destas tecnologias. Além disso, as melhorias contínuas no processamento da linguagem natural e na conceção da experiência do utilizador contribuirão para a evolução e adoção contínuas dos assistentes virtuais de saúde em contextos de cuidados de saúde.

Tarefas administrativas e otimização do fluxo de trabalho:

A IA pode automatizar tarefas administrativas, como a marcação de consultas, a faturação e a codificação, permitindo que os profissionais de saúde se concentrem mais nos cuidados aos doentes. Também ajuda a otimizar os fluxos de trabalho de hospitais e clínicas, conduzindo a uma maior eficiência.

A inteligência artificial (IA) está a desempenhar um papel significativo na otimização das tarefas administrativas e na racionalização dos fluxos de trabalho no sector da saúde. Ao automatizar processos rotineiros e morosos, as tecnologias de IA contribuem para aumentar a eficiência, reduzir os custos e melhorar o desempenho operacional global. Eis as principais aplicações da IA nas tarefas administrativas e na otimização do fluxo de trabalho nos cuidados de saúde:

Marcação de consultas: Os sistemas alimentados por IA podem gerir a marcação de consultas analisando a disponibilidade, considerando as preferências dos doentes e coordenando com os horários dos prestadores de cuidados de saúde. Isto reduz a carga administrativa e melhora a experiência de marcação do paciente.

Automatização da faturação e da codificação: Os algoritmos de IA podem automatizar os processos de faturação e codificação, extraindo informações relevantes de notas clínicas, relatórios e outra documentação. Isto reduz os erros, acelera os processos de reembolso e garante a conformidade com as normas de codificação.

Processamento de pedidos de indemnização: A IA ajuda a simplificar o processamento de pedidos de indemnização de seguros, automatizando a verificação da elegibilidade dos doentes, identificando potenciais problemas e facilitando a apresentação de pedidos exactos. Isto acelera o ciclo de reembolso e reduz a probabilidade de recusas de pedidos de indemnização.

Gestão do ciclo de receitas: As tecnologias de IA contribuem para uma gestão mais eficaz do ciclo de receitas, optimizando várias fases, incluindo a captura de encargos, o processamento de reclamações e a reconciliação de pagamentos. Isto garante transacções financeiras atempadas e precisas nas organizações de cuidados de saúde.

Gestão e transcrição de documentos: As ferramentas baseadas em IA podem transcrever gravações de voz, converter notas manuscritas em texto digital e categorizar documentos de forma eficiente. Isto melhora a organização dos registos médicos, tornando a informação mais acessível e facilitando a tomada de decisões mais rápidas.

Assistentes virtuais para tarefas administrativas: Os assistentes virtuais, alimentados por IA, podem tratar de pedidos de informação de rotina, confirmações de marcações e outras comunicações administrativas. Isto permite que o pessoal de saúde se concentre em tarefas mais complexas e melhora a eficiência geral da comunicação.

Automatização do fluxo de trabalho: A IA permite a automatização de vários fluxos de trabalho, identificando tarefas repetitivas e criando algoritmos para as executar. Isto inclui a racionalização de processos em áreas como a admissão de doentes, o planeamento de altas e a gestão de inventário.

Otimização da cadeia de fornecimento: A IA ajuda a otimizar a cadeia de fornecimento de cuidados de saúde, prevendo a procura de material médico, monitorizando os níveis de inventário e identificando oportunidades de redução de custos. Isto garante que as instalações de cuidados de saúde têm os recursos necessários para prestar cuidados de qualidade.

Gestão de recursos humanos: A IA pode ajudar nos processos de recrutamento e de integração, ajudando os departamentos de RH a identificar candidatos adequados, a efetuar rastreios iniciais e a automatizar tarefas administrativas relacionadas com a gestão dos trabalhadores.

Análise de dados para melhoria do desempenho: As ferramentas analíticas baseadas em IA analisam grandes conjuntos de dados para identificar padrões, tendências e oportunidades de melhoria de processos. Esta abordagem orientada para os dados melhora a tomada de decisões e permite que as organizações de cuidados de saúde optimizem continuamente os fluxos de trabalho.

Embora a IA traga inúmeros benefícios às tarefas administrativas e à otimização do fluxo de trabalho, é crucial enfrentar desafios como a privacidade dos dados, a segurança e a necessidade de uma comunicação clara entre os sistemas de IA e os utilizadores humanos. Além disso, a colaboração contínua entre profissionais de saúde e especialistas em tecnologia é essencial para garantir a integração bem-sucedida e a melhoria contínua das soluções baseadas em IA na administração dos cuidados de saúde.

Monitorização remota de doentes:

A IA facilita o desenvolvimento de dispositivos portáteis e de ferramentas de monitorização remota que podem acompanhar e analisar continuamente os dados de saúde dos doentes. Isto permite que os prestadores de cuidados de saúde monitorizem os doentes em tempo real e intervenham prontamente, se necessário.

A Monitorização Remota de Doentes (RPM) é uma prática de cuidados de saúde que utiliza tecnologia para monitorizar a saúde dos doentes fora dos contextos tradicionais de cuidados de saúde, como hospitais ou clínicas. A RPM utiliza vários dispositivos e ferramentas de comunicação para recolher e transmitir dados dos doentes aos prestadores de cuidados de saúde, permitindo uma monitorização contínua e uma intervenção atempada. Eis os principais aspectos e aplicações da Monitorização Remota de Doentes:

Gestão de doenças crónicas: A RPM é particularmente valiosa para a gestão de doenças crónicas, como a diabetes, a hipertensão e as doenças cardíacas. Os doentes podem utilizar dispositivos ou sensores portáteis para monitorizar os sinais vitais, a adesão à medicação e outras métricas relevantes, permitindo aos prestadores de cuidados de saúde monitorizar remotamente o seu estado de saúde.

Monitorização de sinais vitais: Os dispositivos RPM podem medir e transmitir sinais vitais, incluindo o ritmo cardíaco, a tensão arterial, a frequência respiratória e a temperatura. Esta monitorização contínua fornece informações em tempo real sobre o estado de saúde de um doente e ajuda a detetar prontamente quaisquer anomalias ou alterações.

Dispositivos portáteis: Os doentes podem utilizar dispositivos portáteis, como smartwatches ou rastreadores de fitness, para monitorizar e transmitir dados relacionados com a saúde. Estes dispositivos podem monitorizar a atividade física, os padrões de sono e outros factores relacionados com o estilo de vida, oferecendo uma visão abrangente do bem-estar do doente.

Monitorização da adesão à medicação: O RPM pode ajudar a monitorizar e melhorar a adesão à medicação, fornecendo lembretes e notificações aos doentes. Os prestadores de cuidados de saúde podem monitorizar se os doentes estão a tomar os medicamentos prescritos a tempo e intervir, se necessário.

Monitorização pós-operatória: Após cirurgias ou procedimentos médicos, a RPM permite que os prestadores de cuidados de saúde monitorizem remotamente o progresso da recuperação dos doentes, identifiquem potenciais complicações e forneçam orientações ou intervenções atempadas.

Consultas de telessaúde: O RPM integra-se frequentemente com plataformas de telessaúde, permitindo consultas virtuais entre doentes e prestadores de cuidados de saúde. Durante estas visitas remotas, os prestadores de cuidados de saúde podem analisar os dados do doente, discutir os sintomas e efetuar ajustes no tratamento, conforme necessário.

Deteção e prevenção de quedas: Para doentes idosos ou em risco, os sistemas de RPM podem incluir sensores ou dispositivos que detectam quedas ou alterações nos padrões de atividade. Isto ajuda a prevenir acidentes e proporciona uma rede de segurança para os indivíduos que vivem de forma independente.

Análise de dados e apoio à decisão: O RPM gera uma grande quantidade de dados dos doentes. As ferramentas de IA e de análise de dados podem analisar estas informações para identificar tendências, prever potenciais problemas de saúde e apoiar a tomada de decisões clínicas.

Redução das readmissões hospitalares: A RPM pode contribuir para reduzir as readmissões hospitalares, permitindo a deteção precoce de alterações no estado do doente, facilitando intervenções atempadas e promovendo a gestão proactiva de doenças crónicas.

Capacitação dos doentes: A RPM permite que os doentes participem ativamente nos seus cuidados de saúde, fornecendo-lhes acesso a dados em tempo real sobre a sua saúde. Este envolvimento pode levar a uma melhor auto-gestão e a melhores resultados.

Embora a RPM ofereça inúmeros benefícios, os desafios incluem a garantia da segurança e da privacidade dos dados dos doentes, a resolução de problemas de interoperabilidade e a integração da RPM nos fluxos de trabalho de cuidados de saúde existentes. À medida que a tecnologia continua a avançar, espera-se que a utilização da Monitorização Remota de Doentes se expanda, contribuindo para uma prestação de cuidados de saúde mais personalizada, acessível e eficiente.

Processamento de linguagem natural (PNL):
As tecnologias de PNL permitem às máquinas compreender e interpretar a linguagem humana. No sector da saúde, a PNL é utilizada para extrair informações valiosas de notas clínicas não estruturadas, melhorando a precisão e a velocidade da análise de dados.

O processamento de linguagem natural (PNL) é um subcampo da inteligência artificial (IA) que se centra na interação entre os computadores e a linguagem humana. A PNL envolve o desenvolvimento e a aplicação de algoritmos e modelos computacionais que permitem às máquinas compreender, interpretar e gerar linguagem humana de uma forma que seja simultaneamente significativa e contextualmente relevante. Existem aspectos e aplicações fundamentais do Processamento de Linguagem Natural:

Compreensão e análise de texto: Os algoritmos de PNL podem analisar e compreender texto escrito, extraindo informações como entidades, sentimentos e relações. Esta capacidade é aplicada em vários domínios, incluindo a análise do feedback dos clientes, a monitorização das redes sociais e o resumo de conteúdos.

Reconhecimento da fala: A PNL é utilizada em sistemas de reconhecimento de voz para converter a linguagem falada em texto escrito. Esta tecnologia é aplicada em assistentes virtuais, dispositivos activados por voz, serviços de transcrição e sistemas de comunicação mãos-livres.

Geração de texto: Os modelos de PNL podem gerar texto semelhante ao humano com base em instruções ou contextos fornecidos. Isto é utilizado em aplicações como chatbots, criação de conteúdos e geração automática de relatórios.

Tradução automática: A PNL desempenha um papel crucial na tradução automática, permitindo que os sistemas traduzam automaticamente texto de uma língua para outra. Os serviços de tradução online e as aplicações de tradução de línguas utilizam frequentemente técnicas de PNL.

Reconhecimento de entidades nomeadas (NER): Os modelos de PNL podem identificar e classificar entidades como nomes de pessoas, organizações, locais, datas e outros termos específicos num determinado texto. O NER é valioso na extração de informações e na categorização de dados.

Análise do sentimento: A PNL é utilizada para analisar o sentimento expresso no texto, determinando se o tom é positivo, negativo ou neutro. A análise de sentimentos é amplamente utilizada na análise do feedback dos clientes, na monitorização das redes sociais e em estudos de mercado.

Sistemas de resposta a perguntas: Os modelos de PNL podem ser treinados para compreender e responder a questões colocadas em linguagem natural. Esta tecnologia é utilizada em assistentes virtuais, chatbots e motores de busca.

Sumarização de texto: Os algoritmos de PNL podem gerar automaticamente resumos concisos de textos mais longos. Isto é benéfico para extrair rapidamente informações importantes de documentos, artigos ou relatórios.

Classificação de documentos: A PNL é utilizada para classificar documentos em categorias ou tópicos predefinidos. Isto é aplicado na filtragem de spam, na categorização de conteúdos e na organização de grandes repositórios de documentos.

IA de conversação: A PNL é uma componente fundamental dos sistemas de IA de conversação, permitindo interacções naturais e contextualmente relevantes entre máquinas e utilizadores. Os chatbots e os assistentes virtuais utilizam a PNL para compreender as perguntas dos utilizadores e dar respostas adequadas.

Os desafios da PNL incluem o tratamento da ambiguidade, a abordagem das variações e nuances linguísticas e a garantia de uma utilização ética, especialmente em aplicações sensíveis como os cuidados de saúde e as finanças. A investigação em curso neste domínio continua a fazer avançar as capacidades da PNL, com o desenvolvimento de modelos mais sofisticados e um melhor desempenho em várias tarefas relacionadas com as línguas.

Apesar dos avanços significativos, existem desafios e considerações relacionados com a utilização ética da IA nos cuidados de saúde, incluindo a privacidade dos dados, a parcialidade dos algoritmos, a conformidade regulamentar e a necessidade de transparência.

De um modo geral, a integração da IA nos cuidados de saúde é muito promissora para melhorar os resultados dos doentes, reduzir os custos e aumentar a eficiência global dos sistemas de saúde. A investigação em curso e as colaborações entre profissionais de saúde, cientistas de dados e especialistas em tecnologia continuarão a impulsionar a inovação neste domínio em rápida evolução.

Aplicações actuais:

* **Análise de imagens médicas:** Os algoritmos de IA podem analisar radiografias,

tomografias computorizadas e

RMN com elevada precisão, ajudando a fazer diagnósticos mais rápidos e precisos de doenças como o cancro.

- **Descoberta e desenvolvimento de medicamentos:** A IA pode analisar grandes quantidades de dados para

identificar alvos promissores para os medicamentos e acelerar o desenvolvimento de novos tratamentos.

- **Medicina personalizada:** A IA pode analisar os dados individuais dos pacientes para recomendar

planos de tratamento adaptados e prever os riscos potenciais.

- **Tarefas administrativas:** A IA pode automatizar tarefas como a marcação de compromissos,

gestão de registos e processamento de pedidos de indemnização de seguros, libertando o tempo dos profissionais de saúde para a prestação de cuidados aos doentes.

- **Assistentes virtuais:** Os chatbots alimentados por IA podem responder às perguntas dos doentes,

fornecer informações sobre saúde e oferecer apoio emocional.

Benefícios potenciais:

- **Maior precisão e deteção precoce de doenças:** A IA pode analisar dados

mais eficazmente do que os seres humanos, conduzindo potencialmente a diagnósticos mais precoces e a melhores resultados de tratamento.

- **Medicina personalizada:** A IA pode adaptar os planos de tratamento a cada doente

com base nas suas necessidades únicas e na sua constituição genética.

- **Maior eficiência e custos reduzidos:** A IA pode automatizar tarefas e melhorar

fluxo de trabalho, conduzindo potencialmente a poupanças de custos no sistema de saúde.

- **Melhoria do acesso aos cuidados de saúde:** As ferramentas alimentadas por IA podem chegar a zonas remotas e

populações com acesso limitado a profissionais de saúde.

Desafios e considerações:

- **Privacidade e segurança dos dados:** A proteção dos dados dos doentes é crucial, e os sistemas de IA

devem ser concebidos com medidas de segurança robustas.

- **Considerações éticas:** Questões como o enviesamento dos algoritmos e o potencial de emprego

As deslocações devem ser cuidadosamente analisadas.

- **Regulamentação e supervisão:** À medida que a tecnologia de IA evolui, é necessário adotar regulamentos claros e

é necessária uma supervisão para garantir a sua utilização segura e ética nos cuidados de saúde.

De um modo geral, o aumento da IA nos cuidados de saúde é um desenvolvimento promissor com potencial para melhorar significativamente os cuidados aos doentes. No entanto, é importante abordar os desafios e as considerações éticas associadas a esta tecnologia para garantir a sua implementação responsável e benéfica.

yes
I want morebooks!

Buy your books fast and straightforward online - at one of world's fastest growing online book stores! Environmentally sound due to Print-on-Demand technologies.

Buy your books online at
www.morebooks.shop

Compre os seus livros mais rápido e diretamente na internet, em uma das livrarias on-line com o maior crescimento no mundo! Produção que protege o meio ambiente através das tecnologias de impressão sob demanda.

Compre os seus livros on-line em
www.morebooks.shop

info@omniscriptum.com
www.omniscriptum.com

Printed by Books on Demand GmbH, Norderstedt / Germany